Améliorer la performance de votre entreprise

(DFCG)

Sous la direction de Daniel Bacqueroët et Thierry Luthi

Améliorer la performance
de votre entreprise

70 recommandations concrètes

EYROLLES

Éditions d'Organisation

Éditions d'Organisation
Groupe Eyrolles
61, bd Saint-Germain
75240 Paris Cedex 05

www.editions-organisation.com
www.editions-eyrolles.com

La collection « DFCG » est dirigée par François-Xavier Simon.

SOMMAIRE

Chapitre 2

Comité d'audit – contrôle interne 41

Chapitre 3

Externalisation des fonctions finance 57

Chapitre 4

Gouvernance des IFRS   75

Chapitre 5

Indicateurs, reporting et système d'information   85

Chapitre 6

Innovation   101

Chapitre 7

International 125

Chapitre 8

Politique achats 143

Chapitre 12

Vers une fiscalité au service de la croissance et du développement durable des entreprises 237

Les auteurs et contributeurs 257

Le financier d'entreprise, acteur central de la performance globale ?

La DFCG[1] publie son premier ouvrage collectif sur le thème de la performance globale des entreprises. Défi ambitieux pour des financiers d'entreprise ayant souvent, à tort, l'image de la seule fonction support (tournée vers les investisseurs), par opposition aux fonctions commerciales ou opérationnelles (tournées vers le développement de l'entreprise).

Or, les directions financières ne sont plus seulement les garantes de la rentabilité de l'entreprise, elles sont un intervenant actif au carrefour de toutes les décisions : à la fois force d'analyse des enjeux économiques, concurrentiels, juridiques, fiscaux, sociaux ou technologiques, et force de propositions pour la performance financière et son pilotage.

Dans un environnement globalisé, ce champ d'actions élargi induit un nouveau profil : le financier d'entreprise doit faire preuve d'indépendance d'esprit, de courage, de charisme et de sérénité, et garantir une éthique irréprochable dans ses responsabilités financières ; en tant que *business partner*, il doit être capable d'identifier,

---

1. Créée en 1964, l'Association des directeurs financiers et de contrôle de gestion est forte de 3 000 membres appartenant à 1 700 entreprises de taille variable (internationale, PME, familiale…) représentant un tiers du PIB français. Elle fonde ses actions sur des valeurs de partage, d'ouverture et de promotion d'idées au sein de la communauté financière ; elle est présente dans les débats tant en France qu'à l'international et assure des programmes de formation et de solidarité pour ses membres.

de recommander, de mettre en œuvre et de piloter une organisation qui produise la performance attendue.

Atteindre le « Graal » de la performance nécessite l'interaction réussie de l'adhésion à la vision stratégique, de la gestion des moyens humains, du partage des savoirs et expertises et de la maîtrise des outils de mesure... Tout cela pour garantir le meilleur niveau de satisfaction clients, tout en préservant la rentabilité de l'entreprise.

Ainsi les dirigeants financiers sont-ils devenus des acteurs véritablement opérationnels, totalement impliqués dans le pilotage de la performance : capacité d'analyse, capacité à arbitrer entre court et moyen terme, qualité des indicateurs analytiques et prospectifs, maîtrise des processus décisionnels internes, gestion optimale des risques, management des hommes...

Cette approche nouvelle a présidé à l'élaboration de ce livre. Réalisé par des praticiens et des experts de la finance pour des praticiens de la finance en entreprise, il développe les bonnes pratiques existantes, expose les expertises techniques et compétences managériales, propose des recommandations concrètes pour accompagner tout particulièrement les PME et ETI. Innover par cette vision élargie et prospective, c'est participer, à notre façon, à l'enjeu économique du développement de nos entreprises.

Je tiens à remercier tout particulièrement Thierry Luthi, vice-président national, pour son leadership dans ce projet et sa coordination des travaux ; merci également à tous les contributeurs, financiers ou experts, sans lesquels ce livre n'aurait pas pu exister. Merci à Anne Bechet, secrétaire général de rédaction de la revue Échanges, pour ses apports fort utiles. Je remercie également personnellement les Éditions Eyrolles, qui nous ont soutenus dans ce projet un peu fou...

Daniel Bacqueroët
Président national DFCG
Directeur général adjoint Finance, Brink's France

70 recommandations pour que le directeur financier ou de contrôle de gestion puisse être acteur de la performance

Chacun des acteurs de l'entreprise doit pouvoir contribuer à conduire celle-ci vers la performance, c'est-à-dire atteindre l'ensemble des objectifs fixés en optimisant les ressources allouées, qu'elles soient internes ou externes.

Ce livre blanc est organisé autour de 12 thèmes qui se situent au cœur de la gestion d'une entreprise de taille « moyenne » (PME ou entreprise de taille intermédiaire – ETI), même si les recommandations peuvent trouver leur application dans des structures plus importantes. Il a pour objectif de proposer, en réponse aux enjeux posés, 70 recommandations à la disposition du directeur financier ou du directeur du contrôle de gestion pour qu'il ne puisse pas un jour se dire : « Si j'avais su... » !

Chaque thème a donné lieu à un binôme constitué d'un directeur financier, qui a défini le périmètre de ces recommandations, et d'un ou plusieurs auteurs spécialement concernés par le sujet abordé. Les 70 recommandations sont donc le résultat des choix des professionnels de la finance et des experts qui ont bien voulu participer à cette initiative lancée par le président national de la DFCG, Daniel Bacqueroët.

Certaines des recommandations de ce livre blanc sont pragmatiques, placées sous le signe du bon sens, comme le pilotage de la performance achats au travers de la relation fournisseurs, la mise en place d'un management social – par une gestion par objectif –

ou le développement international, par la maîtrise du financement et de la fiscalité. D'autres sont plutôt proposées pour apporter une contribution au débat d'idées, comme le financement de l'innovation et une meilleure attractivité fiscale sur les actifs innovants, notamment immatériels ou, plus généralement, les principes d'une fiscalité au service de la croissance et du développement durable des entreprises TPE/PME ou ETI.

Chaque thème met en évidence les points-clés qui conduisent le professionnel de la finance à être un des acteurs privilégiés de la performance. Son action permettra à l'entreprise de se concentrer sur ses métiers et de répondre aux attentes de ses clients, partenaires, collaborateurs.

Quel que soit le thème retenu, les recommandations reposent sur une méthodologie similaire : celle-ci permet d'identifier les leviers-clés, de bâtir les conditions de la maîtrise de ces recommandations, d'améliorer les processus et la qualité des biens et services produits, et d'assurer le développement pérenne de l'entreprise.

C'est alors que la performance permet à l'entrepreneur de créer de la valeur pour lui-même, ses collaborateurs et ses partenaires.

Thierry Luthi
Vice-président de la DFCG
Directeur financier, Cegid

Chapitre 1

BUSINESS PLAN ET FINANCEMENT DE L'ENTREPRISE

INTRODUCTION

La PME/ETI est souvent associée à une entreprise monomarché, monoproduit, dont le propriétaire est habituellement le dirigeant. La fonction financière y est assurée en quasi-totalité par le service comptable ou peut être sous-traitée à un cabinet de conseil *ad hoc*, voire un cabinet d'expertise comptable. Le financement de l'entreprise repose essentiellement sur les fonds propres apportés ou mis en réserve par le dirigeant et sur le crédit bancaire.

La plupart du temps, lorsque l'entreprise se développe, elle diversifie ses activités, ses marchés et ses réseaux de distribution. Cette croissance s'accompagne de besoins de financements accrus qui nécessitent de monter des financements variés pour ses investissements, mais également pour son exploitation. Dans la majorité des cas, la croissance s'accompagne d'une augmentation du besoin en fonds de roulement (BFR). Si toutes les petites entreprises ne deviennent pas des multinationales, elles sont confrontées au même problème dès leurs premiers jours : trouver les ressources financières qui leur permettront de tester et lancer leurs produits ou services, et de se développer.

LES BESOINS DE FINANCEMENT (TYPE ET MONTANT)

Le besoin de financement n'est que la synthèse des moyens à mettre en œuvre pour atteindre les objectifs. Cet exercice de réflexion et de cadrage est un préalable absolument nécessaire à la définition du plan de financement. Sa réalisation découle du business plan. Celui-ci devra permettre une bonne compréhension de l'activité de l'entreprise, de ses marchés, de ses produits, de ses processus de fabrication, de ses réseaux de distribution et des choix comptables effectués par l'entreprise.

L'analyse réalisée au moment de l'élaboration du business plan permettra d'identifier les sources de création de richesse par l'étude des marges, les investissements en actifs immobilisés et le besoin de fonds de roulement nécessaires pour atteindre les objectifs de développement, les financements qui doivent leur être associés. Le business plan doit ainsi montrer la rentabilité économique de l'entreprise et son effet de levier afin de convaincre les actionnaires potentiels et les créanciers que le niveau de risque supporté par l'entreprise au regard de sa rentabilité attendue justifie leur participation à son capital et/ou le niveau et les conditions de taux du concours bancaire demandé.

La réalisation des étapes successives de l'analyse financière amène également à :

- assurer la liquidité de la société (à court, moyen et long termes) ;
- adapter le type de financement aux besoins de l'entreprise (capitaux propres, financement *in fine*/revolving, court/long terme…) ;
- optimiser le coût de financement de la société (déterminer l'effet de levier optimal, proposer aux créditeurs une structure bilancielle adéquate…).

RECOMMANDATION N° 1

METTRE LA LIQUIDITÉ AU CŒUR DES PRÉOCCUPATIONS DU DIRECTEUR FINANCIER

La liquidité est la clé de la viabilité de l'entreprise. Assurer la liquidité de l'entreprise doit donc être un objectif de premier ordre pour tout dirigeant.

Liquidité et solvabilité sont deux notions proches mais, dans la pratique, on parlera plus souvent de liquidité de court terme et de solvabilité à moyen et long termes.

Assurer la liquidité suppose tout d'abord un exercice de prévisions financières qui consiste à traduire au sein d'un plan de financement les données prévisionnelles de l'entreprise telles qu'elles ont été établies lors de la construction du business plan puis de sa déclinaison en budget. Le plan de financement recense les emplois et les ressources pour les trois à cinq prochaines années. La comparaison des besoins et des ressources permet d'obtenir le besoin de financement global annuel à mettre en place pour assurer la solvabilité de moyen et long termes de l'entreprise.

Le plan de financement est ensuite décliné en budget de trésorerie à une périodicité mensuelle. Ce dernier regroupe l'ensemble des recettes et des dépenses d'exploitation et hors exploitation. Le budget de trésorerie tient compte des délais de règlement et de paiement, c'est-à-dire des dates d'échéance des factures à payer et à encaisser, des frais généraux et des frais de personnel, mais également des flux hors exploitation comme les acquisitions et/ou cessions d'actifs, les subventions et, enfin, des acomptes d'impôts sur les bénéfices, des remboursements d'emprunts, des dividendes… À ce stade, il ne reste plus qu'à établir le solde initial du budget de trésorerie par soustraction des concours bancaires de court terme (découvert) des valeurs mobilières de placement et des disponibilités.

L'ajustement au jour le jour du solde de trésorerie s'effectue ensuite par équilibrage des comptes de l'entreprise entre ses différentes banques, l'établissement de sa position réelle en date de valeur pour chaque banque, la répartition des flux entre chaque banque, le choix des modes de financement ou de placement les plus appropriés.

**Tableau 1.1 – Sources de financement de court terme (CT)
sans prise de garantie**

Type de crédit	Durée	Caractéristiques
Facilité de caisse	Courte (qq jours à qq semaines)	Les recettes servant à rembourser la facilité de caisse doivent être clairement identifiées
Découvert	Moyenne	Accord d'un plafond (modifiable)
Crédit de campagne	Déterminée par le cycle d'exploitation	Sert à financer les besoins de cycle d'exploitation saisonniers Remboursement en fin de « campagne »
Crédit relais	Assez courte	Accordé par anticipation d'une rentrée de fonds certaine et proche
Crédits de trésorerie par mobilisation d'effets financiers	Variable	Remboursement à l'échéance sans besoin de garantie par rapport aux crédits de mobilisation Accordé aux bons clients
Le crédit « spot »	Quelques jours	Excédent de trésorerie de la banque prêté à un taux intermédiaire entre le taux de découvert et celui du marché monétaire
Les billets de trésorerie	De 10 jours à 7 ans	Montant unitaire de près d'1 million d'euros Équivalent des « Commercial Papers » aux États-Unis

RECOMMANDATION N° 2
RECHERCHER UNE PARFAITE ADÉQUATION
ENTRE TYPE DE FINANCEMENT
ET BESOIN À FINANCER

Les types de financement sont directement liés aux emplois qui leur sont associés.

Figure 1.1 – Flux de fonds du tableau emplois-ressources

Nature des flux

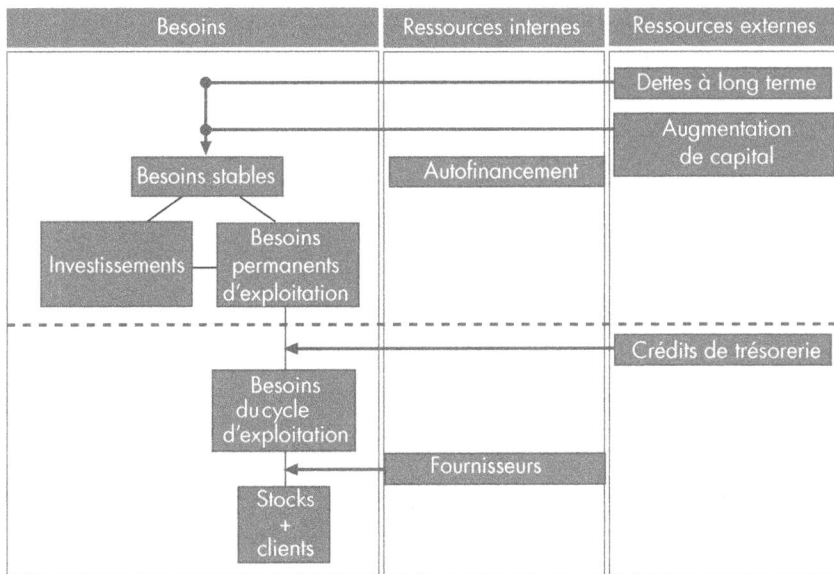

Présentée d'une manière différente, l'adéquation entre le financement et le besoin à financer peut également être vue comme une relation entre la liquidité de l'actif et le risque pris par l'actionnaire ou le créancier. Moins la liquidité des actifs sera grande, moins tangible sera la réalité des actifs à financer, plus il sera difficile de trouver des financements. Ainsi, les immobilisations incorporelles sont le plus souvent financées par les fonds propres ; les immobilisations corporelles par financements de long terme sont souvent « collatéralisées » et amortissables. Le BFR est, dans l'orthodoxie financière, financé par des fonds propres pour sa partie stocks « permanents » et par de la dette revolving ou par un des modes de financement de CT déjà mentionné pour le solde. Le schéma ci-dessous est un cas générique qui pourra être différent selon la nature de l'entreprise.

Figure 1.2 – Structure du capital et risques associés

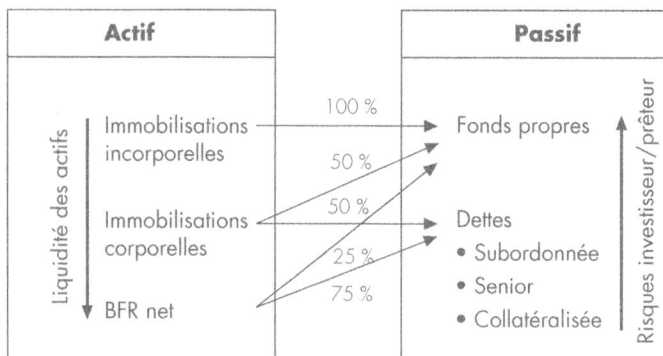

RECOMMANDATION N° 3

OPTIMISER LE COÛT DE FINANCEMENT DE LA SOCIÉTÉ
(DÉTERMINER L'EFFET DE LEVIER OPTIMAL,
PROPOSER UNE STRUCTURE BILANCIELLE ADÉQUATE…)

L'optimisation du coût de financement de l'entreprise revient à déterminer le coût du risque optimal que les créanciers sont prêts à accepter. Cela revient, pour le dirigeant, à estimer le montant de dette maximal que peut supporter son entreprise en tenant compte de l'avantage fiscal de la dette (les intérêts sont déductibles), mais également le point d'inflexion à partir duquel les créanciers vont juger que le niveau de risque est tel qu'il doit être rémunéré par une augmentation du taux de la dette.

Cela se représente comme suit (voir ci-contre).

Le coût du capital, souvent dénommé WACC (*Weighted Average Cost of Capital*), résulte de la pondération des dettes et des fonds propres par les montants des rendements demandés par les actionnaires et les prêteurs.

Figure 1.3 – Influences des différents passifs de l'entreprise sur la structure du capital

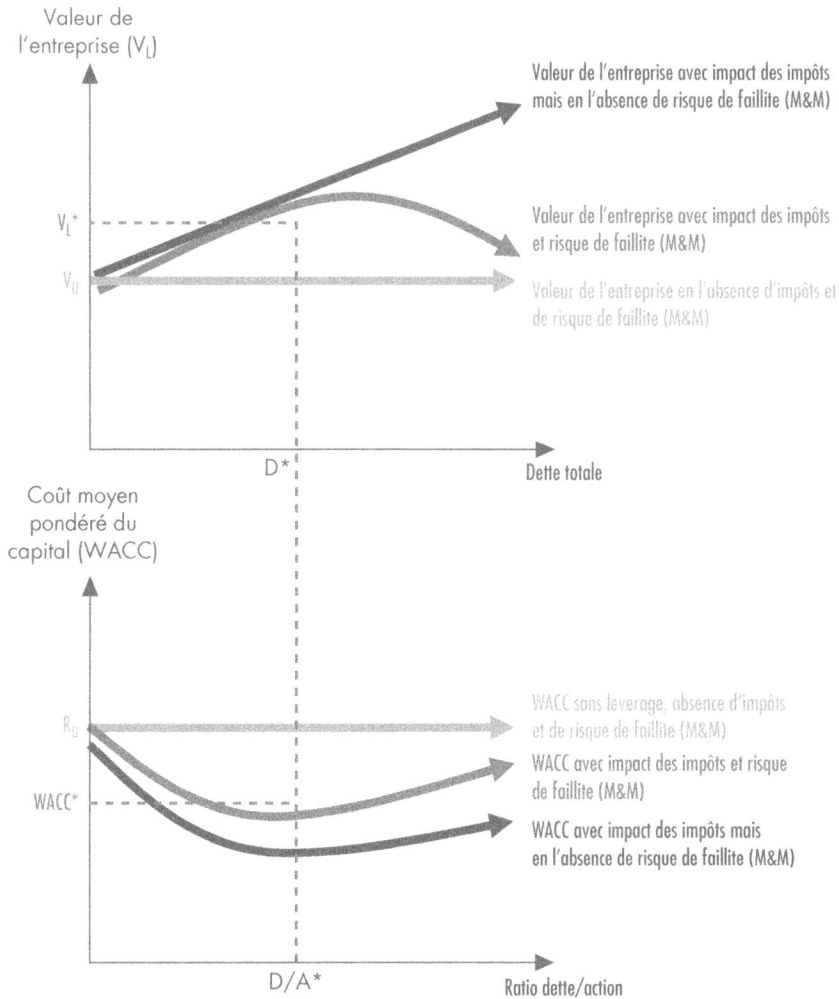

Il est égal à la somme pondérée par les montants du coût de la dette et de celui des fonds propres :

où :

$$WACC = \left(\frac{E}{V}\right) \times R_E + \left(\frac{D}{V}\right) \times R_D$$

- WACC est le coût moyen du capital
- E représente les capitaux propres
- D représente la dette

21

- V la valeur boursière (si la société n'est pas cotée, sa valeur peut être approchée par une combinaison multiple de l'Ebitda, Discounted Cash Flows, en prenant comme taux d'actualisation et comme multiples ceux utilisés dans le secteur d'activité pour des entreprise de taille et de périmètre comparables)
- R_E représente le rendement des fonds propres
- R_D représente le rendement de la dette
- V_L = V pour valeur (de l'entreprise), L pour *leveraged* (avec endettement)
- V_U = V pour valeur (de l'entreprise), U pour *unleveraged* (sans endettement)
- RU = R pour *return* (pour l'actionnaire dans l'optique de l'entreprise le coût du capital), U pour *unleveraged* (sans endettement)
- * = *optimal point* où le WACC (*weighted average cost of capital*) est minimal, au-delà d'un certain montant de dette le coût moyen pondéré du capital va augmenter par une augmentation plus importante du *spread* de crédit par rapport à l'avantage fiscal apporté par la dette.

(Le calcul ci-dessus est volontairement simplifié et n'inclut pas les effets fiscaux.)

Le coût du capital reflète le coût des fonds propres et celui de la dette.

Il y a création de valeur si, et seulement si, le coût du capital est inférieur au rendement effectif des actifs.

Figure 1.4

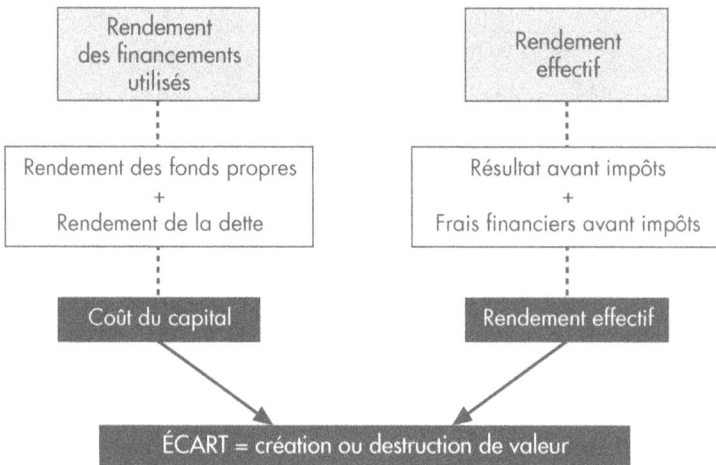

ÉCART = création ou destruction de valeur

Ce qu'il faut faire

▸▸ Déterminer la stratégie et les axes de développement de l'entreprise puis construire, sur cette base, le business plan, le plan de financement et le budget de trésorerie associés.

▸▸ Déterminer la **structure bilancielle cible** (effet de levier, ratio d'endettement, ratio de couverture des frais financiers, cash-flows…), sur la base d'une estimation du cash-flow structurel de l'entreprise, de sa résistance face à une évolution différente de celle initialement anticipée (situation « dégradée » lors des hypothèses de scénario de stress) en procédant à une analyse sectorielle.

▸▸ Déterminer le type de financement optimal en fonction du type de besoin :
  - revolving : couverture des besoins d'exploitation cycliques (variations de BFR, pics d'activité…) ;
  - *in fine* ou amortissables à moyen ou long terme : besoins de financements structurels (développement géographique, fusions et acquisitions, R&D…) – le type de prêteur recherché devra être adapté en fonction du type de besoin (financements publics spécifiques destinés à promouvoir l'innovation, le développement à l'international…) ;
  - l'ensemble de cette réflexion sera structurée dans un plan de développement de type Afic, Oséo, APCE… qui mettra en évidence de façon professionnelle la capacité à gérer, anticiper, sentir un marché et financer le développement de l'entreprise. Fort de cette vision claire, le dirigeant adaptera son discours et sa négociation aux attentes des financiers recherchés (investisseurs institutionnels ou privés, banques…). Il pourra s'appuyer utilement sur un/des conseil(s) externe(s) (expert-comptable, avocat, sociétés de conseil).

LES CAPITAUX PROPRES

Les besoins en capitaux propres sont intimement liés aux problèmes de rentabilité et de risque. Dès lors, définir les besoins de capitaux propres, c'est mesurer le montant de l'exposition aux risques qui ne peut pas être financé par de la dette et s'assurer que les investissements réalisés par l'entreprise seront en mesure de rembourser la dette sans engager le capital. Dans la pratique, le montant de capitaux propres à engager correspond au financement, de tout ou partie, des actifs peu liquides, difficilement négociables sur un marché liquide, ou encore dont la valeur est par nature fortement volatile.

Un certain nombre de solutions sont disponibles pour minorer le montant de capital tout en garantissant les créanciers, en utilisant des crédits directement liés à l'exploitation comme le crédit fournisseur, l'escompte sans recours, l'affacturage (*factoring*), les assurances crédit…

Les cycles d'exploitation et d'investissement des entreprises n'étant pas homogènes entre les différents secteurs économiques, l'utilisation d'une norme sectorielle est généralement utilisée comme référentiel du montant de fonds propres (ou par une approche des cash-flows prospectifs) à engager pour garantir la solvabilité de l'entreprise, rassurer les créanciers et générer le niveau de rentabilité suffisant pour satisfaire les actionnaires.

RECOMMANDATION N° 4

PROTÉGER LE CAPITAL DE L'ENTREPRISE ET L'ÉQUILIBRE ACTIONNARIAL

L'effet de levier déterminé par le ratio dette sur fonds propres (ou dette/Ebitda[1] dans une approche pour les cash-flows) est un facteur essentiel dans la détermination de la notation des banques et donc dans la capacité de financement de l'entreprise. Les fonds propres étant subordonnés en cas de faillite à tous les autres fournisseurs de capitaux, ils supportent les premières pertes. De ce fait, moins le levier financier sera important, meilleure sera la notation des banques, plus grande sera la flexibilité financière et meilleure sera la perception des clients et fournisseurs sur le sérieux de l'entreprise.

A contrario, financer une entreprise avec peu ou pas de levier financier a un coût non négligeable du fait de la déductibilité des intérêts de la dette et de la non-déductibilité du paiement des dividendes. De plus, la levée de capital est généralement doublement coûteuse puisque, d'une part, elle réduit l'assiette des droits aux dividendes des actionnaires actuels (c'est l'effet de dilution) et d'autre part, elle ouvre la voie à une réduction, voire à une perte de contrôle pour les actionnaires dirigeants.

---

1. Ebitda : Earnings before Interest, Taxes, Depreciation and Amortization (revenus avant intérêts, impôts [taxes], dotations aux amortissements et provisions sur immobilisations [mais après dotations aux provisions sur stocks et créances clients]).

Ces deux arguments ne sont cependant pas incontournables.

L'équation économique entre dette et capital est relativement aisée à résoudre. Le point d'équilibre à partir duquel le coût de la dette deviendra marginalement croissant peut être approché sans calcul par comparaison avec les ratios du secteur ; l'équation sera complétée par des discussions avec les banquiers et conseils. Il est important de préciser que l'entreprise grandissant, les ratios doivent intégrer une analyse de l'endettement en multiple du cash-flow/Ebitda. Se limiter à la vision comptable des fonds propres serait restrictif car ceux-ci reflètent davantage le passé que le futur de l'entreprise.

RECOMMANDATION N° 5

OPTIMISER LA STRUCTURE BILANCIELLE, ASSURER LA PÉRENNITÉ ET LA STABILITÉ CAPITALISTIQUE DE L'ENTREPRISE

La mise en œuvre des opérations de financement qui vont conduire à l'optimisation de la structure bilancielle ne ressort pas du seul calcul d'une optimisation de la répartition dette/capitaux propres. Elle résulte d'une combinaison de moyens de financement adaptés à la nature du risque supporté par les actifs qu'ils auront à financer, de leur disponibilité sur le marché, ainsi que du coût/bénéfice attaché à chacune des options ouvertes à l'entreprise.

Une fois cette première étape réalisée, l'entreprise va devoir arbitrer entre les différentes options qui lui sont ouvertes pour satisfaire ses besoins. À titre d'exemple, la solution de financement sera différente selon qu'il s'agit de disposer d'une structure financière susceptible de soutenir son rythme de croissance, de faire face à un problème de rentabilité insuffisante pour répondre aux engagements pris avec les organismes de crédit, de financer une acquisition ou encore de réaliser une opération sur la composition du capital, reclasser des minoritaires par exemple.

Si un large éventail de moyens de financement existe, tous ne sont pas disponibles pour l'entreprise, encore moins pour une PME.

Une règle « d'optimisation relative » de la structure bilancielle conduit ainsi à plusieurs optimaux, par secteur d'activité, mais également en fonction du cycle de vie de l'entreprise. Ainsi, en phase de démarrage, les entreprises ont besoin de plus de fonds propres pour compenser les risques. Celles en phase de maturité, dégageant de fortes marges, utiliseront plus de dettes pour bénéficier de l'avantage fiscal qui leur est associé et préserver un équilibre capitalistique de l'entreprise.

RECOMMANDATION N° 6

SAVOIR ÉVALUER CORRECTEMENT L'ENTREPRISE ET LES DIFFÉRENTS INSTRUMENTS DE CAPITAL

Dans le cas des PME, les apports en capital seront le fait des actionnaires de l'entreprise ou de sociétés de capital-risque ou de capital développement.

Pour les actionnaires, toute augmentation de capital va potentiellement modifier la structure de contrôle de l'entreprise. Ce problème peut parfois se résoudre par l'émission d'actions sans droit de vote mais à rendement préférentiel ou encore par une émission d'actions réservées à une certaine catégorie de porteurs.

Pour l'entreprise, et donc indirectement pour ses actionnaires, le coût du capital est de l'ordre de 10 à 20 %, un coût considérablement plus élevé que celui de la dette.

En théorie, les entreprises peuvent également émettre des produits hybrides, comme des convertibles, des obligations à bons de souscription d'actions (OBSA), des obligations remboursables en actions (ORA) et autres obligations convertibles en actions nouvelles ou existantes (Océanes). Ces opérations sont assujetties à la réalisation d'opérations de taille relativement importante et ne sont de ce fait accessibles qu'aux PME déjà arrivées à un stade de développement avancé ou en phase de le devenir.

Le recours aux sociétés de capital-risque n'est pas anodin. Si leur implication dans la gestion de l'entreprise au jour le jour est très variable, elles pèseront cependant sur la stratégie de l'entreprise en fontion de leur participation au capital sur la stratégie de l'entreprise. Leur apport sera souvent extrêmement positif tant dans l'assistance qu'elles peuvent apporter à des dirigeants de PME – souvent très seuls face à des décisions difficiles – que dans la modernisation des règles de gouvernance ou encore dans la rigueur de gestion qu'elles imposent bien souvent. Leurs objectifs de profits financiers sur un horizon de 4 à 8 ans peuvent cependant entrer en conflit avec ceux des actionnaires historiques dont les objectifs peuvent être forts différents.

Ce qu'il faut faire

▸▸ **Déterminer le montant de capital recherché (voir structure bilancielle cible) et le type d'investisseurs potentiels** (particuliers/loi Tepa, investisseurs institutionnels…).

▸▸ **Déterminer le type d'instruments de capital à émettre** en fonction des objectifs poursuivis en matière d'équilibre actionnarial (niveau de dilution, stabilité à moyen ou long terme de la structure actionnariale, capacité de distribution…) : actions simples, avec ou sans droits de vote, actions préférentielles, titres hybrides, convertibles…

▸▸ **Préparer les discussions avec les investisseurs potentiels :**
  - préparer l'ensemble des documents nécessaires à la prise de décision d'investissement (présentation des activités, étude stratégique, historique des comptes, info mémo, business plan…) ;
  - se faire accompagner par des conseils spécialistes indépendants : cabinet d'expertise pour l'évaluation, cabinet de conseil pour la réflexion stratégique, le montage du business plan et la recherche d'investisseurs au profil en adéquation avec l'entreprise et les actionnaires historiques, avocat pour la rédaction et la négociation des pactes d'actionnaires et montages financiers.

LES FINANCEMENTS EXTERNES

Comme évoqué précédemment, le choix entre un financement par de la dette et un financement par levée de capital est une décision stratégique puisqu'il va découler de la propension au risque des actionnaires et/ou des dirigeants. S'il existe un calcul théorique qui permette d'optimiser le montant de dette au-delà duquel le coût de financement va devenir croissant, la détermination du ratio dette/capital (ou dette/Ebitda[1]) ressort le plus souvent d'une comparaison de la structure financière de l'entreprise à celle de son secteur d'acti-

---

1. Ebitda est un acronyme anglais qui signifie *Earnings Before Interests, Taxes, Depreciation and Amortization.*

vité, dans le pays dans lequel elle exerce. Le degré de maturité dans le cycle de vie de l'entreprise ainsi que la nature des actifs à financer vont également contraindre la capacité d'endettement de l'entreprise. Une fois établis la propension au risque des actionnaires et/ou des dirigeants et les ratios du secteur, il conviendra de définir l'exposition aux risques de l'entreprise, puis celle des actifs qu'elle souhaite financer pour calculer le ratio de dette/capital susceptible de maximiser sa rentabilité, tout en rassurant ses créanciers sur sa capacité à assurer la liquidité de l'entreprise à court terme et sa solvabilité à moyen terme.

En effet, pour attirer des investisseurs en capital, l'entreprise devra pouvoir démontrer sa profitabilité par rapport à celle des autres acteurs du secteur et convaincre ses banquiers que son levier financier ne va pas mettre à mal sa capacité à rembourser au moindre affaiblissement de la conjoncture économique et assurer « la liquidité » de l'entreprise (voir ci-dessus).

RECOMMANDATION N° 7

PRENDRE EN COMPTE LES CONTRAINTES DES ÉTABLISSEMENTS FINANCIERS DANS LE CHOIX DE FINANCEMENT

L'adaptation du type de dette aux besoins de l'entreprise va se faire par l'analyse des risques de l'actif à financer et de son profil d'amortissement. En effet, la démarche suivie par les banques dans leur processus d'octroi de crédit repose sur la note générale qu'elles donnent au secteur, à l'entreprise, puis sur les risques spécifiques de l'actif ou du projet à financer et, enfin, sur la qualité du collatéral.

Ainsi, dans son analyse des risques associés à son opération de financement, la banque sera amenée à mesurer la valeur monétaire et la capacité de réalisation des collatéraux qui lui sont donnés en garantie. Son appréciation va varier selon qu'il s'agit :

- d'actifs liquides (titres négociables et actions) ;
- de valeurs non matérielles (contrat de financement de projet et concessions) ;
- de tierce partie (garanties et assurance) ;
- de biens/actifs physiques (avions, bateaux, immobilier).

Plus l'actif sera liquide, plus il sera facile de le financer par la dette. Inversement, moins il sera liquide, plus la proportion de fonds propres à mobiliser en complément de la dette sera importante.

Plus son amortissement sera rapide, plus courte sera la maturité de la dette ; plus il sera long, plus la maturité de la dette devra être importante pour pouvoir supporter la charge des remboursements généralement associés à ce type d'actifs.

De plus, si les cash-flows dégagés par l'actif à financer ont un caractère certain et sont peu ou pas assujettis aux fluctuations de la conjoncture économique, la dette sera le plus souvent à taux fixe ; dans le cas contraire, elle pourra être à taux révisable, souvent avec un cap pour protéger l'emprunteur contre une forte hausse des taux.

RECOMMANDATION N° 8

OPTIMISER LE COÛT DU FINANCEMENT (TAUX, MARGE ET FRAIS ANNEXES)

Le coût du financement est une fonction du taux du marché pour une maturité donnée, de la marge de la banque pour couvrir son risque de défaillance sur l'emprunteur, de différents frais annexes destinés à couvrir les frais administratifs de la banque et à lui assurer une marge.

Les taux du marché s'imposent à tous les acteurs, à la banque comme aux emprunteurs. La forme de la courbe des taux entre le court terme et le long terme est fortement liée à la politique des banques centrales pour la partie inférieure à un an et aux attentes des marchés en matière de risques et d'inflation pour la partie longue de la courbe.

> Le choix d'emprunter à long terme ou à court terme va être conduit par la nature du bien à financer, mais également « dicté » par la solidité financière de l'emprunteur.

Cette solidité financière sera quantifiée par la banque sous la forme d'une note de crédit associée à chaque client. Meilleure sera la note de l'emprunteur, plus il lui sera facile d'emprunter à long terme à des conditions favorables. Dans le cas de sociétés jeunes ou plus faiblement capitalisées, l'entreprise devra soit prendre le risque d'un financement plus court que la période d'amortissement et assumer de fait le risque de refinancement, soit trouver un garant qui, contre commission, rassurera le banquier sur le recouvrement de sa créance. En

France, Oséo joue souvent ce rôle de garant. La marge qui viendra majorer le crédit sera fonction de la « qualité » de l'emprunteur, mais également de la maturité de la dette. Plus la maturité de la dette sera grande, plus son coût sera élevé. Le risque du créancier augmente avec la maturité, le coût en capital nécessaire à la banque pour respecter ses ratios de solvabilité va également augmenter dans le même sens. En bonne orthodoxie financière et à niveau de risque équivalent, les actifs qui s'amortissent lentement et demandent donc des financements longs doivent normalement pouvoir supporter les coûts de financement élevés qui leur sont associés.

RECOMMANDATION N° 9

GÉRER LES RISQUES (LIQUIDITÉ, MARCHÉ ET RELATIONNEL AVEC LES BAILLEURS…) EN DIVERSIFIANT LES SOURCES DE FINANCEMENT

Pour pouvoir optimiser son accès au marché de la dette, mais également à celui du financement en fonds propres, la stratégie financière de l'entreprise va consister à se doter des moyens nécessaires pour assurer la liquidité à court terme, la solvabilité à moyen terme, la couverture des risques de hausse des taux et de fluctuation des devises. À ces éléments techniques s'ajoute une communication claire de l'entreprise vis-à-vis de son ou ses banquiers sur ses objectifs et les moyens mis en œuvre pour les atteindre.

La gestion de la liquidité et de la solvabilité passe par une bonne appréciation de ses besoins et ressources de la part de la trésorerie de l'entreprise et par le suivi d'un échéancier qui indiquera sur une base journalière, puis hebdomadaire, mensuelle et annuelle, les entrées et sorties de cash anticipées.

Ce dernier devra tenir compte des flux déjà enregistrés en comptabilité, mais également de la traduction en flux de trésorerie des anticipations budgétaires. Ce suivi des flux financiers et de leurs cadencements dans le temps distinguera les flux d'exploitation des flux d'investissement et donnera lieu, à une périodicité mensuelle, à un suivi des écarts entre prévisions et réalisations. Cet exercice sera également complété par une réévaluation périodique (*rolling forecast*) des prévisions de trésorerie. Une fois connu le solde net des emplois et des ressources de fonds, « au mois le mois » et par nature de flux, il appartiendra à l'entreprise d'ajuster la maturité de sa dette à ses besoins pour ne pas se trouver en situation de rupture de liquidité.

Il reviendra au responsable financier de tenir compte de la saisonnalité de son activité qui, dans certains secteurs, peut être très importante. À titre d'exemples, les secteurs du tourisme en bord de mer et en altitude, des parfums ou des jouets réalisent une part très importante de leur activité sur des périodes de temps très courtes alors que la charge des investissements nécessaires à la réalisation de celui-ci est beaucoup plus étalée dans le temps.

Dans le cadre de ses relations avec sa ou ses banques, l'entreprise mettra également en place un certain nombre de lignes d'escompte, de découvert et de refinancement garanties, pour faciliter au jour le jour les décalages dans le temps entre ses encaissements et ses décaissements de fonds. L'anticipation et l'entretien de bonnes relations avec son ou ses banquiers passent bien entendu par l'exercice de communication déjà évoqué sur l'état de l'entreprise, même et surtout en période de conjoncture difficile, sur ses perspectives de développement ou de redressement. La confiance entre le banquier et son client est bien sûr une affaire de chiffres, mais également de relations humaines et de capacité de conviction sur l'avenir de l'entreprise et sa pérennité.

| Le recours à plusieurs banques est fortement indiqué.

Enfin, s'il est communément affirmé qu'il est prudent d'avoir plusieurs banques pour pouvoir faire face aux périodes difficiles ainsi que pour, par une juste mise en concurrence, obtenir des conditions financières plus favorables, cela est à relativiser en fonction de la taille de l'entreprise et de ses besoins. C'est précisément la nature des besoins de l'entreprise qui va déterminer le choix de sa et/ou ses banques. Certaines entreprises exigent un réseau domestique important, d'autres une présence internationale ciblée, d'autres encore un accès direct à une salle de marché pour la couverture de leurs opérations de change ou encore des capacités de banque d'investissement pour faciliter leur croissance externe, d'autres enfin une bonne connaissance du secteur et de ses acteurs. Chaque entreprise est unique et la multiplication des contreparties bancaires n'est pas une fin en soi. Pour l'entreprise, la banque est avant tout représentée par son responsable de compte.

Dans sa relation d'échange avec ce dernier, elle se doit de lui apporter un minimum de revenu pour qu'il la défende auprès de son comité des engagements. C'est ce comité qui décide, sur recommandation du responsable de compte. S'il est sage d'avoir plusieurs banques, la politique de la banque peut changer et le responsable de compte également, mais la multiplication et le saupoudrage ne sont pas conseillés pour plusieurs raisons. La relation bancaire est consommatrice de temps et le temps est une ressource d'autant plus rare que l'entreprise est petite. Le temps consommé sera d'autant plus court que la relation est ancienne et pérenne. De plus, avoir plusieurs banques suppose que l'on ait un chiffre d'affaires suffisant pour pouvoir faire vivre intelligemment ses comptes sans augmentation de ses frais bancaires et financiers. Il en va ainsi de ses intérêts débiteurs par la gestion de ses balances bancaires, ou encore des différentes commissions de gestion de compte qui seront d'autant plus faciles à négocier que le montant global des frais et commissions perçues par la banque sera important.

Ce qu'il faut faire

▸▸ Après analyse des besoins, définir les instruments de dette adaptés (financement bancaire, financements publics spécifiques – innovation, développement, subventions et prêts participatifs).

▸▸ Mener une analyse des risques de taux (variable/fixe) et des risques contractuels (garantie, cautions, engagements divers…) liés à chaque type de financement.

▸▸ Évaluer les compétences techniques internes pour gérer ce type d'opérations et, le cas échéant, étudier l'opportunité de sélectionner un ou des conseils pour préparer l'opération et la négociation avec les différents bailleurs de fonds potentiels.

▸▸ Se donner la possibilité d'organiser sa dette avec un pool bancaire sachant qu'il n'y a pas de modèle universel qui puisse s'imposer à tout type d'entreprise. La constitution du pool sera fonction des besoins de l'entreprise : remontée de fonds, de financement d'investissement ou d'exploitation, de son exposition internationale, de sa volonté de croissance externe ou encore de placement de ses excédents.

LA CONSTRUCTION DE LA DEMANDE DE FINANCEMENT

On ne le dira jamais assez, l'obtention du financement nécessaire à l'entreprise est avant tout un grand exercice de communication. Les étudiants fraîchement sortis des meilleures écoles de commerce pensent souvent que c'est de la qualité de leur plan de financement finement élaboré, le plus souvent à partir de simples outils bureautiques, que jaillira le financement tant attendu. Mais si la stratégie de l'entreprise n'est pas claire et surtout si elle est mal communiquée, il n'en est rien. Au premier jour de la création de l'entreprise, l'entrepreneur qui en est le promoteur devra faire un « *pitch* » (présentation du projet aux investisseurs) raisonnable, pour faire partager sa vision et convaincre ses premiers actionnaires que le marché existe ou va exister, qu'il jouit d'un avantage concurrentiel, qu'il offre une opportunité unique et qu'il faudrait être fou pour la laisser passer. Souvent, le créateur se fera aider par ses fournisseurs ou ses clients qui financeront pour partie ses besoins en complément de son apport initial de capital, des diverses aides qu'il aura pu collecter et des apports de fonds de capital-risque, de FCPR, de FCPI, ou autre FIP.

| Structurer et documenter sa demande.

À chaque stade de son développement, les dirigeants, puis leur direction financière, devront renouveler le même exercice tant vis-à-vis de leurs actionnaires que de leurs banquiers. Le support chiffré d'un bon modèle d'affaires, d'un plan de financement structuré, d'un budget de trésorerie « vraisemblable », sont bien sûr indispensables, mais ils ne sont qu'un support nécessaire pour l'obtention des financements tant en capital qu'en dette. Une fois la confiance des actionnaires et des banquiers acquise, il conviendra d'adapter au mieux la structure du financement à la nature des actifs qu'ils auront à financer et aux risques qui leur sont associés.

RECOMMANDATION N° 10

RENFORCER LA COMMUNICATION, NOTAMMENT FINANCIÈRE, DE L'ENTREPRISE

L'image projetée de l'entreprise est un élément essentiel du plan de communication financière. Pour être crédible, les dirigeants et leur direction financière doivent être précis, structurés et surtout cohérents. Ils se doivent de projeter une image de professionnalisme. En préalable à toute réunion de levée de fonds ou de recherche de financement important, il conviendra de faire une revue des grands chiffres du secteur, du positionnement de l'entreprise, de ses ratios de structure et de financement tant en valeur absolue qu'en valeur relative par rapport au secteur. Pour cet exercice, les dirigeants pourront, si besoin, se faire aider par leur expert-comptable ou par des conseils externes si la taille de l'entreprise les y autorise. Il est également toujours préférable que les dirigeants aient en tête les différents risques associés à leur projet ainsi que les mesures qu'ils pensent pouvoir mettre en œuvre pour les gérer, voire les atténuer au moment où le sujet sera soulevé par leurs interlocuteurs, apporteurs de capitaux ou banquiers. De même que dans le négoce, il est coutume de dire qu'il faut toujours tenir le crayon – c'est-à-dire rédiger les contrats plutôt que travailler sur ceux de la contrepartie –, en matière de recherche de financements, il vaut mieux évoquer les problèmes potentiels et les solutions à apporter que se laisser surprendre par ses interlocuteurs. L'image de professionnalisme passe aussi par cette préparation préalable de l'entretien en identifiant à l'avance les points de discussions qui ne manqueront pas d'être évoqués.

RECOMMANDATION N° 11

ACCOMPAGNER LA VISION STRATÉGIQUE DE LA DIRECTION GÉNÉRALE

La réflexion rendue obligatoire par la rédaction d'un plan de développement est fondamentale.

Un fois passée l'étape du « pitch » et de la mise en confiance des apporteurs de financements, il va falloir confirmer la confiance qu'ils sont prêts à apporter à l'entreprise et à ses dirigeants en les aidant à construire le dossier qu'ils devront vendre en interne au sein de leur institution. La première étape du dossier va porter sur l'entreprise elle-même et son management.

Pour satisfaire aux questions des apporteurs en capital et des banques, les dirigeants présenteront leur analyse de l'entreprise vis-à-vis de ses principaux concurrents en mettant en évidence ses facteurs clés de succès. Cette analyse doit conduire à une conclusion transparente sur les facteurs clés qui influenceront les cash-flows prévisionnels de l'entreprise quelle que soit la nature de la facilité sollicitée.

Seront ainsi mis en évidence la part de marché, la croissance des ventes attendue, les marges de coût fixe contre coût variable, la vitesse de rotation des capitaux circulants… ainsi que d'autres facteurs de différenciation et de résistance aux basses conjonctures, comme la force de la (ou des) marque(s), ou les réseaux de distribution. Les apporteurs de financements vont, de leur côté, faire des hypothèses de *scenarii* de stress susceptibles d'affecter le revenu et le développement marginal sur la période de projection et en déduiront une capacité de remboursement de la contrepartie fondée sur la dette moyenne du secteur d'activité par rapport à son Ebit[1] (résultat opérationnel) ou sur le rapport dette/Ebitda (équivalent de l'excédent brut d'exploitation – EBE[2]). Seront bien sûr également étudiées les capacités de cessions d'actifs non stratégiques ou immobiliers en cas de crise, les capacités non utilisées de mobilisation ou de cession des créances commerciales… Sur la base de cette analyse, une première probabilité de défaillance et de couverture du service de la dette peut être établie. Il appartiendra donc aux dirigeants de préparer avec soin les réponses à apporter à cet ensemble de questions de manière à présenter l'entreprise de la façon qui puisse lui être la plus favorable. Plus l'entreprise aura travaillé son sujet, plus l'exposé du dirigeant, éventuellement accompagné de son management, sera clair, argumenté et cohérent, plus elle bénéficiera d'un *a priori* positif de son responsable de compte et plus son dossier aura des chances d'être accepté.

La seconde étape va porter sur la nature du besoin à satisfaire. Les apporteurs de capital et les banques veulent bien financer, mais ils veulent savoir ce qu'ils financent, comment seront employés les fonds et, accessoirement, quelle sera la valeur des garanties dont ils disposeront sur l'actif financé. Cette étape est d'autant plus importante que la note de crédit est faible. Dans ce dernier cas, l'entreprise pourra avoir recours au financement d'un actif ou d'un pool d'actifs dans lequel le prêteur aura un recours limité ou inexistant à des moyens autres que les flux générés par les actifs. Ce mode de financement, où les cash-flows de l'actif financé et sa valeur résiduelle suffisent à sécuriser le prêteur sur la capacité de l'entreprise à couvrir

---

1. L'*Earnings Before Interest and Taxes* (Ebit) correspond au résultat d'exploitation dans la norme comptable française.
2. Excédent brut d'exploitation.

le service de sa dette, est particulièrement bien adapté à des secteurs d'activité comme le financement d'actifs immobiliers, d'hôtels, de camions, de véhicules de location, d'autocars, de navires, d'avions…

Plus difficile, mais pas impossible, le financement de projets par des indépendants en liaison avec les secteurs de l'immatériel, de l'énergie, des télécoms, du gaz et du pétrole requiert là encore une force de conviction, un professionnalisme avéré et une clarté dans l'exposé du business plan réservé à quelques grands professionnels des secteurs considérés. En effet, le prêteur a un recours limité ou inexistant à des moyens autres que les flux générés par ce projet ; l'analyse du risque de financement demande un haut niveau d'expertise pour étudier les risques spécifiques auxquels le projet est exposé par rapport à ses cash-flows et une distinction claire entre les phases de pré- et de post-achèvement du projet. Les banques qui interviennent sur ce type de financement disposent d'équipes internes spécialisées. Il est généralement admis que les nouveaux entrants sur ce type de financement devront se faire aider en amont par des consultants spécialistes de ce type d'activité, mais aussi de la banque dans son mode de fonctionnement interne pour avoir une chance raisonnable de faire accepter le dossier.

RECOMMANDATION N° 12

MAINTENIR DE MANIÈRE PERMANENTE UN CLIMAT DE CONFIANCE FAVORABLE ENTRE LES ACTEURS DU FINANCEMENT

L'obtention du financement sollicité va être la résultante de la qualité de communication des dirigeants et de la perception générale de l'entreprise par le responsable de compte, donc de sa notation de crédit, de la capacité de l'entreprise à monter et à présenter un dossier clair et professionnel, de son aptitude à mobiliser un certain nombre d'actifs ou de tiers garants.

Une relation continue et professionnelle entre les dirigeants, les actionnaires et les prêteurs est de nature à créer un climat de confiance favorable à l'emprunteur ; elle va également enrichir sa capacité de gestion par les questions posées, les réponses à apporter et, le moment venu, une bonne partie de la réflexion nécessaire à l'élaboration du dossier de crédit aura déjà été réalisée.

Ce qu'il faut faire

▸▸ À travers une réflexion structurée, reformuler la stratégie, la politique commerciale et l'ensemble des moyens associés pour les financeurs potentiels, mais aussi pour soi-même (s'inspirer des modèles existants de type Afic, Oséo…).

▸▸ Démontrer les perspectives de développement ou de redressement.

▸▸ Prouver au travers d'un document professionnel la capacité à gérer, anticiper, mettre en œuvre des synergies, sentir un marché.

▸▸ Adapter son discours et sa négociation aux attentes des financiers recherchés (investisseurs institutionnels ou privés, banques…).

▸▸ S'appuyer sur un/des conseils externes (expert-comptable, avocat, sociétés de conseil).

L'ANALYSE ET LA GESTION DES RISQUES NÉS DU RECOURS AU FINANCEMENT EXTERNE

Le recours au financement externe présente un risque selon une équation coût/bénéfice tant pour les actionnaires que pour les dirigeants. Les premiers encourent le risque d'une perte de contrôle de l'entreprise en contrepartie d'une opportunité de développement ou de redressement. Les seconds vont devoir gérer l'entreprise d'une manière plus contraignante pour respecter les obligations fixées par les apporteurs de capitaux et les prêteurs durant toute la durée des engagements pris. Il en ressort que l'entreprise et ses dirigeants doivent, dès la négociation des contrats, en maîtriser les implications en termes de coûts/bénéfices, de capacité à respecter les engagements pris et de relations avec les partenaires financiers et les prêteurs.

RECOMMANDATION N° 13

MAÎTRISER LES COÛTS DE FINANCEMENT ET LES OBLIGATIONS ASSOCIÉES AU CONTRAT

L'ouverture du capital présente un coût financier de dilution et, à périmètre constant, de renchérissement du coût moyen du capital. Le financement par la dette impose, quant à lui, un certain nombre de contraintes. La première est de payer les intérêts et de rembourser le capital. Cela suppose une analyse préalable fine des cash-flows attendus par l'entreprise et un suivi périodique du respect des indicateurs de gestion mis en place, l'inflexion du business plan si besoin, l'utilisation systématique des *rolling forecast* (prévisions glissantes) et, bien sûr, un suivi permanent de la trésorerie de l'entreprise et des tombées d'échéance des emprunts.

La négociation des *covenants* (obligations imposées par les prêteurs) – souvent associées aux opérations de financement présentant un niveau de risque important pour le prêteur – donne la plupart du temps lieu à une discussion âpre entre les parties. La mise en compétition de plusieurs banques, si cela est possible, favorise la négociation, mais l'espace de liberté est lui-même souvent contraint, tant pour le prêteur que pour l'emprunteur, par les conditions de marché au moment de la négociation du contrat. Ainsi, les capacités de négociation de l'emprunteur visant à limiter l'incidence des échéances de la dette pour qu'elles ne pèsent pas trop sur les cash-flows comme le remboursement du capital *in fine*, des maturités de l'emprunt à 8 ou 10 ans, vont généralement s'accompagner de *covenants* en termes de sûretés et garanties, de ratios financiers, d'affectation des cash-flows au remboursement de la dette, de couverture des risques de taux et de risques sur les personnes clés de l'entreprise… Tout cela a un coût et, là encore, l'assistance d'un conseil externe est bienvenue pour aider les dirigeants dans des circonstances et sur un sujet qui, le plus souvent, ne leur sont pas familiers. L'évolution de la réglementation en matière de normes comptables est susceptible d'avoir un impact sur la comptabilisation des opérations et peut mettre à mal les *covenants*. Il importe donc d'être attentif aux projets d'évolution des normes comptables, par exemple IAS 17 sur le *lease*.

RECOMMANDATION N° 14

RESPECTER SES ENGAGEMENTS EN MATIÈRE DE FINANCEMENT AFIN DE NE PAS METTRE L'ENTREPRISE EN PÉRIL

La mise en défaut de l'entreprise par rapport à ses partenaires financiers, et notamment à ses banquiers et « mezzaneurs[1] » (prêteurs qui acceptent de prendre plus de risques que les banques traditionnelles en

---

1. Professionnels du financement qui mettent en œuvre une « mezzanine », outil indispensable au service des activités de capital investissement.

contrepartie d'une participation au bénéfice de l'entreprise), peut se matérialiser dès la constatation du non-respect des obligations de l'emprunteur. Cela peut prendre la forme du non-paiement d'une échéance, mais également celui du non-respect d'un ratio financier tel que celui d'Ebitda/dette (*covenant*[1]). Le risque de perte de contrôle de l'entreprise par ses actionnaires historiques et ses dirigeants est alors grand et doit être pris très au sérieux. Le suivi des dits *covenants*, la mise en place d'une organisation interne de nature à les satisfaire ainsi que la définition d'un reporting spécifique à cet effet font partie des actions absolument nécessaires dans ce type de situation. Le directeur financier est au cœur de cette problématique car il participe à la négociation des *covenants* et est également responsable du suivi des normes comptables.

RECOMMANDATION N° 15

MAINTENIR UNE RELATION DE CONFIANCE AVEC LES PARTENAIRES FINANCIERS

On ne le dira jamais assez, l'établissement d'une relation de confiance entre les dirigeants de l'entreprise et ses banquiers est un gage de durée de la relation et surtout un moyen efficace de faciliter le développement de l'entreprise et son financement.

Les reportings des entreprises ayant fait l'objet d'un LBO/MBO[2] sont un modèle du genre en termes de détails d'informations reportées sur tous les leviers de la profitabilité et des risques. Le reporting financier et le suivi des risques y occupent une place importante, mais les éléments de marge, des achats à la commercialisation des produits en passant par les analyses de la contribution de chaque zone géographique, produit, entité de production ou de commercialisation, sont un outil de gestion qui ne trouve que rarement son équivalent dans les entreprises à la flexibilité financière plus établie. La mise en place d'un tel tableau de bord à usage interne est un excellent levier pour la circulation de l'information au sein de l'entreprise et pour son retraitement dans le

---

1. Un *covenant* bancaire est une clause d'un contrat de prêt qui en cas de non-respect des objectifs peut entraîner le remboursement anticipé du prêt.
2. *Leveraged Buy-Out* (LBO) : acquisition en ayant recours à l'endettement bancaire en engendrant un effet de levier. *Management Buy-Out* (MBO) : rachat d'une entreprise par ses dirigeants ou ses salariés.

cadre d'une communication claire et professionnelle avec les partenaires financiers externes.

Cette communication sera la base de la confiance qui s'établira entre les parties. Elle permettra bien souvent de résoudre les problèmes avant qu'ils ne se posent ou, à tout le moins, avant qu'ils ne plongent l'entreprise dans une crise aiguë, situation peu favorable à une résolution sereine.

Dans cette esprit, il est souhaitable que l'entreprise ne limite pas son reporting et sa communication financière à la seule dimension « résultats comptables », mais l'**élargisse :**

▶ à la structure du capital et aux risques associés à chacune des composantes du bilan ;

▶ à la description des indicateurs de performance clés de l'entreprise et aux causes de leur évolution par rapport au budget, au trimestre précédent ou à l'année précédente, aux évolutions des ventes par produits et par régions ;

▶ au suivi périodique des cash-flows et des évolutions du bilan.

Dans cet exercice de communication, l'entreprise devra veiller à assurer un alignement absolu entre les données de gestion et les données comptables.

Ce qu'il faut faire

▶▶ Identifier les différents engagements pris dans le cadre du contrat de financement et les risques associés.

▶▶ Établir un tableau de bord mensuel synthétisant les principaux indicateurs pertinents (indicateurs en phase avec les leviers, indicateurs de cash, autres indicateurs non financiers…).

▶▶ Anticiper, à partir d'un modèle simple, la liquidité de l'entreprise à 12 mois.

▶▶ Définir les modalités d'une communication régulière avec les bailleurs de fonds.

Pilote
Nicolas Lwoff, directeur général délégué et Chief Financial Officer, Converteam

Auteurs
Jean-François Casanova, Chief Executive Officer, cabinet Strategic Risk Management
Isabelle Crouzille, fondatrice associée, gérante et directeur financier, Implication, présidente du groupe Provence de la DFCG
Jérôme Gaudry, vice-CFO, Converteam
Jocelyne Guichard, directeur financier, Soficar-Carbon
Christophe Rémy, associé fondateur, Magellan Industries et Magellan Aéro

Chapitre 2

COMITÉ D'AUDIT – CONTRÔLE INTERNE

INTRODUCTION

Les comités d'audit, dont la mise en place est depuis 2008 une obligation en France pour les sociétés cotées, sont encore parfois perçus comme une contrainte dans notre pays. Pourtant, l'histoire et la pratique des comités d'audit démontrent, aussi bien dans les pays anglo-saxons qu'en France, que cet organe s'est développé comme un mécanisme de gouvernance de nature à apporter une plus grande confiance aux parties prenantes de l'entreprise, en général, et aux marchés financiers, en particulier.

Le comité d'audit constitue une aide précieuse pour les membres de conseils d'administration ou de surveillance dans l'exercice de leurs responsabilités telles que définies par la loi, mais aussi pour les parties prenantes de l'entreprise. En conséquence, les recommandations proposées s'adressent également à un grand nombre de groupes non cotés ou de taille intermédiaire dès lors qu'ils cherchent à améliorer leur performance au travers d'une gouvernance efficace des risques et du contrôle interne.

Avant d'aller plus loin, il nous apparaît opportun de rappeler certains éléments de définition désormais de plus en plus communément admis.

Qu'entend-on par comité d'audit ?

L'entrée en vigueur de l'ordonnance du 8 décembre 2008 a consacré le rôle des comités d'audit (ou « comités spécialisés » dans les textes). Dans les sociétés dont les titres sont admis aux négociations sur un marché réglementé, le législateur est venu confirmer le rôle central attendu de ce comité en matière de gouvernance de l'information comptable et financière. Ce comité n'est autre qu'une émanation du conseil d'administration ou de surveillance.

Pour définir ses principales missions, nous nous référerons aux exigences fixées par la loi et aux interprétations qui en ont été faites par le groupe de place réuni sous l'égide de l'AMF[1]. Ainsi le comité d'audit est-il chargé d'assurer « une surveillance active » :

- du processus d'élaboration de l'information financière : ce qui s'entend des « systèmes permettant d'élaborer » les informations comptables et financières aussi bien « historiques » que « prévisionnelles » ;
- de l'efficacité des systèmes de contrôle interne et de gestion des risques : ce qui sous-entend qu'il doit « veiller » à l'existence de mécanismes de « détection des dysfonctionnements » et de mise en œuvre d'actions correctrices ;
- du contrôle légal des comptes par les commissaires aux comptes, ainsi que de l'indépendance de ces derniers.

Que faut-il comprendre par contrôle interne et gestion des risques ?

Nous nous référons ici aux concepts développés dans le cadre de référence proposé par l'AMF[2].

Le contrôle interne et la gestion des risques sont des dispositifs complémentaires visant à maîtriser les activités de la société.

D'un côté, « le dispositif de gestion des risques vise à identifier et analyser les principaux risques de la société »[8] et à traiter les risques

---

1. Rapport sur le comité d'audit – Groupe de travail présidé par Olivier Poupart-Lafarge, membre du collège de l'AMF, 22 juillet 2010.
2. Les dispositifs de gestion des risques et de contrôle interne – Cadre de référence – Groupe de travail présidé par Olivier Poupart-Lafarge, membre du collège de l'AMF, 22 juillet 2010.

« dépassant les limites acceptables fixées par la société »[8]. Les modes de traitement de ces risques sont multiples et peuvent notamment prévoir la mise en place de contrôles qui, eux, relèvent du dispositif de contrôle interne. Ce dernier repose sur la capacité du dispositif de gestion des risques à identifier les risques à maîtriser. De l'autre côté, le dispositif de contrôle interne vise à assurer :

- « la conformité aux lois et règlements » ;
- « le bon fonctionnement des processus internes de la société », notamment la contribution à l'amélioration de la performance ;
- « la fiabilité des informations financières ».

Au travers des recommandations développées ci-après, une attention particulière est portée sur plusieurs points d'étape de la structuration d'un comité d'audit voulant s'inscrire dans une démarche de progrès de sa gouvernance :

- sa constitution ;
- son mode de fonctionnement en pratique ;
- ce qu'il peut attendre de ses principaux interlocuteurs en matière comptable et financière ;
- comment peut s'organiser sa mission à l'égard des systèmes de gestion des risques et de contrôle interne.

En filigrane est mise en avant la valeur ajoutée qui peut être apportée au comité par le directeur financier dans cette démarche.

RECOMMANDATION N° 16

CONSTITUER UN COMITÉ D'AUDIT

Le comité d'audit constitue une émanation de l'organe d'administration ou de surveillance de la société. Il est mis en place pour travailler sur un certain nombre de sujets en amont des délibérations de l'organe dont il émane.

La vocation initiale du comité d'audit telle qu'initiée il y a plusieurs décennies consistait à déléguer à un groupe restreint d'administrateurs le contrôle de la qualité de l'information comptable puis progressivement de l'audit ; cela dans un forum distinct des séances du Conseil[1]. Ainsi, grâce au travail préparatoire du comité

---

1. Conseil d'administration ou conseil de surveillance.

d'audit, l'objectif était de permettre à l'ensemble des administrateurs de débattre et de délibérer plus efficacement en séance.

Aujourd'hui, le spectre des travaux généralement dévolus aux membres des comités d'audit s'est élargi. Le cadre des travaux des membres du comité d'audit s'est de plus en plus formalisé et précisé. Les missions définies dans l'ordonnance du 8 décembre 2008 et les travaux d'interprétation qui s'y rapportent (groupe de travail AMF, IFA…) vont dans le sens d'un approfondissement des travaux des comités d'audit et d'une structuration de l'approche.

En allant bien au-delà d'un simple examen des comptes, on attend des membres du comité d'audit qu'ils surveillent désormais la capacité de la société à réaliser ses objectifs en maîtrisant les risques de façon éclairée.

En confortant le rôle attendu du comité d'audit, on est venu renforcer sa raison d'être. En effet, d'organe positif pour la confiance des parties prenantes, il devient un acteur central et capital du dispositif de gouvernance. Non seulement il doit permettre d'améliorer la qualité et la fiabilité de l'information financière, mais il contribue également à la création de valeur de l'entreprise : amélioration de la performance du contrôle interne (c'est-à-dire meilleure répartition des coûts des contrôles) et de l'équilibre entre acceptation des risques et poursuite des objectifs de croissance et rentabilité.

Rappelons que le comité d'audit, dans son rôle, ne décide pas à la place du Conseil. Il doit rendre compte de ses travaux aux membres du Conseil sur les points qui requièrent son attention. Seul le Conseil a autorité pour *in fine* délibérer.

Dans la pratique, le comité d'audit contribue activement à l'efficacité de la gouvernance des sociétés et à la confiance des parties prenantes.

Ce qu'il faut faire

▸▸ Créer un comité d'audit dans les sociétés à conseil d'administration ou de surveillance, au-delà de toute considération légale ou réglementaire.

…/…

▶▶ **S'assurer d'un nombre minimum de membres :**
Qui peut devenir membre du comité d'audit ? Il est souhaitable de tenir compte des besoins et de la culture propres à la société pour déterminer la taille et la composition du comité d'audit. Afin de donner un minimum de substance aux échanges et un partage de points de vue, il semble raisonnable que le comité d'audit soit composé d'au moins trois membres. Cette vision est généralement partagée par la Place (AMF, IFA, Commission européenne).

Pour les sociétés cotées, le législateur impose que les membres du comité d'audit soient des membres du Conseil. Dans les sociétés non cotées, on peut s'interroger sur l'opportunité de nommer des personnes qui ne seraient pas membres du Conseil, ne serait-ce que pour leur expertise sur des sujets particuliers. Toutefois, cette option peut présenter un risque dans la mesure où il pourrait exister un déséquilibre en matière de responsabilité entre les membres et non-membres du Conseil nommés au comité d'audit. Aussi, pour cette raison, il est souhaitable que les membres du comité d'audit soient choisis exclusivement parmi les membres du Conseil.

Les membres du Conseil qui exerceraient des fonctions de direction (telles que directeur général – DG...) au sein de l'entité concernée ne peuvent être membres du comité d'audit.

Il est en général prévu que le comité d'audit puisse se faire assister ponctuellement par des experts sur des points techniques. En outre, il est nécessaire que les membres nommés au sein du comité d'audit bénéficient d'une expérience professionnelle et d'une compétence suffisantes pour leur permettre d'exercer les missions qui leur sont confiées. Pour rappel, dans les sociétés où le comité d'audit est imposé par la loi, au moins un des membres du comité d'audit doit présenter « des compétences particulières en matière financière ou comptable ». D'une manière générale, et à ce titre, nous recommandons la nomination, au minimum, de directeurs financiers (autres que celui de l'entreprise concernée) au sein des conseils d'administration (ou de surveillance) afin d'assurer la présence de nécessaires « compétences particulières » en matière comptable et financière, notamment dans les comités d'audit.

▶▶ **Constituer un comité d'audit composé majoritairement de membres indépendants afin d'en renforcer l'image.** Dans la pratique anglo-saxonne, l'indépendance totale du comité d'audit est considérée comme essentielle pour en assurer l'efficacité. En France, dans les sociétés cotées, l'indépendance d'au moins un membre seulement est requise en application de l'ordonnance du 8 décembre 2008.

▶▶ Dans les sociétés qui ne comptent pas de membres indépendants au Conseil (ou un nombre limité), nous recommandons de **nommer des administrateurs indépendants en vue de renforcer le nombre de membres indépendants au sein du comité d'audit.** La perception d'un comité d'audit comptant un nombre accru de membres indépendants renforce la confiance auprès des parties prenantes.

▶▶ **Considérer progressivement, pour les sociétés non cotées, de suivre les recommandations du code Afep-Medef,** selon lequel la part des administrateurs indépendants dans le comité doit être d'au moins deux tiers.

.../...

▸▸ **Préserver l'esprit critique du comité ainsi que l'indépendance des débats en ne permettant pas au DG ou au président d'assister aux réunions du comité d'audit.** Toutefois, dans l'exercice de leur mission, les membres du comité d'audit peuvent « entendre les acteurs de l'entreprise qu'ils jugent utiles »[a], ce qui sous-entend que le DG peut occasionnellement, sur des sujets spécifiques, participer aux réunions du comité d'audit à la demande de celui-ci.

▸▸ **Réunir au sein du comité d'audit les compétences nécessaires à la conduite des missions qui lui sont confiées par le Conseil, notamment en matière comptable et financière.** Compte tenu de l'importance accordée à la proportion d'administrateurs indépendants et aux compétences attendues des administrateurs en général, on observe que la nomination des administrateurs devient de plus en plus la résultante d'un véritable processus d'identification et de sélection de candidats. Outre le cercle des connaissances de l'entreprise, il existe plusieurs sources permettant d'identifier et de coopter des administrateurs indépendants ayant les compétences attendues (IFA, cabinets spécialisés…).

▸▸ **Pouvoir rétribuer les membres du comité d'audit.** Compte tenu de la charge de travail induite par la participation à un comité d'audit, il est souhaitable qu'une rétribution soit fixée de manière appropriée.

---

a Rapport sur le comité d'audit – Groupe de travail présidé par Olivier Poupart-Lafarge, membre du collège de l'AMF, 22 juillet 2010.

RECOMMANDATION N° 17

CONNAÎTRE LES BONNES PRATIQUES EN MATIÈRE DE FONCTIONNEMENT DU COMITÉ D'AUDIT

Les enjeux

La constitution d'un comité d'audit et la nomination des membres qui le composent constituent des prérogatives du Conseil. La nomination d'un président du comité d'audit est conseillée afin d'aider à l'organisation des travaux et d'en faciliter la représentation auprès des autres membres du Conseil. Le président du comité d'audit rendra compte des travaux du comité en séance du Conseil.

Afin d'assurer dans le temps un fonctionnement efficace et pérenne du comité, nous recommandons de documenter dans une charte ou un règlement intérieur les règles qui gouvernent la conduite et le fonctionnement du comité.

Dans la pratique, on observe que les chartes sont articulées autour des points suivants :

▸ les missions qui sont confiées par le Conseil ;

© Groupe Eyrolles

- les modalités de fonctionnement : nombre de réunions attendues *a minima*, modalités de convocation du comité d'audit, calcul du quorum, nature de ses travaux et conclusions, modalités d'information du Conseil… ;

- la durée des mandats, ainsi que les règles de renouvellement et de révocation (si elles sont différentes de celles des membres du Conseil) ;

- les critères de composition du comité et le mode de désignation de son président ;

- les moyens qui lui sont donnés pour conduire ses missions ;

- les relations du comité d'audit avec les autres acteurs de la société ;

- le délai de mise à disposition des documents de travail préalablement à une séance, le délai entre la réunion du comité d'audit et la séance du Conseil qui va délibérer ;

- le cas échéant, la fréquence et les modalités d'évaluation du comité.

La fréquence des comités d'audit

Le nombre et la fréquence de tenue des réunions du comité spécialisé ne sont pas fixés par le législateur. Que l'on se situe dans un cadre législatif ou non, c'est donc le comité d'audit seul qui décide de ces deux éléments.

Ce qu'il faut faire

- **Définir le nombre de réunions ou leur fréquence,** en tenant compte de :
  - la taille de la société ;
  - la fréquence de publication de l'information financière ;
  - la nature des travaux nécessaires à l'atteinte des objectifs de chacune des quatre missions assignées au comité d'audit, qu'elles soient de nature légale ou à l'initiative du conseil d'administration ou de surveillance ;
  - la date d'arrêté des comptes de la société : dans une société simple avec pour seul arrêté comptable les comptes annuels, deux réunions peuvent suffire. En cas de publications semestrielles, le nombre de ces réunions devrait vraisemblablement se situer aux alentours de quatre.
- **Fixer les dates de réunions :** au-delà de leur nombre, le positionnement de ces réunions doit être fait en fonction des événements influençant la vie de la société et de ses principales échéances. Cette réflexion est elle aussi dévolue au comité d'audit.

La logistique à mettre en place

Pour assurer la meilleure efficacité du comité d'audit, et pour satisfaire à ses obligations, quelques bonnes pratiques sont à considérer.

Ce qu'il faut faire

▸▸ **Ne pas sous-estimer le temps de préparation des réunions :** cet effort reposant souvent sur l'équipe de la direction financière, le comité d'audit doit arrêter suffisamment tôt son agenda pour laisser le temps au directeur financier et aux autres contributeurs de s'organiser, ainsi qu'un ordre du jour précis pour chaque réunion.

▸▸ **Planifier sa propre réunion suffisamment en amont de celle du Conseil[a],** afin de pouvoir compléter ses travaux, si nécessaire, avant le Conseil.

▸▸ **Inviter les commissaires aux comptes à l'ensemble des réunions du comité d'audit,** d'autant qu'ils contribuent au dispositif global du contrôle des comptes et plus généralement de l'information financière.

▸▸ **Produire à l'issue de chaque réunion un rapport à destination du Conseil[a]** afin de l'informer correctement des travaux réalisés et des conclusions du comité d'audit. C'est sur la base de cette information que le Conseil prendra ses décisions. Seul un rapport suffisamment précis des travaux du comité d'audit permet au Conseil de s'assurer que celui-ci a pleinement rempli les missions qui lui sont confiées.

---

a Se rapporte au conseil d'administration ou conseil de surveillance.

RECOMMANDATION N° 18

COMPRENDRE LES ATTENTES DU COMITÉ D'AUDIT VIS-À-VIS DES PRINCIPAUX ACTEURS DU CONTRÔLE INTERNE

Les enjeux

À partir des travaux du groupe de travail réuni sous l'égide de l'AMF[1], nous proposons de définir la gestion des risques et le contrôle interne de l'information comptable et financière comme un dispositif qui vise principalement à atteindre les objectifs suivants :

---

1. Les dispositifs de gestion des risques et de contrôle interne – Cadre de référence – Groupe de travail présidé par Olivier Poupart-Lafarge, membre du collège de l'AMF, 22 juillet 2010.

- la fiabilité des informations comptables et financières produites ;
- la conformité de ces informations avec les règles en vigueur ;
- la sauvegarde des actifs.

Il est sous-entendu que ces objectifs couvrent la prévention et la détection des fraudes, ainsi que les irrégularités comptables et financières, dans la mesure du possible.

Ce dispositif est constitué de l'ensemble des processus qui concourent à la production d'une information comptable et financière fiable et conforme aux exigences des règles comptables.

Les missions du comité d'audit en matière de gestion des risques et de contrôle interne de l'information comptable et financière

D'une manière générale, il est demandé aux membres de comités d'audit d'exercer une « surveillance active » des domaines qui relèvent de leur compétence. Si l'on s'en tient au rapport de l'AMF sur le comité d'audit, en matière comptable et financière cette surveillance active peut se traduire par l'atteinte des objectifs suivants :

Ce qu'il faut faire

- S'informer sur « l'architecture d'ensemble des systèmes permettant d'élaborer » l'information comptable et financière.
- S'interroger « sur la traduction comptable des événements importants ou des opérations complexes ».
- S'assurer qu'il existe des mécanismes de « détection des dysfonctionnements » et de mise en œuvre d'actions correctrices.
- S'assurer qu'il existe un processus d'identification et d'analyse des risques ayant fait l'objet d'une traduction comptable et susceptible d'avoir une incidence sur les comptes.
- S'assurer de « l'existence d'un processus de préparation » de l'information financière publiée.

Pour mener cette surveillance active de façon efficace, le comité doit être assisté et éclairé par un certain nombre d'acteurs. Nous nous intéressons ici aux contributions que peuvent apporter le directeur financier, l'audit interne et les commissaires aux comptes.

L'apport du directeur financier

Le directeur financier est l'interlocuteur historique privilégié des comités des comptes, et il est également le chef d'orchestre des processus de traduction des données opérationnelles en information comptable et financière.

> Les membres d'un comité d'audit attendent du directeur financier qu'il les aide à comprendre d'un point de vue global comment fonctionne la mécanique d'ensemble d'élaboration des données comptables et financières.

Cette vision s'étend des processus opérationnels en amont, où sont capturés les événements économiques, aux processus de traduction en information comptable et financière.

Les membres du comité d'audit doivent disposer d'une bonne connaissance du modèle économique et des processus qui en sont les piliers.

Si nécessaire, certains membres du comité d'audit devront parfaire leur connaissance des activités et spécificités de la société pour remplir pleinement leur mission. Le directeur financier, dans sa fonction, peut les aider à préciser certains éléments de compréhension de l'activité de la société. S'agissant de la mécanique d'ensemble, il ne s'agit pas pour le directeur financier d'entrer dans un niveau de granularité trop fin, mais plutôt de faire ressortir les grands enjeux nécessaires à l'appréciation des impacts financiers majeurs.

Cette appréhension des grands enjeux contribue à la qualité des échanges entre le comité d'audit et le directeur financier, en particulier sur les impacts comptables des événements critiques et des opérations complexes survenus au cours de la période ou à venir.

La transparence du directeur financier sur l'identification de ces événements remarquables et l'analyse qui en est produite représentent également un socle indispensable pour permettre au comité de s'interroger de façon pertinente. Le directeur financier doit aussi être en mesure d'apporter l'assurance que l'ensemble des risques devant faire l'objet d'une traduction comptable est appréhendé au travers d'un processus fiable.

> Les membres d'un comité d'audit attendent du directeur financier qu'il identifie au plus tôt l'ensemble des risques devant se traduire dans les comptes, c'est-à-dire qu'il leur évite les « mauvaises surprises ».

Le directeur financier joue également auprès du comité d'audit un rôle didactique en matière d'appropriation des normes IFRS et de leur application aux spécificités du modèle économique de la société.

L'apport de l'audit interne

Pour éclairer le jugement du comité d'audit sur les processus de la société et les éléments présentés par la direction financière, la fonction audit interne représente un acteur capital pour les membres du comité, à condition qu'elle ait les moyens de produire des avis argumentés et qu'elle soit suffisamment indépendante sur les sujets traités. En effet, s'il existe des faiblesses dans le dispositif de production des informations comptables et financières, l'audit interne doit avoir les capacités adéquates de les mettre en avant, ce qui requiert notamment la faculté de produire des conclusions objectives, une connaissance approfondie des activités et de l'organisation, une certaine compétence technique et des moyens humains à la hauteur des ambitions.

Une fois les capacités requises réunies, l'audit interne est en mesure de développer un plan d'audit interne adéquat sur les processus significatifs et sur les risques majeurs susceptibles d'avoir un impact sur la situation financière ou patrimoniale de l'entreprise. Les membres du comité sont en droit d'attendre de l'audit interne qu'il leur explique comment le plan d'audit interne est élaboré et comment les missions sont notamment hiérarchisées.

La restitution des résultats des missions de l'audit interne doit être synthétique et porter sur les éléments majeurs devant retenir l'attention des membres du comité. Dans le temps, il est attendu de l'audit interne de faire un suivi de la résolution des dysfonctionnements majeurs identifiés et d'en rendre compte au comité d'audit.

Grâce aux travaux et restitutions de l'audit interne, les membres du comité d'audit doivent pouvoir être en mesure de produire un jugement éclairé sur l'efficacité du dispositif de gestion des risques et de contrôle interne de l'information comptable et financière.

L'apport des commissaires aux comptes

Après la direction financière et l'audit interne, on peut raisonnablement estimer que les commissaires aux comptes constituent la troisième ligne de défense pour détecter les dysfonctionnements éventuels du dispositif et les zones majeures d'incertitudes à porter à la connaissance des membres du comité d'audit.

Pour remplir pleinement ce rôle, les commissaires aux comptes doivent être capables de démontrer leur indépendance en réalité et en apparence ainsi que leur objectivité, qui ne peut être altérée par des situations de conflits d'intérêts.

Au-delà de l'objectivité, la véritable valeur ajoutée des commissaires aux comptes réside dans leur capacité à adapter leur stratégie d'audit aux spécificités de la société. La mise en œuvre de leur stratégie d'audit et la synthèse des résultats qui en est faite en séance du comité d'audit seront d'autant plus pertinentes qu'elles permettent aux membres du comité de comprendre les travaux qui soustendent l'opinion des commissaires aux comptes et les déficiences majeures éventuelles remontées par ces derniers.

Enfin, s'ils le jugent nécessaire, les membres du comité d'audit peuvent s'entretenir avec les commissaires aux comptes en dehors de la présence de représentants de la société.

RECOMMANDATION N° 19

ORGANISER LA MISSION DU COMITÉ D'AUDIT À L'ÉGARD DES SYSTÈMES DE GESTION DES RISQUES ET DE CONTRÔLE INTERNE

Les enjeux

Comme rappelé en préambule, une des missions généralement admises du comité d'audit et ce, qu'il s'agisse d'une société cotée ou non, est d'assurer le suivi de l'efficacité des systèmes de contrôle interne et de gestion des risques.

> La mission du comité est de veiller à ce que le dispositif soit capable d'atteindre les objectifs de maîtrise des risques qui lui ont été fixés, ce qui signifie notamment veiller à ce que les dysfonctionnements soit identifiés et sujets à des plans d'actions visant à y remédier.

Un dysfonctionnement peut ainsi s'entendre d'une carence du système qui ne permette pas d'atteindre une partie des objectifs.

La gestion des risques

En matière de suivi de risques, le périmètre traditionnel du comité d'audit comprend *a minima* les risques devant se traduire dans l'information comptable et financière. Afin de clarifier jusqu'où ce périmètre doit s'étendre (risques industriels, risques humains, risques environnementaux, risques juridiques…), nous recommandons que la définition du périmètre des risques qui font l'objet d'un suivi par le comité d'audit soit décidée et formellement actée en séance du Conseil.

Les interlocuteurs du comité d'audit

Comme évoqué précédemment, le directeur financier est l'interlocuteur historique privilégié des membres du comité d'audit, ce qui en fait un partenaire de premier plan pour apporter au comité le niveau de documentation et d'assurance dont il estime avoir besoin dans le cadre de sa mission.

Dans les organisations plus matures qui ont déjà mis en place des fonctions d'audit interne, de management des risques ou encore de contrôle interne, le rôle du directeur financier ne consiste pas à se substituer à ces fonctions, mais plutôt à agir en « chef d'orchestre » ou « coordinateur » des différentes fonctions pour démontrer notamment :

- que les risques sont recensés et suivis ;
- que les instructions de la direction et les procédures sont scrupuleusement appliquées ;
- que l'adéquation de l'organisation et des procédures est régulièrement revue.

Lorsque ces fonctions n'existent pas, nous devons nous interroger sur la place que peut prendre le directeur financier. Au travers de ses efforts à promouvoir la culture du contrôle interne en matière comptable et financière, il a acquis dans de nombreuses organisations une certaine légitimité sur les sujets contrôle interne et gestion des risques. Sur les projets de cartographie des risques, on a pu observer dans nombre de sociétés qu'il avait occupé une véritable place de leader et de facilitateur. Enfin, sa position lui permet d'être plus à l'aise pour évaluer l'impact financier d'un risque.

La fonction de directeur financier est une position préférentielle et légitime pour articuler la coordination de la mise en place du dispositif de gestion des risques et de contrôle interne, et du processus d'échange avec les membres du comité d'audit pour qu'ils puissent assurer leur mission.

Rappelons que la direction générale (ou le directoire) est, de son côté, responsable de la conception et de la mise en œuvre des systèmes de contrôle interne et de gestion des risques.

Nous avons abordé précédemment la fonction audit interne parmi les interlocuteurs clés du comité d'audit en matière comptable et financière. Une question se pose à la fois pour le comité d'audit et le directeur financier lorsqu'il n'existe pas de fonction audit interne au sein de l'organisation : qui est en mesure d'émettre un avis indépendant sur le fonctionnement du système ?

Ce qu'il faut faire

▸▸ Il existe deux façons de répondre.
  – Créer *ex nihilo* une fonction audit interne à l'échelle des besoins de la société.

  OU

  – Externaliser temporairement cette fonction avant de la structurer de manière appropriée dans le temps.

Enfin, parmi les bonnes pratiques, nous suggérons ci-après une liste non exhaustive de types de livrables qui peuvent être produits auprès des membres du comité d'audit pour les assister dans leur mission :

- la méthodologie de cartographie des risques et les résultats de la dernière cartographie actualisée ;
- les référentiels de risques et de contrôles (ainsi que les résultats des autoévaluations, le cas échéant) ;
- la couverture des missions d'audit interne et les recommandations issues des missions réalisées ;
- le suivi dans le temps des plans d'actions issus de la cartographie des risques et des recommandations de l'audit interne ;
- la synthèse des points de contrôle interne relevés par les commissaires aux comptes.

Globalement, le directeur financier, dans un rôle de coordinateur, peut devenir une véritable partie prenante du système de gestion des risques et de contrôle interne, et être encore davantage en mesure de favoriser l'amélioration de la performance et la création de valeur pour la société.

Pour un niveau d'information plus détaillé sur des propositions de diligences à mettre en œuvre, le lecteur pourra utilement se référer au guide méthodologique publié par l'IFA en novembre 2010 sur le suivi de l'efficacité des systèmes de contrôle interne et de gestion des risques. Ce guide propose notamment d'articuler les diligences autour des trois étapes successives :

- réaliser un diagnostic du dispositif de gouvernance des risques et du contrôle interne ;
- obtenir des assurances de la direction sur le fonctionnement du système de contrôle interne et de gestion des risques ;
- procéder à l'examen des défaillances significatives du système de contrôle interne et de gestion des risques.

CONCLUSION

Le comité d'audit est un moyen d'améliorer la gouvernance d'une entreprise, et par là même, son image et la confiance des parties prenantes. Il contribue à développer la capacité de l'entreprise à réaliser ses objectifs en optimisant l'équilibre entre performance du contrôle interne et acceptation d'un niveau de risque. Il facilite les travaux du Conseil. Aussi, nous recommandons la mise en place d'un comité d'audit dans les groupes non cotés ou de taille intermédiaire dès lors qu'ils cherchent à améliorer leur performance au travers d'une gouvernance efficace des risques et du contrôle interne.

Les membres constituant un comité d'audit doivent disposer des qualités et compétences requises pour mener à bien leurs missions. Pour assurer la contribution des nécessaires compétences comptables et financières spécifiques et l'indépendance des débats, la présence de directeurs financiers et de membres indépendants dans les conseils est encouragée.

Pour favoriser l'efficacité du travail des membres du comité, son mode de fonctionnement doit être fixé par des règles, son emploi du temps et son processus de reporting doivent être organisés.

En matière de contrôle interne comptable et financier, le comité d'audit doit très tôt appréhender ce qu'il peut attendre des différents interlocuteurs, qui sont notamment le directeur financier et les « apporteurs d'assurance » (l'audit interne et les commissaires aux comptes).

Enfin, nous reconnaissons dans la fonction du directeur financier une légitimité pour assurer un rôle de coordination en matière de dispositif de gestion des risques et de contrôle interne, qui en fait un interlocuteur incontournable sur ce thème.

Pilote

Philippe Audouin, membre du directoire, directeur financier, Eurazeo, vice-président exécutif, DFCG

Auteurs

Pierre-Alain Aubin, responsable de l'audit interne, Eurazeo
Michel Baude, responsable des lignes de service contrôle interne et contrôle de gestion, Primexis
Clotilde Bouchet, présidente du groupe Ile-de-France de la DFCG
Michel Rouach, directeur financier du métier Banque privée, BNP Paribas, directeur général, BNP Paribas Wealth Management

Chapitre 3

EXTERNALISATION
DES FONCTIONS FINANCE

INTRODUCTION

« Faire faire, mais ne pas laisser faire », tel est le défi que doivent relever de plus en plus de dirigeants amenés à conduire un projet d'externalisation lié à la fonction financière. Une problématique d'importance puisque 75 % des dirigeants considèrent[1] que l'externalisation constitue une tendance de fond dans le mode d'organisation des entreprises, amenée à se développer dans les années à venir.

Que signifie le terme « externalisation » ? L'externalisation consiste, pour une entreprise, à transférer à un tiers tout ou partie d'une fonction antérieurement gérée en interne. Ce tiers est par définition un spécialiste. L'externalisation recouvre le transfert, à cet acteur, des moyens humains et matériels affectés à cette fonction. Les relations entre l'entreprise et le prestataire sont régies par un contrat pluriannuel où sont précisés les critères de services, de performance, de responsabilité et de prix.

L'externalisation s'inscrit dans la durée. En effet, dans 90 % des cas[2], les contrats d'externalisation qui viennent à échéance se poursuivent le plus souvent avec le même prestataire. Il n'y a pas un canevas unique en matière d'externalisation. Toute approche doit être mûrie

---

1.   Selon une récente étude Grant-Thornton IFOP.
2.   *Op. cit.*

et nourrie de pragmatisme. Les questions de l'utilité économique pour l'entreprise, du respect de son modèle, de la préservation de ses valeurs, doivent prévaloir, sans dogmatisme ou *a priori*.

L'externalisation n'est plus motivée exclusivement par la recherche de réduction des coûts. Elle répond à un besoin de recentrage sur le cœur de métier, de contrôle et de « variabilisation » des coûts. La disponibilité d'experts externes, une meilleure qualité de service et la mise en conformité avec des règlementations toujours plus complexes contribuent à son expansion.

Externalisation des fonctions finance

RECOMMANDATION N° 20

FAIRE DE L'EXTERNALISATION UN PROJET D'ENTREPRISE

L'objectif va au-delà de la stricte réduction des coûts. L'externalisation relève d'une décision stratégique qui doit être soutenue par la direction générale en cohérence avec les orientations de l'entreprise. Les projets d'externalisation sont au cœur de la gestion du changement au sein d'une entreprise et nécessitent l'adhésion de toutes les fonctions directement ou indirectement impliquées. L'externalisation doit s'inscrire dans une démarche de progrès et être cohérente par rapport aux objectifs de l'entreprise.

La dimension à long terme ne doit pas être négligée. L'externalisation doit permettre au mieux l'intégration de nouvelles activités, des changements de périmètre, des évolutions de volume. Tout projet d'externalisation est, par définition, structurant, mais il doit laisser une part de flexibilité pour intégrer au mieux ces éléments.

Chaque projet d'externalisation doit être accompagné au préalable d'une analyse approfondie par l'entreprise de son cœur de métier. Sous-jacent à chacun de ces projets, le principal objectif est de permettre aux entités de se concentrer sur leurs opérations et d'améliorer leurs performances.

Autre point fondamental, il s'agit d'une refonte culturelle de l'entreprise. Externaliser revient, pour elle, à admettre qu'elle ne peut pas tout faire seule. L'externalisation pose la question de la spécialisation d'une fonction, dans la mesure où elle est transférée à un tiers. Dans ce contexte, au sein de l'organisation finance qui l'envisage ou qui la décide, l'externalisation court le risque d'être perçue comme la marque d'une défiance. Le poids du facteur social est par conséquent central dans l'analyse de la pertinence et de la légitimité de la décision, autant que dans la conduite de sa mise en œuvre.

L'externalisation peut être l'aboutissement d'une démarche de progrès qui passe par le *reengineering* des processus et la mutualisation interne à l'entreprise. Au cœur de l'entreprise, l'externalisation touche à l'organisation, aux processus, aux ressources et à la technologie.

Ce qu'il faut faire

Tout projet d'externalisation doit prendre en compte les éléments suivants qui en font un projet d'entreprise : l'organisation, les processus, les ressources et les aspects technologiques.

▸▸ **Discuter et valider l'organisation du projet au niveau de la direction générale et auprès des organes de direction.** Les éléments suivants doivent notamment être pris en compte : l'impact de l'externalisation sur les processus, les entités opérationnelles, le lien entre *front* et *back office* (directions opérationnelles et financières), la localisation et la définition du mode de gouvernance (approche transversale).

▸▸ **Préciser et détailler les processus,** notamment par une approche *end to end* (du début à la fin), la standardisation des processus, les critères d'amélioration de la qualité. Le chef de projet et son équipe jouent un rôle clé durant cette étape par leur capacité à travailler avec toutes les directions de l'entreprise.

▸▸ **Considérer les ressources dans toutes leurs acceptions.** Cela concerne non seulement les aspects sociaux et la conduite du changement (transfert ou non des contrats de travail, plan d'accompagnement, calendrier), mais également la dimension gestion des compétences au sein de l'entreprise et les aspects de formation. La direction des ressources humaines est un acteur fondamental et doit être intégrée tout au long du processus d'externalisation. Il est essentiel de bien préparer l'opération. Tout le travail en amont est, par conséquent, déterminant. Une opération mal pensée, mal ou peu préparée, mal accompagnée, peut générer des surcoûts imprévus, voire fragiliser totalement le bon déroulement de l'externalisation pour *in fine* la remettre en cause.

▸▸ **Intégrer les aspects technologiques dans le processus de réflexion.**

▸▸ **Ne pas sous-estimer les éléments liés à la performance des réseaux de télécommunications,** notamment dans le cas d'*offshoring* (transfert hors du pays). L'opération d'externalisation s'appuie-t-elle ou non sur l'ERP (système d'information intégré de l'entreprise) existant ? S'accompagne-t-elle d'un changement d'ERP ou de certaines de ses applications ? Les autres éléments à prendre en compte sont la mise en place d'applications, d'outils nouveaux, les aspects dématérialisation et sécurité, les supports de communication (Internet et/ou Intranet).

RECOMMANDATION N° 21

ACCROÎTRE LA PERTINENCE DE L'EXTERNALISATION EN IDENTIFIANT LES LEVIERS CLÉS

La réflexion sur l'externalisation intervient dans un contexte de transformation de la fonction finance au sein de l'entreprise. L'objectif principal est de produire une information comptable et financière de qualité, dans un délai optimum et à moindre coût.

Dans un contexte de pression concurrentielle, de mondialisation et de recherche de rentabilité, l'optimisation de l'organisation de la fonction finance est un enjeu important de contribution à l'amélioration globale de la performance de l'entreprise.

Les circonstances qui rendent pertinente la recherche d'optimisation sont nombreuses :

- coût élevé de la fonction finance et niveau de qualité non satisfaisant ;
- volume de transaction significatif sur des activités à faible valeur ajoutée ;
- investissement important requis pour améliorer les processus et les systèmes ;
- nécessité ou volonté de rationaliser les fonctions finance et comptabilité pour faciliter les opérations de croissance externe ;
- développement de la notion de service et de performance au sein des fonctions finance et comptabilité ;
- organisation sur plusieurs sites géographiques avec redondance du management, des compétences et des fonctions support.

Pour garantir la bonne conduite et par conséquent la réussite d'un projet d'externalisation finance et comptabilité, il est nécessaire, au cours du projet, de se poser les questions suivantes :

- Quels sont les enjeux, les besoins, les objectifs ?
- Quelle est la bonne gouvernance à mettre en place et le niveau de *sponsorship* ?
- L'entreprise a-t-elle mis en place une maîtrise d'ouvrage forte, dédiée à l'opération et reportant au comité exécutif ou à la direction générale, qui dispose du niveau approprié de compétence et de décision ?

- L'organisation, les spécifications du service et les processus sont-ils suffisamment précis, adaptés et validés par les acteurs concernés de l'entreprise pour être confiés à des acteurs externes ?
- Quel est l'objectif en termes de transformation, d'innovation de services, de qualité de service et d'optimisation ?
- Quels sont les résultats attendus à court terme (horizon un an après le transfert), et ceux à moyen/long terme (horizon 3 à 5 ans) ?
- Quelle est la situation existante en matière de : zone géographique, processus concernés, charge équivalent temps plein (ETP), coût complet de la fonction ?
- Quelle est la taille et l'organisation cible pour répondre aux besoins ?
- Quelle est la localisation souhaitée ? *Onshoring* (dans le pays), *nearshoring* (dans un pays proche), *offshoring* (dans un pays à coûts réduits), quels sont les besoins technologiques associés ?
- Quel est le niveau de documentation de la fonction actuelle ? Quel est le niveau de documentation requis pour garantir le succès du transfert des opérations ?
- Quel est le plan de transition ?
- Quels sont les gains de productivité attendus et le *business case* (rentabilité financière) du projet ?
- Comment gérer les ressources et le social : transfert, arrêt de contrat, recrutement, reclassement, maintien pendant la phase de transition ?
- Comment sont assurés le transfert de compétence et la formation ?
- Pour quel niveau de communication opter dans le planning de transition ?
- Quels sont les principaux critères de performance de l'entité externalisée ?
- Comment garantir la continuité des opérations sans perdre la qualité du service ?
- Comment atteindre les objectifs de qualité et de gains financiers définis dans le *business case* ?
- Externaliser oui, mais dans quelles conditions ? Il faut définir les principales motivations :
  – performance/qualité ;
  – aspects coûts : réduction, contrôle, et part fixe/variable ;
  – conformité aux réglementations.

Externalisation des fonctions finance

Un des principaux avantages est de rendre variables les coûts et ainsi de pouvoir s'adapter aux fluctuations de l'activité d'une entreprise ou à l'intégration de nouvelles sociétés dans un groupe.

En raison des risques plus importants de l'*offshore*, il peut être judicieux de démarrer par une externalisation *onshore* et/ou *nearshore*. Il est recommandé de garder une composante locale dans le pays, en interne dans l'entreprise ou chez le prestataire. Les éléments clés ici sont : l'impact disruptif, l'horizon temps, la taille critique, le degré de maturité des systèmes et processus, l'importance du contrôle et de la continuité des opérations.

Ce qu'il faut faire

▸▸ **Réfléchir au cadre initial de performance dans lequel s'inscrit l'externalisation.** Ainsi, dans le cas de :
  - fonctions financières très intégrées (ERP unique) et unifiées en termes de processus et de systèmes, l'optique de délocalisation primera afin de bénéficier d'une réduction des coûts salariaux ;
  - fonctions financières moyennement intégrées, sans ERP unique ni processus et systèmes uniformes, mais avec une convergence sur des entités opérationnelles, l'approche pourra être combinée entre optimisation des processus et délocalisation ;
  - fonctions financières peu performantes, l'externalisation autorise une refonte totale de l'activité dans un temps court. Un plan continu d'amélioration en interne prendrait plus de temps avec un *pay-back* (retour sur investissement) incertain.

▸▸ **Si la fonction ne dispose pas de suffisamment de collaborateurs qualifiés ou ne peut pas accéder à du personnel qualifié et évolutif, une des solutions serait de s'en remettre à un tiers qui dispose des ressources adéquates.** Par ailleurs, certaines fonctions, avec une forte dimension transactionnelle, entraînent des problèmes d'attrition ou d'évolution des personnes. L'externalisation permet à l'entreprise d'éviter d'avoir à traiter en direct ces questions.

▸▸ **En raison des coûts de mise en œuvre, il est souhaitable d'avoir une certaine taille critique** permettant un retour sur investissement rapide. C'est particulièrement le cas pour les comptabilités auxiliaires des entreprises moyennes et grandes.

▸▸ **Une bonne partie de la comptabilité générale et la préparation des reporting peuvent être externalisées.** Les comptabilités auxiliaires (clients, fournisseurs) sont ainsi des candidats naturels de par leur caractère transactionnel et répétitif fondé sur des règles bien définies qui peuvent être décrites. En revanche, les fonctions faisant appel à des décisions de management (contrôle de gestion, trésorerie, support aux opérations), celles où l'analyse est clé et celles où l'intégration avec les fonctions opérationnelles sont importantes, ne sont pas des candidates naturelles à l'externalisation.

.../...

>> Éviter les écueils suivants :
  - un manque de réflexion préalable et de cadrage en amont du projet ;
  - une approche calquée sur un concurrent sans prise en compte des éléments intrinsèques à l'entreprise ;
  - une approche dogmatique ;
  - une absence d'identification précise des besoins et un manque de formalisation, notamment des processus opérationnels externalisés ;
  - une absence de prise en compte des relations sociales au sein de l'entreprise ;
  - une absence de flexibilité et d'évolution du contrat ;
  - une absence de contrôle du projet et une réversibilité non prévue ou inadaptée.

>> **En guise de conclusion, il est fondamental de se poser en amont les bonnes questions.** En effet, les principaux risques liés à l'échec ou à l'absence d'atteinte des objectifs d'une opération d'externalisation sont, presque dans tous les cas, le fait de leur manque de préparation.

RECOMMANDATION N° 22

DÉFINIR UN PROCESSUS DE SÉLECTION DU PARTENAIRE SELON DES CONDITIONS ET UN AGENDA PRÉCIS

Cette recommandation s'articule autour de la sélection d'un partenaire et non pas uniquement d'un prestataire. La relation de service entre l'entreprise et son partenaire s'inscrit dans une démarche dite de maîtrise d'ouvrage – maître d'œuvre. C'est l'entreprise qui a pour ambition d'intervenir pour piloter la démarche en liens étroits avec l'entreprise prestataire.

L'entreprise garde la maîtrise de la conception du service, alors que l'entreprise prestataire dispose d'une marge de manœuvre forte pour proposer des innovations et faire évoluer son offre dans le temps, au vu des attentes de son client.

| La notion d'externalisation s'associe à celle de coopération.

Par rapport à cette approche maîtrise d'ouvrage – maître d'œuvre, il peut être utile, voire fortement recommandé, d'utiliser un consultant externe pour accompagner le projet. Ce consultant doit impérativement avoir une expérience reconnue en termes d'externalisation. L'idéal est de pouvoir utiliser un consultant qui aura été partie prenante de projets d'externalisation, au sein d'une entreprise prestataire. L'avantage d'une telle approche est de pouvoir s'appuyer sur un œil externe, qui garde une forme d'indépendance par rapport au projet, sans dogmatisme ni parti pris.

Le consultant doit travailler en étroite collaboration avec le chef de projet (ou l'équipe projet) de l'entreprise. Le chef de projet doit être dédié à 100 % et son choix validé par les principales directions impliquées par l'externalisation.

Le partenaire doit avoir une vraie expérience opérationnelle avec des résultats tangibles, des références dans l'industrie concernée et dans la gestion des processus ciblés par l'externalisation.

La question d'*onshoring* ou *offshoring* doit être appréhendée assez tôt dans la démarche. La taille du processus à externaliser (nombre de personnes, nombre de transactions, impact financier) est à prendre en compte.

Autre élément clé, la composition des systèmes et des processus. Ces éléments mal diagnostiqués ou sous-évalués à l'origine pourront conduire à des démarches trop dogmatiques, où les résultats attendus de l'externalisation ne seront pas au rendez-vous. Ces éléments devront être intégrés dans la décision de sélection du prestataire.

Selon les enjeux financiers et les bénéfices attendus, il est souhaitable de garder un dialogue compétitif avec au moins deux prestataires le plus longtemps possible.

Ce qu'il faut faire

▸▸ Préparer au mieux le choix du partenaire.

▸▸ **Établir un cahier des charges est fortement conseillé.** La réalisation d'un cahier des charges permet également (voir recommandation n° 21) de se poser les bonnes questions sous un autre angle. La recherche d'une expression du besoin formalisée, bien décrite et bien partagée avec toutes les directions impliquées, doit être pensée comme une des conditions nécessaires à la réussite de l'opération d'externalisation.

▸▸ Les grandes étapes du processus de sélection sont classiques et inhérentes à tout appel d'offres. **Utiliser des critères de choix du prestataire larges :**
  - économiques : coût de la prestation, pérennité financière du prestataire choisi, critères de transparence dans la gestion de la relation ;
  - légaux : garanties apportées ;
  - qualitatifs : garantie de continuité du service, de qualité de la prestation, définition et amélioration des procédures, aspects liés au démarrage du transfert ;
  - industriels : expérience du prestataire sur la fonction externalisée, sur l'industrie, références ;
  - humains : compétence du personnel, critère d'attractivité du prestataire, politique salariale, formation.

Le calendrier

Prévoir au moins 9 mois entre la signature du contrat et le démarrage du projet.

Ne pas sous-estimer le processus à mettre en place auprès des instances représentatives du personnel (IRP) et la négociation du contrat qui peuvent prendre de 3 à 6 mois.

Compter 3 à 6 mois pour documenter les processus.

Prévoir une période de stabilisation initiale de 12 mois. Intégrer cette phase dans l'analyse des coûts et du *pay-back*.

Business case

Le *pay-back* hors coûts initiaux (tels que les coûts de transition, d'implémentation ou sociaux) doit être pratiquement immédiat ou très rapide (inférieur à 12 mois).

En incluant les coûts de restructuration et les coûts de transition, le délai ne doit pas dépasser 2 à 3 ans.

Selon la performance de départ de la fonction, la fourchette de réduction des coûts récurrents peut aller de 5-10 % à 20-30 %. Bien évidemment, toute analyse financière doit être nuancée par des aspects qualitatifs (qualité de service, pérennité du contrôle et de l'indépendance).

RECOMMANDATION N° 23

PRENDRE EN COMPTE TOUS LES ASPECTS
DE L'EXTERNALISATION DANS LA CONDUITE
DU CHANGEMENT

Préparer, gérer, communiquer le changement

Pour préparer le changement, la dimension ressources humaines est essentielle.

Le comité de pilotage et le chef de projet (au quotidien) doivent pouvoir s'appuyer sur des spécialistes « ressources humaines ». Il est nécessaire de disposer d'une connaissance approfondie des personnels directement concernés par le changement.

Externalisation des fonctions finance

Ce qu'il faut faire

▸▸ **Intégrer le plus en amont possible les opérations de communication qui devront être menées.** Il est indispensable de déterminer la succession des actions d'information, adaptées aux différents services, personnels et niveaux intéressés. Chacune de ces actions doit répondre aux questions traditionnelles : qui ? quoi ? quand ? où ? comment ?

▸▸ Au-delà des dispositions légales, **entreprendre ces actions d'information ciblées largement avant la date pressentie pour le changement, et les faire suivre d'un dialogue** permettant la remontée des réactions, des inquiétudes, voire la satisfaction des personnels concernés.

▸▸ **Adresser également ces actions de communication aux futurs bénéficiaires des prestations.**

▸▸ **Dans tout le processus de communication, faire apparaître clairement l'inscription de cette externalisation dans une politique cohérente et faire ressortir les avantages attendus de ce projet.**

▸▸ **Pour gérer le changement, le projet doit comporter les propositions de mutation ou de changement de poste, les plans d'accompagnement, les plans de formation.** Les représentants du personnel doivent être associés à la mise au point de cette initiative.

▸▸ **Durant toute cette phase, l'entreprise et le prestataire doivent s'appuyer sur les personnes respectivement désignées par leurs départements « ressources humaines »** pour garantir le bon déroulement du projet social et humain.

▸▸ **Prévoir une phase de connaissance mutuelle et d'appropriation des prestations entre la signature du contrat – voire avant la signature du contrat –** et le début des prestations. À ce titre, il convient d'organiser des visites du prestataire dans la totalité du service financier qu'il aura à soutenir, afin qu'il s'imprègne des missions à remplir, de son organisation générale et de ses modes de fonctionnement. Les instances de concertation doivent également être mises en place (du côté entreprise, prestataire, comité de pilotage, etc.).

▸▸ **Ne pas sous-estimer la nécessité de spécifier aux bénéficiaires du service la nature des services transférés, les modalités de changement sur les personnels, les modes de travail et d'organisation liés à l'externalisation afin qu'ils puissent exprimer leur avis.** Cette phase est particulièrement sensible durant la période de transition.

Communiquer, communiquer, toujours communiquer !

Figure 3.1 – Les étapes clés du projet

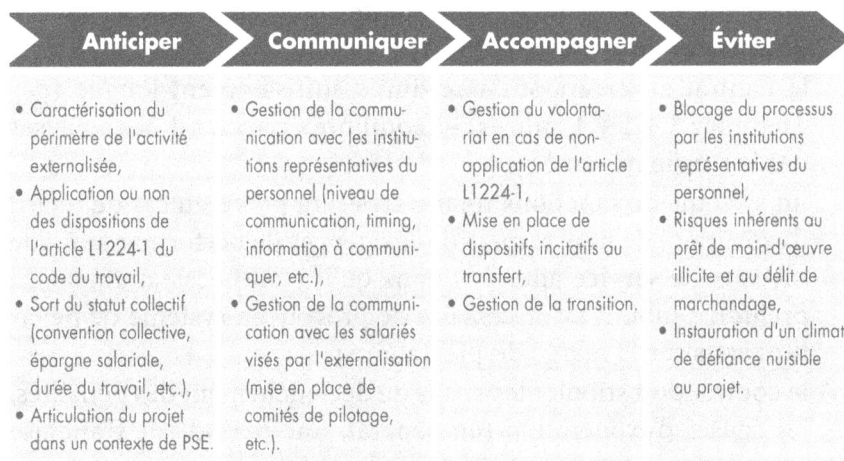

Anticiper	Communiquer	Accompagner	Éviter
• Caractérisation du périmètre de l'activité externalisée, • Application ou non des dispositions de l'article L1224-1 du code du travail, • Sort du statut collectif (convention collective, épargne salariale, durée du travail, etc.), • Articulation du projet dans un contexte de PSE.	• Gestion de la communication avec les institutions représentatives du personnel (niveau de communication, timing, information à communiquer, etc.), • Gestion de la communication avec les salariés visés par l'externalisation (mise en place de comités de pilotage, etc.).	• Gestion du volontariat en cas de non-application de l'article L1224-1, • Mise en place de dispositifs incitatifs au transfert, • Gestion de la transition.	• Blocage du processus par les institutions représentatives du personnel, • Risques inhérents au prêt de main-d'œuvre illicite et au délit de marchandage, • Instauration d'un climat de défiance nuisible au projet.

Externalisation des fonctions finance

La dimension contrôle

Il faut **définir précisément** le niveau de service attendu.

Externaliser doit nécessairement susciter des craintes en termes de perte de contrôle et de dépendance. Ainsi :

- le donneur d'ordres (l'entreprise) doit, dans tous les cas, contrôler l'allocation, la validation des budgets, les investissements et la définition des niveaux de service (*Service Level Agreement* – SLA) ;

- un reporting axé sur la mesure de la performance et se fondant sur un ensemble d'indicateurs quantitatifs et qualitatifs pertinents et définis par le donneur d'ordres doit être effectué.

Les clauses contractuelles importantes dans la gestion du changement

Les clauses « non juridiques » et les annexes sont aussi importantes que la base juridique du contrat principal. Quelques points clés :

- les clauses de réversibilité doivent absolument être intégrées dans le contrat ;

- les conditions de sortie anticipée doivent être précisées, claires et opérationnelles ;

- les éléments liés à la flexibilité et à la variabilité en volume et périmètre doivent être intégrés ;

- la possibilité de changement d'actionnaires doit être prévue ;

Externalisation
des fonctions finance

- les obligations opérationnelles du client (*Operating Level Agreement* – OLA) sont aussi importantes que celles liées au niveau de services du prestataire (SLA) ;
- le contrat s'exercera sur une durée suffisamment longue (par exemple : 3 + 1 + 1 années) – l'équilibre financier doit s'analyser dès la troisième année ;
- un système de sanctions financières sera prévu en cas de retard d'exécution, de non-respect des exigences de performance ou de niveaux de service attendus, sans qu'il y ait nécessairement de préjudice subi. Il est nécessaire de prévoir un système de pénalités assis sur la marge du prestataire ;
- le contrat doit stipuler les seuils de déclenchement des pénalités, les causes d'exonération (en général, une période de franchise après le transfert de 6 ou 9 mois), les méthodes de calcul de ces pénalités et de paiement, les modalités d'un constat contradictoire (audit externe ou interne de l'entreprise) et les conséquences d'un dépassement de plafond des pénalités convenu entre les parties jusqu'à la résiliation du contrat ;
- en parallèle ou en complément du mécanisme de pénalités, il est utile de prévoir la mise en place d'un plan d'actions du prestataire tant que l'objectif défini n'est pas atteint. Prévoir également le délai d'élaboration de ce plan et son évaluation.

Un point important à ne pas négliger dans la partie contractuelle concerne les **clauses d'évolutivité** (évolutions des prestations, des spécifications). Il est difficile de tout prévoir contractuellement, mais le contrat doit comporter des clauses qui couvrent ces éléments en isolant la partie des évolutions mineures de celle des évolutions majeures susceptibles de donner lieu à un avenant.

La partie contractuelle doit inclure les éléments liés au transfert des actifs et/ou des contrats de l'entreprise au prestataire. Ces éléments doivent faire l'objet d'un processus particulier d'inventaire et de transfert. Il faut garder en tête que l'objectif principal est d'assurer au mieux la continuité de l'exploitation et le niveau de service.

Le mode de rémunération du prestataire : approche forfaitaire ou coûts variables ?

Il ressort des dernières expériences d'externalisation une tendance à définir, dans un premier temps, un mode de rémunération sur une base forfaitaire. Son avantage est simple : d'une part, cette base forfaitaire permet à l'entreprise et à son prestataire de se concentrer sur les aspects opérationnels et, d'autre part, elle est totalement prévisible. Cependant, elle comporte un biais. Elle n'est pas incitatrice pour le prestataire en termes de réduction permanente de coûts et/ou d'optimisation. Il est conseillé d'avoir une approche forfaitaire qui se combine avec un SLA (qui doit être défini dans le contrat) pour stimuler la réduction des coûts.

Dans un second temps (au bout d'un an d'exécution du contrat), **il est conseillé d'avoir une approche combinée coûts fixes (approche forfaitaire) et coûts variables.** Cela permet d'avoir un objectif permanent de réduction des coûts dans l'exécution du contrat.

Les autres aspects clés à prendre en compte dans le mode de rémunération

Il est essentiel de bien intégrer les coûts inhérents au lancement et à la gestion du projet. On attachera une attention toute particulière aux coûts de structure et informatiques, au besoin ou non de développement d'outils spécifiques dans le cadre de l'externalisation.

Tous les éléments liés à la gestion de la prestation (et du contrat) comme dans n'importe quel business plan doivent être intégrés : les gains de productivité attendus, les coûts indirects (déplacements, gouvernance), les aspects fiscaux, les aspects « risque et contrôle » des changes pour les contrats *offshoring*, les aspects sociaux (revalorisation salariale, indexations), etc.

Il est fortement conseillé d'**établir une valorisation de la prestation. Ce point aide à mieux définir et cerner les aspects liés à la réversibilité.**

Les conditions de sortie du contrat – la réversibilité

Envisager la réversibilité du contrat.

Dans le cas d'un contrat à durée déterminée, les parties ne peuvent résilier unilatéralement le contrat avant son terme sauf pour faute de l'autre partie ou sortie pour convenance avec le paiement d'une indemnité à l'autre partie (dont les modalités de calcul doivent être définies dans le contrat) ou survenance d'un événement contractuellement prévu (changement de contrôle, force majeure, etc.).

La sortie du contrat (totale ou partielle) va déclencher la phase de réversibilité qui pourra être totale ou partielle.

La clause de réversibilité doit prévoir sa durée, ses modalités, les obligations de chacune des parties pendant cette phase et les conditions de recette.

La réversibilité doit être assortie d'une rémunération qui doit être intégrée au prix global du contrat. Son montant doit être déterminé dès le démarrage et réévalué périodiquement.

Il s'agit d'une phase sensible qui nécessite une collaboration active entre les parties (communication, planification de la réintégration, prestations prévues durant la phase de transition).

RECOMMANDATION N° 24

BIEN DÉFINIR LE CADRE ET LES RÈGLES DE GOUVERNANCE

Le ou les comités de pilotage

L'objectif de la gouvernance est de créer les conditions d'un dialogue tout au long de l'exécution du contrat qui permette un partenariat dynamique et équilibré.

La gouvernance du projet doit être définie le plus en amont possible du projet. Elle doit s'appuyer sur une équipe réduite de décideurs, au cœur d'une structure de pilotage couvrant les aspects décisionnels, opérationnels, financiers, techniques et juridiques tout au long du projet.

Le pilotage du projet se fait à deux niveaux :

- sur une base annuelle, ce comité doit impliquer la direction générale. Il a pour objectif de faire une synthèse des résultats par rapport aux objectifs attendus et de définir, cadrer les principaux axes de développement et d'amélioration ;
- sur une base mensuelle, le comité de pilotage a pour objectif de faire un point périodique sur les aspects opérationnels et contractuels ;

On peut éventuellement avoir deux comités de pilotage distincts, un centré sur la partie opérationnelle et l'autre sur la partie contractuelle.

L'un pouvant nourrir l'autre en termes d'interactions. Il est conseillé ici d'avoir un seul comité de pilotage réunissant toutes les parties.

Les modalités d'organisation des réunions doivent être contractualisées.

En cas de débat, il faut toujours revenir à l'objectif initial de l'externalisation.

Il est souhaitable que l'équipe du projet reste impliquée depuis la phase initiale (formalisation des processus) jusqu'à la transition et l'exécution.

Ne pas sous-estimer les coûts induits par le management de projet et le pilotage. Ils peuvent représenter plus de 15 % des coûts.

La définition et la revue des indicateurs clés durant la vie du contrat

Le contrôle de la bonne conduite du contrat de service est une des fonctions principales d'une solide gouvernance. Ce contrôle doit s'appuyer sur la convention de services (SLA).

Le SLA doit prévoir la description des rôles et responsabilités entre l'entreprise et le prestataire. Il doit inclure la définition des indicateurs, leurs modalités de mesure, les valeurs cibles, leur évolution, les conséquences de leur non-respect, les mécanismes de bonus et de malus.

Un bon indicateur doit être spécifique, mesurable, accepté ou compris par les deux parties (et par les personnes composant les comités de pilotage), réaliste et défini dans le temps. Les indicateurs sont un élément clé d'appréciation de la performance et de la qualité de la prestation. Ils sont en général mensuels et revus lors des comités de pilotage.

Le SLA doit fonctionner dans les deux sens. Il est par principe plus engageant pour le prestataire, mais il peut intégrer des obligations pour l'entreprise (la mise en place de logiciels spécifiques, les aspects technologiques, les aspects sécurité, l'obligation de signaler les anomalies).

Dans le cadre d'un vrai partenariat, l'application des pénalités en cas de non-atteinte des objectifs de qualité ou de performance doit être discutée au sein du comité de pilotage entre l'entreprise et son prestataire, pour qu'elles deviennent un véritable levier de progrès.

Externalisation des fonctions finance

Ce qu'il faut faire

»» Définir le plus en amont possible la gouvernance du projet.

»» Piloter le projet à la fois au niveau de la direction générale et des opérationnels.

»» S'appuyer sur la convention de services (SLA) pour contrôler la bonne conduite du contrat.

Externalisation
des fonctions finance

CONCLUSION

Les recommandations opérationnelles proposées doivent faciliter la démarche d'externalisation. Toutefois, la réussite repose sur une savante alchimie. On l'aura compris, l'externalisation vient avec ses bénéfices et ses opportunités, mais aussi avec ses contraintes et ses risques. C'est un projet qu'il faut pouvoir maîtriser à tous les échelons.

Il ne peut pas s'agir d'un phénomène de mode ni d'une décision prise dans l'urgence. On doit prendre le temps de la réflexion. Certaines initiatives mal maîtrisées en 2008 et 2009, uniquement motivées par une réduction de coûts en réaction immédiate à la crise économique et financière, ont connu des soubresauts et des retours en arrière malheureux.

L'externalisation n'est pas une science exacte et elle nécessite des compromis de toutes sortes :

▶ une décision stratégique de l'entreprise et un engagement fort de la direction générale, mais aussi une mise en œuvre qui requiert la mise au diapason de toutes les fonctions, une très bonne communication et un suivi fin des aspects ressources humaines ;

▶ l'intérêt financier de la solution pour le client, mais également une solution génératrice de marge pour le prestataire permettant d'offrir un service de qualité et une solution gagnant-gagnant dans le cadre d'une relation partenariale client-fournisseur ;

▶ la réduction des coûts à court terme dans une relation qui doit s'envisager sur le long terme ;

▶ des clauses juridiques protégeant les deux parties tout en permettant la flexibilité et l'innovation ;

▶ la participation du service achats au processus de négociation, même si l'externalisation de services ne doit pas être considérée comme accessoire ;

◗ une gouvernance forte pour que le client garde le contrôle de ses processus tout en permettant une forte délégation orientée vers l'obligation de résultats.

Ce nouveau mode de management permet aux dirigeants de se concentrer sur leur cœur de métier ; sa mise en œuvre a un impact structurant sur l'entreprise en matière d'organisation, de ressources humaines, de processus et d'outils technologiques. Elle requiert une très bonne gestion du changement.

Par exemple, on n'insistera jamais suffisamment sur les impacts en matière de relations humaines. Les équipes du prestataire et de son client passeront par des hauts et des bas dans leurs relations, surtout au début du projet. Certains collaborateurs sont transférés et passent d'une relation hiérarchique à une relation commerciale. Le manager d'un département comptable interne ne sait pas toujours très bien gérer un projet ou une relation client-fournisseur. Les collaborateurs qui ne font pas l'objet d'un transfert de leurs activités peuvent malgré tout se poser des questions sur leur futur.

Il n'y a pas deux projets d'externalisation identiques. Ce qui convient à une société ne conviendra pas à une autre, même si l'on retrouve les mêmes fondamentaux. On ne peut pas tout prévoir dans un contrat. Pour preuve, certaines entreprises ont dû composer avec la crise financière ou encore les bouleversements géopolitiques récents. On voit parfois les mêmes écueils se reproduire. L'entreprise peut bénéficier de l'expérience d'autres sociétés. Elle peut le faire dans le cadre d'échanges organisés dans des associations comme la DFCG ou l'European Outsourcing Association (EOA – Association européenne de l'outsourcing). Elle peut aussi se faire accompagner par des consultants spécialisés qui ont déjà mené des projets similaires.

Pilote
Marc Karako, ancien vice-président exécutif et directeur financier groupe, Carlson Wagonlit Travel
Auteurs
Armand Angeli, associé Grant Thornton, en charge du développement des services d'Outsourcing au niveau mondial
Pierre Milet, vice-président et directeur financier EMEA, Carlson Wagonlit Travel
Antoine Baron de Noyer, directeur financier, Carlson Wagonlit Travel France

Chapitre 4

GOUVERNANCE DES IFRS

INTRODUCTION

Pourquoi et comment avoir une bonne gouvernance en IFRS ?

Nous faisons tous l'expérience des IFRS[1]. Et cette expérience a abouti à des surprises à tous niveaux au sein des entreprises et groupes. Celles-ci ont provoqué des débats, des tensions et même, parfois, des changements de stratégie. Quoi qu'il en soit, l'Europe a décidé que les sociétés européennes cotées devaient appliquer les IFRS dans leurs comptes consolidés à compter du 1e janvier 2005.

Une enquête PwC-DFCG, réalisée en octobre 2010, a permis de tirer les enseignements suivants, plus de cinq ans après la mise en œuvre du nouveau référentiel.

▪ Des impacts inattendus sur la volatilité des résultats, des capitaux propres, etc., souvent découverts lors de l'arrêté des comptes, pour 69 % des entreprises interrogées ; ces surprises sont surtout liées à la volatilité du résultat (19 %), la volatilité des capitaux propres (17 %) et l'estimation délicate de la juste valeur (18 %). Les principaux postes du bilan touchés sont les instruments financiers (44 %), les capitaux propres (43 %), suivis de l'endettement (28 %) et des immobilisations incorporelles (27 %). Enfin, les opérations qui créent ces surprises sont principalement les couvertures (27 %), les acquisitions (18 %) et les plans de stock-options (12 %).

---

1. IFRS : International Financial Reporting Standards – normes internationales d'information financière.

75

▶ Un apport limité quant à une plus grande transparence de la performance de l'entreprise vis-à-vis du marché puisque :

– 66 % des entreprises interrogées ne sont pas plus sereines qu'avant l'introduction des IFRS, en matière de prise en compte de leurs risques ;

– 53 % considèrent que leur performance managériale n'est pas bien reflétée ;

– 69 % trouvent que les comparaisons avec leurs concurrents ne sont pas facilitées ;

– 82 % pensent que le marché ne comprend pas mieux leur performance et leur situation financière qu'auparavant.

▶ Des entreprises encore peu nombreuses à anticiper l'impact des projets de normes :

– la veille IFRS est assurée très souvent à l'extérieur (80 %) par les revues, alertes, commissaires aux comptes, conseils, conférences…) plutôt que par un service interne à l'entreprise en lien avec le site de l'IASB[1] (20 %);

– 27 % des entreprises ne font aucun diagnostic avant l'entrée en vigueur d'une norme et seulement 11 % en font un systématiquement ;

– les directions financières, générales et les comités d'audit sont en moyenne 20 % à être informés des éventuels impacts sur leur groupe.

▶ Un lobbying encore peu développé :

– seules 19 % des sociétés interrogées font du lobbying (pour la plupart en étant membres d'organisations professionnelles comme Acteo[2] ou dans leurs secteurs) ;

– et qui plus est, parmi celles qui n'en font pas, 82 % ne ressentent pas le besoin d'en faire.

L'application des IFRS nécessite d'apporter des réponses concrètes aux trois grands enjeux suivants :

▶ Prendre de bonnes décisions stratégiques et opérationnelles, c'est-à-dire :

1. IASB : International Accounting Standards Board.
2. Acteo : association pour la participation des entreprises françaises à l'harmonisation comptable internationale.

- optimales pour le groupe : recherche des solutions IFRS les meilleures, à l'instar des solutions fiscales et juridiques ;
- sans risque de surprise pour la communication financière de demain : interprétations ne pouvant être remises en cause, projets IFRS changeant la donne intégrés dans la décision ;
- et en toute connaissance de cause des différents acteurs impliqués dans les processus de décision : opérationnels, direction comptable, direction financière, direction générale, comité d'audit, auditeurs.

▶ Éviter les surprises lors des arrêtés de comptes et les problèmes de communication financière, c'est-à-dire :

- organiser les changements de systèmes d'information et de remontées d'informations nouvelles afin de répondre aux nouvelles normes IFRS entrant en vigueur ;
- éviter les surprises de dernière minute sur les thèmes d'actualité concernant le groupe ;
- être cohérent entre les comptes et la communication ;
- communiquer seulement après concertation jusqu'au plus haut niveau du groupe.

▶ Faire le lobbying adéquat sur les projets IFRS pour défendre les intérêts de groupe, c'est-à-dire cibler/limiter son lobbying aux seules actions essentielles, sans se disperser parmi les innombrables projets.

RECOMMANDATION N° 25

METTRE EN PLACE UNE PROCÉDURE DE CONTRÔLE INTERNE IFRS APPLICABLE AVANT LA PRISE DE TOUTE DÉCISION OU LA SIGNATURE DE TOUT CONTRAT IMPORTANT

Cette procédure, qui existe rarement aujourd'hui de manière formalisée, est complexe à mettre en œuvre. Elle nécessite en effet de définir le rôle de chacun dans le processus de décision.

LE RÔLE DES OPÉRATIONNELS

Tout d'abord, cela paraît évident mais c'est rarement le cas, les opérationnels doivent tous être inscrits dans la procédure car ils sont tous potentiellement concernés ! Par exemple, il ne faut pas seulement impliquer le responsable fusions-acquisitions, mais tous ceux qui développent les accords de partenariat, de franchise, les trésoriers et financiers qui prennent des couvertures, négocient des financements ou refinancements ou les *covenants*, qui mettent en place les titrisations, affacturage, etc. ; les DRH, qui proposent des plans de stock-options, des bonus différés, de nouveaux avantages prévoyance, retraites, intéressement… ; les responsables de produits ou gammes de services, qui lancent de nouveaux produits attractifs mélangeant biens et services, prévoient les conditions générales de vente et des offres gratuites… ; les responsables immobilier ou matériels, qui s'occupent non seulement des achats, locations mais aussi de l'entretien, du remplacement, des remises en état… ; les responsables marketing-communication, qui gèrent les catalogues, salons, campagnes de publicité…, sans oublier bien sûr les responsables juridiques, qui rédigent les contrats et négocient les clauses, les protections…

Un mini-diagnostic ou inventaire – par sujet, thème, type d'opération –, des surprises liées aux IFRS déjà survenues dans le groupe est un autre moyen de preuve ou d'incitation pour justifier l'ouverture de cette procédure de contrôle interne à un éventail large de responsables opérationnels.

Ensuite, avant d'initier toute opération, et non la veille de la signature, ils doivent dialoguer avec les équipes comptables et financières pour réfléchir ensemble aux impacts que cela peut avoir dans les comptes.

Cela constitue une réelle opportunité pour expliciter les normes comptables et leurs enjeux aux opérationnels sans que cela soit vécu comme une seule réponse à un dispositif réglementaire (voir ci-après le rôle de la direction comptable).

Beaucoup disent qu'ils le font au sein de leur entreprise, mais rarement pour tous les opérationnels concernés.

Pour en être convaincu, un moyen est de comparer le niveau de concertation avec les directions fiscales et juridiques par rapport aux directions comptables et financières.

Cette concertation avec les comptables est également importante en ce qui concerne le sujet des reporting internes et la prise en compte des normes dans la lecture de la performance économique du groupe, afin de réconcilier ou rapprocher le pilotage opérationnel des chiffres résultant des normes.

LE RÔLE DE LA DIRECTION COMPTABLE
(ET DE LA DIRECTION FINANCIÈRE)

Son rôle, essentiel, est de permettre aux opérationnels d'agir en parfaite connaissance des conséquences comptables de leurs opérations et d'alerter sur tous les risques potentiels de traduction divergente par rapport à ce que les gens ont en tête. Il doit aussi vulgariser les traitements comptables pour qu'ils soient accessibles à ceux qui doivent les comprendre. C'est particulièrement important lorsqu'il y a des changements de principes comptables effectifs ou en cours pour que les mentalités évoluent. Dans ce cadre, il peut être opportun de faire par exemple des présentations ciblées sur les traitements comptables des points les moins intuitifs des normes actuelles et pour les projets IFRS les plus structurants, qui ne manquent pas…

Dans le processus même de négociation, son rôle est de travailler sur les projets de contrats (clauses particulières) et de donner un avis d'expert sur les traductions comptables. En parallèle, il doit alerter les directions générales et le comité d'audit de ces mêmes difficultés ou changements.

Si la direction comptable n'a pas les ressources nécessaires pour suivre l'actualité, la comprendre, jouer le rôle d'expert et la vulgariser pour les opérationnels et les dirigeants, elle doit se faire aider par ses commissaires aux comptes ou d'autres conseils.

La direction comptable peut ainsi élargir son champ d'action avec une orientation non plus seulement tournée vers le passé mais, au contraire, vers l'anticipation et l'avenir.

LE RÔLE DU COMITÉ D'AUDIT
(VOIR RECOMMANDATIONS N^{OS} 16 À 19)

Son rôle est d'abord clé dans la décision même, pour juger de son opportunité, de la cohérence avec la stratégie, de la maîtrise des risques liés, de l'optimisation du traitement envisagé et des consé-

Gouvernances des IFRS

quences sur les principaux ratios de structure et de performance, la communication financière, le rating de l'entreprise, etc.

En ce qui concerne les IFRS, le plus pertinent pour aider à comprendre les enjeux majeurs des normes nouvelles est de demander en réunion de comité d'audit d'avoir des présentations qui soient faites par les directions financières, les directions comptables ou les services de normes et, bien sûr, de demander aux commissaires aux comptes d'exercer régulièrement, au-delà des présentations des travaux d'audit, un rôle d'alerte.

LE RÔLE DU COMMISSAIRE AUX COMPTES, VOIRE DES CONSEILS

Participer à l'anticipation est une priorité tout à fait fondamentale. Comment ?

– en participant à l'information de l'entreprise ;

– en l'alertant des évolutions qui se profilent ;

– en développant des relations directes avec les responsables opérationnels pour identifier les opérations susceptibles d'avoir des impacts dès l'origine ;

– et en participant à des réunions informelles dans lesquelles un tour d'horizon de ce qui se passe dans l'entreprise est effectué.

Ce qu'il faut faire

▸▸ Inscrire tous les opérationnels dans la procédure.

▸▸ **Effectuer un mini-diagnostic ou inventaire** des surprises liées aux IFRS déjà survenues.

▸▸ **Dialoguer avec les équipes comptables et financières** pour réfléchir ensemble aux impacts des opérations dans les comptes.

▸▸ **Alerter les opérationnels sur les risques potentiels de traduction divergente,** notamment en présence de changements de principes comptables.

▸▸ **Travailler en amont** les projets de contrat.

▸▸ **Présenter les enjeux des normes IFRS au comité d'audit.**

RECOMMANDATION N° 26

METTRE EN PLACE UNE SECONDE PROCÉDURE DE CONTRÔLE INTERNE IFRS SPÉCIFIQUE À L'ARRÊTÉ DES COMPTES ET À LA COMMUNICATION FINANCIÈRE

Certes, la première procédure de contrôle interne permet d'anticiper les surprises sur les comptes résultant des décisions stratégiques et opérationnelles, mais cela n'est pas suffisant. Il convient de prévoir une seconde procédure spécifique à l'arrêté pour anticiper d'autres surprises avant la clôture.

Entre le moment où les décisions ont été prises et l'arrêté des comptes, les projets en cours à l'époque ont pu évoluer et les normes définitives ne permettent pas finalement le traitement projeté, voire modifient l'optimisation initiale ou méritent simplement des adaptations. En outre, même lorsque les normes n'ont pas évolué, les mentalités et la pratique ont pu changer ou avoir été précisées par le comité d'interprétation des normes IFRS (IFRS-Interpretation Committee), par un *annual improvement* de l'IASB ou dans une communication du CESR[1], de l'Autorité des marchés financiers (AMF) ou de l'Autorité des normes comptables (ANC).

La procédure mise en place pour la veille des projets IFRS au sein du groupe va bien au-delà de l'alerte et de la prise de conscience évoquée dans la première procédure. En effet, la pratique ayant démontré de nombreux changements entre les projets et les normes définitives, la veille du projet doit être organisée de telle manière qu'elle se poursuive jusqu'à la publication de la norme définitive, l'idéal étant de le faire *via* un comité de pilotage du projet ou par norme. Le plus tôt possible après la publication, un rétroplanning des impacts opérationnels doit être établi à la suite par exemple de la réalisation d'un diagnostic, effectué en interne ou avec l'aide de commissaires ou de conseils.

L'actualité ne vient pas que des normes ! Elle peut dépendre aussi de l'environnement économique ou sectoriel, voire de nouvelles réglementations autres que comptables. Compte tenu de la complexité

Gouvernances des IFRS

---

1. CESR : Committee of European Securities Regulators – Comité européen des régulateurs de marchés de valeurs mobilières (CESR).

des normes IFRS, une procédure devrait être mise en place afin de rechercher au plus tôt les conséquences de celles-ci, le cas échéant avec l'aide des commissaires aux comptes ou de conseils.

Trop souvent, actuellement, toutes les discussions, participations, réflexions autour des IFRS n'existent pas, elles ne sont pas débattues au sein des conseils d'administration et des comités d'audit et cela induit des problèmes d'acceptabilité, d'incompréhension, voire de rejet de la nouvelle norme ou des IFRS dans leur ensemble. Sur des choix comptables qui représentent un engagement réel de l'entreprise, comme les questions d'évaluation de *goodwill* et de test de dépréciation, impliquer largement le comité d'audit est une façon d'arriver tous ensemble à la meilleure solution et de bien prévoir ce qui se passe ensuite. Parce que ces discussions dépassent très largement le cercle des experts si l'on considère que ce « point de passage » de test permet en réalité de s'assurer que la stratégie de l'entreprise, qui se matérialise par la valeur de ses actifs, s'exécute dans un contexte de maîtrise des risques associés.

De nombreux dirigeants critiquent les IFRS considérant que celles-ci ne traduisent pas correctement la performance de l'entreprise et celle du management en particulier. Pour pallier ces insuffisances des IFRS, les dirigeants communiquent souvent sur des indicateurs non IFRS qu'ils jugent plus adéquats. Dans sa recommandation n° 2010-11 du 17 novembre 2010 relative à la communication des sociétés sur leurs indicateurs financiers, l'AMF n'empêche pas l'usage de ces indicateurs, mais insiste sur « la nécessité de fournir une information exacte, précise et sincère [...] qu'il s'agisse des indicateurs financiers ajustés ou absents des comptes ». Elle précise que « les indicateurs comptables ne peuvent pas totalement disparaître des communiqués au profit des indicateurs ajustés ou absents des comptes » et fait un certain nombre de recommandations précises.

Ce qu'il faut faire

▸▸ Effectuer un suivi systématique des positions ou interprétations IFRS prises lors des décisions opérationnelles.

▸▸ Organiser une veille permanente au sein du groupe.

▸▸ S'organiser pour ne pas être pris de court par les contraintes nécessitant des changements de systèmes d'information et/ou des remontées d'informations complémentaires lorsque de nouvelles normes IFRS entrent en vigueur.

.../...

- Anticiper les problèmes techniques liés à la conjoncture.
- Ne pas hésiter à remonter au comité d'audit les difficultés rencontrées et les options retenues lors de l'arrêté des comptes.
- Confier officiellement au comité d'audit la mission d'examiner la cohérence des communiqués de presse avec les états financiers.
- Une autre recommandation, également de l'AMF dans son « Rapport AMF sur les comités d'audit » de juillet 2010, est de saisir l'opportunité, dans le cadre des nouvelles attributions légales pouvant être confiées par le conseil d'administration au comité d'audit, de lui demander d'examiner la cohérence des communiqués de presse avec les comptes annuels, semestriels et trimestriels.

RECOMMANDATION N° 27

BIEN CHOISIR SES COMBATS DANS SES ACTIONS DE LOBBYING POUR DÉFENDRE LES INTÉRÊTS DE SON GROUPE

Décrier le manque d'adaptation des IFRS à l'évolution des modèles économiques des entreprises sans pratiquer de lobbying paraît antinomique.

Certains grands groupes bénéficient de moyens importants. Généralement, ils mènent tout d'abord une action interne, *via* des comités de pilotage créés par norme, qui consiste à analyser, avec l'aide des commissaires aux comptes ou de conseils, les impacts des nouvelles normes sur les comptes, l'organisation et les systèmes d'information.

Forts de cette analyse, ils s'assurent que les comptes qui seront consolidés demain seront toujours représentatifs de la position financière et de la performance du groupe.

Cela nécessite des actions de concertation avec des organismes externes au groupe : participation, au travers de l'ANC et de l'Acteo, aux réponses aux exposés-sondages et aux *discussion paper*, réunions collectives d'échanges avec Acteo, le MEDEF, l'ANC, discussions avec l'IASB au travers de réunions d'*out-reach*, voire en participant au Global Preparer Forum, discussions également entre les analystes et les entreprises…

Ne pas hésiter à solliciter des réunions privées avec l'IASB, seuls ou *via* Acteo.

Pour les autres groupes ayant de petites équipes comptables, il est difficile de dédier leurs collaborateurs pour suivre les projets de normes très en amont, voire pour répondre aux appels à commentaires. Pour agir efficacement, il faut donc choisir ses combats et ne s'exprimer que sur les projets – ou les parties de projets, ou encore sur une seule disposition – qui pourraient avoir un impact significatif sur les comptes ou des conséquences de nature stratégique. En cela, y associer les membres des comités d'audit et des conseils peut être un levier intéressant pour faire progresser un certain nombre de thèmes et de thèses et sélectionner au mieux les combats. Et demander à ses commissaires aux comptes (ou conseils) de préparer la « lettre lobbying » est le meilleur moyen qu'elle parvienne à l'IASB…

Ce qu'il faut faire

▸▸ Analyser les impacts des nouvelles normes sur l'organisation.
▸▸ Participer à des échanges avec les organismes normalisateurs.
▸▸ Sélectionner le ou les projets de normes qui ont un impact significatif.

CONCLUSION

Si, à l'école, on nous a appris que la comptabilité ne faisait que traduire les opérations, ceci s'avère périmé avec les IFRS.

En effet, la complexité des IFRS et leur évolution permanente, alliées au développement de la communication financière, ainsi que la remise en cause des IFRS jusqu'au G20 pendant la crise à cause du rôle de la juste valeur, rend plus que jamais fondamentale la mise en place de processus de contrôle interne permettant la meilleure diffusion, compréhension et concertation possibles des IFRS et de leurs conséquences au sein de toute l'entreprise/groupe.

Pilote
Claude Lopater, associé, responsable Consultations & Publications, PwC,
membre du Comité mondial de PwC chargé des réponses aux appels à commentaires de l'IASB

Avec la participation de :
Philippe Audouin, membre du directoire, directeur financier, Eurazeo,
vice-président exécutif, DFCG
Étienne Boris, senior partner et directeur général, PwC
Aldo Cardoso, administrateur de sociétés
Olivia Larmaraud, directeur consolidation et normes comptables, PSA Peugeot Citroën

Gouvernances des IFRS

Chapitre 5

INDICATEURS, REPORTING ET SYSTÈME D'INFORMATION

INTRODUCTION

Le système d'information et/ou de reporting doit être au service de l'exécution de la stratégie de l'entreprise et de la mesure de ses performances. Il exprime sa culture et ses valeurs. Il doit donc être clairement défini puis animé.

Le rythme de renouvellement des cycles d'activité s'est considérablement accéléré, rendant le partage des connaissances et des données essentiel pour faciliter leur accès et leur transmission rapide. Encore faut-il faire en sorte de stimuler les comportements d'ouverture et de collaboration de la part des différents acteurs concernés.

Le directeur financier chargé de la mise en œuvre d'un système d'information et/ou de reporting doit bien appréhender l'ensemble des critères, au-delà du simple critère d'évaluation, en identifiant précisément ses composantes et les facteurs clés de succès qui lui sont associés. Il doit repérer les « coûts cachés » d'un tel projet pendant la phase de mise en œuvre et ceux liés par la suite à sa maintenance. En d'autres termes, le prix facial n'est peut-être pas celui qu'il convient de retenir pour la prise de décision.

L'évolution de la technologie et la diffusion d'offres d'applications hébergées de type *Application Service Provider* (ASP), à la demande (*On Demand*) ou *Software as a Service* (SaaS), à l'aide d'une infrastructure en mode *Cloud Computing* (informatique dans le nuage ou dématérialisée) apportent aux entreprises la souplesse d'une utilisation adaptée à l'évolution de leurs besoins informatiques et un pilotage optimisé des coûts.

Quel que soit le mode d'implémentation du système d'information, les investissements informatiques constituent un budget à la hauteur du retour sur investissement (ROI) escompté. Encore faut-il que le directeur financier dispose d'indicateurs pour sa mesure. Ce dernier point est tout aussi essentiel.

RECOMMANDATION N° 28

NE RETENIR QUE LES INDICATEURS CLÉS

Les enjeux

Aujourd'hui, il est communément accepté qu'aucune entreprise ne peut assurer de manière pérenne son développement sans avoir un minimum d'indicateurs qui donnent de manière synthétique et rapide un état de l'activité, une analyse de l'avenir et une vision de l'utilisation de ses ressources en fonction des objectifs stratégiques.

Trop souvent, lorsque ces outils d'aide à la décision ne sont pas adaptés, les dirigeants prennent des décisions inadéquates, tardives et toujours frustrantes pour leurs équipes. Ils consacrent une part trop importante de leur temps à « se faire une idée de la situation » plutôt qu'à envisager des solutions et à choisir la meilleure option.

À l'opposé, trop d'indicateurs engendrent à terme une baisse de la qualité des processus de décision, le plus souvent à la suite d'une perte de la connaissance profonde des mécanismes fondamentaux de l'activité ; un pilotage fondé uniquement sur des chiffres peut détruire l'esprit d'initiative et fournir, paradoxalement, une représentation erronée de la réalité car uniquement vue au travers d'un prisme d'indicateurs.

Enfin, faire évoluer son système d'indicateurs n'est jamais neutre. Cela provoque un changement important pour les hommes et certains processus-clés de l'entreprise et nécessite souvent un investissement important en temps pour mettre en place un système efficace. En fait, le choix et les coûts de l'outil ne doivent pas être au centre des débats : des systèmes fondés sur de simples tableurs et des conférences téléphoniques s'avèrent très efficaces dans certaines situations.

Les indicateurs doivent reposer sur les leviers clés en ligne avec les objectifs stratégiques pour contribuer au développement pérenne de l'entreprise.

Ce qu'il faut faire

▸▸ Définir clairement les améliorations attendues en lien avec les principaux objectifs stratégiques de l'entreprise.

▸▸ De préférence, choisir d'abord un périmètre clair et limité où le besoin d'indicateurs de pilotage est évident puis étendre la démarche en fonction des priorités. Les projets de refonte globale des tableaux de bord et du pilotage sont très difficiles à réussir. Le projet doit être piloté de bout en bout par les métiers et non par l'informatique, sauf dans certains cas particuliers, notamment lorsqu'une problématique de volume de données est centrale.

▸▸ Intégrer les indicateurs et les outils dans des processus d'animation de gestion, autrement ils sont un investissement inutile. Nous conseillons de faire vivre les indicateurs et nouveaux processus d'abord avec les moyens existants et d'envisager, une fois la nouvelle dynamique acceptée, la mise en place d'outils. De manière très générique, ces indicateurs couvriront la finance (chiffre d'affaires, croissance, profit…), les clients (carnet de commandes, marge, satisfaction…), l'efficacité de quelques processus clés, les activités d'amélioration et les ressources humaines (motivation, compétences…).

▸▸ Définir les indicateurs principalement pour générer l'échange et faciliter la décision, pas forcément pour être une vérité en soi. Il convient de distinguer les indicateurs de reporting qui expliquent le passé des indicateurs de pilotage qui sont tournés vers l'action et plutôt orientés vers le futur. Le choix des indicateurs doit se concentrer sur les phénomènes que l'entreprise peut influencer. Par exemple, dans un contexte de conquête d'un nouveau pays, mieux vaut piloter le rythme d'ouverture des nouveaux magasins que de suivre dans le détail la croissance de chiffre d'affaires.

▸▸ Bâtir des indicateurs qui soient justes dans leur méthode de calcul, compréhensibles dans leur définition et communicables rapidement. Il convient d'éviter des systèmes de pilotage et de décision où l'on passe plus de temps à discuter de la valeur de l'indicateur qu'à analyser la situation et décider.

▸▸ Concevoir un système (outil, process…) qui pourra évoluer et s'adapter aux besoins de pilotage du moment. En effet, par nature, les priorités d'une entreprise changent ; par conséquent, les indicateurs de pilotage qu'il faudrait suivre aussi.

▸▸ Être conscient que les indicateurs de pilotage ne valent que ce que vaut l'animation de gestion à laquelle ils servent de support. Cette animation doit assurer un retour continu et être principalement axée sur le suivi de plans d'actions permettant d'atteindre les objectifs et cibles fixés. L'animation doit veiller à éviter aussi bien un pilotage trop en chambre et sans concertation que la « réunionnite » sans effets pratiques. De la technique d'animation dépendra la qualité et l'efficacité du pilotage de l'entreprise. Dernier point, mais pas des moindres, il est essentiel de rédiger un compte-rendu après chaque réunion de pilotage. Ce compte-rendu n'est pas nécessairement long, un relevé de décisions suffit, les actions qui en découlent doivent impérativement être allouées nominativement et non collectivement.

Indicateurs, reporting et système d'information

Quelques éléments méthodologiques pour la mise en œuvre

▷ S'appuyer sur une stratégie clairement définie et partagée. Décliner cette stratégie en objectifs clairs, expliciter le lien qu'il peut y avoir entre eux et, surtout, sélectionner ceux qui sont prioritaires.

▷ Focaliser sur le périmètre choisi.

▷ Déterminer le système de management complet dont les indicateurs ne forment qu'une partie : objectif, organisation, processus d'animation, cohérence avec les objectifs individuels.

▷ Définir des indicateurs de résultat simples, en nombre limité (cibles à atteindre pour s'assurer que les objectifs sont réalisés).

▷ Identifier les principaux leviers d'action de l'entreprise pour atteindre les cibles de résultat et en déduire les indicateurs d'action pertinents (mesure des effets des actions entreprises).

▷ Mettre en œuvre un pilote avec les moyens existants. Démontrer la valeur ajoutée et évaluer la pérennité.

▷ Industrialiser la production d'indicateurs.

Conclusion

> Mieux vaut mesurer ce qui doit être piloté, plutôt que de piloter ce qui est facilement mesurable.

Le système de pilotage de l'entreprise est fondamental au même titre que le leadership, l'offre… C'est aussi un excellent révélateur de la culture et de la capacité d'exécution d'une organisation.

Faire évoluer son système d'indicateurs signifie un changement profond ; ce projet doit être mené en cohérence avec la stratégie et au service d'objectifs précis.

Le choix d'indicateurs ne doit jamais être une question d'outils, mais bien avant tout, de valeur ajoutée pour les décideurs.

RECOMMANDATION N° 29

METTRE EN PLACE UN ENVIRONNEMENT DE PARTAGE DES CONNAISSANCES

Les enjeux

L'approche de la gestion et du partage des connaissances dans l'entreprise a beaucoup évolué ces dernières années, tirée par les capacités qu'offrent les nouvelles technologies et par la prise de conscience que l'obsolescence des connaissances utiles est devenue beaucoup plus rapide.

De manière générale, tous les cycles d'activité se sont accélérés : les usages clients, les marchés, la durée moyenne passée chez le même employeur… Beaucoup d'efforts ont été consacrés à la capitalisation des savoirs et des savoir-faire. Aujourd'hui, les démarches sont plus centrées sur l'accès et la transmission rapide de ses connaissances. Il y a beaucoup plus de valeur pour l'entreprise à pouvoir organiser, rapidement et au bon moment, une discussion avec l'expert qui sait, plutôt qu'à inciter ce même expert à formaliser ce qu'on pense être son savoir pour le mettre en librairie.

Le véritable enjeu est donc de stimuler les comportements d'ouverture et de collaboration. Pour y parvenir, la principale difficulté est d'ordre comportemental. En effet, un expert ne partagera pas naturellement son savoir car, trop souvent hélas, il le perçoit comme son pouvoir au sein de l'organisation. De même, la structure de management craint une perte de contrôle, affirme-t-on (à tort ?). La deuxième difficulté est d'ordre matériel : il faut que les experts aient du temps pour répondre aux sollicitations, que les moyens de communication soient en place et d'un usage facile. Enfin, faire progresser l'entreprise vers une organisation apprenante nécessite de travailler en même temps sur de nombreuses dimensions, telles que la culture, les hommes, les processus et les outils. Le principal moteur d'adhésion est « l'envie », comme on peut le constater dans tous les réseaux sociaux hors entreprise.

Indicateurs, reporting et système d'information

Ce qu'il faut faire

Compléter la démarche de « stock », formalisation, explicitation, archivage, par une démarche de « flux », processus, comportement managériaux, communication :

▸▸ **S'appuyer sur la DRH** pour promouvoir l'initiative.

▸▸ **S'assurer d'un engagement de la direction générale au long cours** car il s'agit d'un changement culturel qui doit être inscrit dans la valeur de l'entreprise.

▸▸ **Identifier les zones** (organisation, processus…) où le besoin d'un meilleur partage des connaissances se fait sentir et cibler les premières actions là où les acteurs potentiels sont *a priori* moteurs.

▸▸ **Définir les premières évolutions** qui sont en rapport avec la maturité culturelle et technologique de l'entreprise et en phase avec l'agenda stratégique.

…/…

>> Accepter que ce type de projet ait un ROI difficilement quantifiable en suivant les méthodes classiques.

>> Définir un « portefeuille » d'initiatives menées sous forme de « petits » projets plutôt qu'un grand et unique projet.

>> Être attentif à la qualité des outils de communication interne à l'entreprise, car c'est un facteur clé de succès : ergonomie, sécurisation...

>> Mettre en place formation et accompagnement à l'utilisation des nouvelles technologies, en particulier pour les managers.

>> Établir en amont une politique claire de sécurité et de confidentialité de l'information interne à l'entreprise, la communiquer et sensibiliser tout le personnel régulièrement.

Nous préconisons souvent de découpler les parties technologiques et fonctionnelles d'un projet.

Quelques éléments méthodologiques pour la mise en œuvre

▶ Faire un diagnostic de maturité de l'entreprise en amont est absolument nécessaire.

▶ Installer de nouveaux outils de communication ne nécessite pas beaucoup de temps. Il est beaucoup plus difficile de faire évoluer la culture de l'entreprise. Il faut en tenir compte lors de la conception de la démarche : inscrire les changements dans l'organisation, nommer des experts, des responsables de la gestion des connaissances (*knowledge management*), valoriser les actions de partage de connaissances par la communication interne et externe. Nous conseillons de mandater une organisation pérenne pour animer la démarche au long cours : la DRH, la R&D, le service après-vente...

▶ Sur le plan fonctionnel, privilégier une succession de petits projets à la logique du *big bang*.

Conclusion

Améliorer la fluidité et le partage des connaissances est une des priorités inscrites dans l'agenda des dirigeants. Dans l'environnement économique actuel existe une corrélation évidente entre organisation apprenante et surperformance financière. Grâce aux développements spectaculaires des réseaux sociaux, les mentalités et les comportements évoluent rapidement. Des solutions qui sont aujourd'hui utilisées par tous à l'extérieur de l'entreprise offrent un fabuleux potentiel de progrès lorsqu'elles sont transposées et adaptées aux fonctionnements internes de l'entreprise.

Indicateurs, reporting et système d'information

RECOMMANDATION N° 30

DÉTERMINER LES CRITÈRES D'APPRÉCIATION
DE L'ÉVALUATION D'UN SYSTÈME D'INFORMATION

La mise en œuvre d'un système d'information et/ou d'outils de reporting représente toujours un coût significatif pour une entreprise. La prise de connaissance des éléments de valorisation d'un tel projet doit s'accompagner de l'identification précise de l'ensemble de ses composantes et des facteurs clés de succès qui lui sont associés. Sans présager d'une parfaite corrélation entre **l'importance qualitative et quantitative de ces facteurs clés** et **la valorisation du projet**, l'expérience montre qu'il est assez facile de mettre en lumière une certaine cohérence entre les deux.

Ce qu'il faut faire

▸▸ **Maîtriser et mettre sous contrôle le projet** : il faut pour cela que l'on puisse mesurer son avancement. Il faut donc mettre en place un comité de pilotage (fonction « conduite/direction » des moyens mis en œuvre) qui aura la charge de suivre le bon déroulement du plan qualité projet (PQP).

▸▸ **Faire que le comité de pilotage donne le tempo du projet** *via* des réunions planifiées et procède aux arbitrages nécessaires au déroulement du projet dans les délais prévus. Il est animé par un chef de projet qui a l'expérience suffisante, il fixe le calendrier du projet et veille à son respect.

▸▸ **Bâtir un PQP précis, documenté et réaliste** est indispensable. Le temps nécessaire à son élaboration et sa validation ont un coût qui est un investissement prioritaire.

▸▸ L'entreprise cliente doit **mobiliser effectivement des ressources en interne** en fonction de son champ d'implication (maîtrise d'œuvre ou d'ouvrage). Le prestataire de services choisi ne peut pas tout faire !

▸▸ L'évaluation d'un projet doit **tenir compte de la bonne qualité des relations entre les deux parties au projet,** ce qui sous-entend un travail collaboratif relayé par des dispositifs adaptés (espaces de travail, de communication, organisation claire des échanges d'information…).

▸▸ **Favoriser l'implication des futurs utilisateurs dans le cadre du PQP** est fondamental. Cela suppose de pouvoir dégager du temps en sus des tâches quotidiennes à réaliser, ce qui doit être valorisé. Cet aspect sera d'autant plus significatif que la solution proposée marque un changement significatif avec les pratiques antérieures (difficulté de l'évaluation de la résistance au changement en termes d'impact sur la productivité à très court terme lors de la phase de lancement et d'appropriation du nouveau dispositif).

…/…

▸▸ L'évaluation d'un projet doit **prendre en compte les éventuels développements spécifiques en fonction du degré de dépendance vis-à-vis de l'éditeur** : paramétrage particulier, éditions… Lors du choix du système, les coûts doivent être correctement chiffrés car ils peuvent être très élevés selon la durée d'utilisation (toujours privilégier le standard).

▸▸ **Ne pas négliger les coûts de documentation et de formation.** Ce point est souvent minoré faute de temps. Il constitue cependant un critère essentiel dans la réussite du projet (accompagnement du changement et appropriation, gains de productivité plus rapides…).

▸▸ Au-delà de l'investissement « direct », **bien mesurer les coûts induits** sur les ressources informatiques et systèmes additionnels (serveurs, postes de travail, réseau…) et les coûts des interfaces avec le SI existant.

L'évaluation d'un projet (quel qu'il soit) peut s'illustrer à partir de la courbe ci-dessous qui met en évidence, à court terme, un accroissement du « volume de charges » puis une baisse. Le retour à une légère croissance est, d'une part, lié au taux d'actualisation à long terme en relation avec l'évolution du taux de croissance à l'infini retenu par la société et, d'autre part, à la nécessité d'assurer des travaux complémentaires dans le cadre de la maintenance des solutions déployées.

Figure 6.1 – Mobilisation des ressources et « volume de charges affectées »

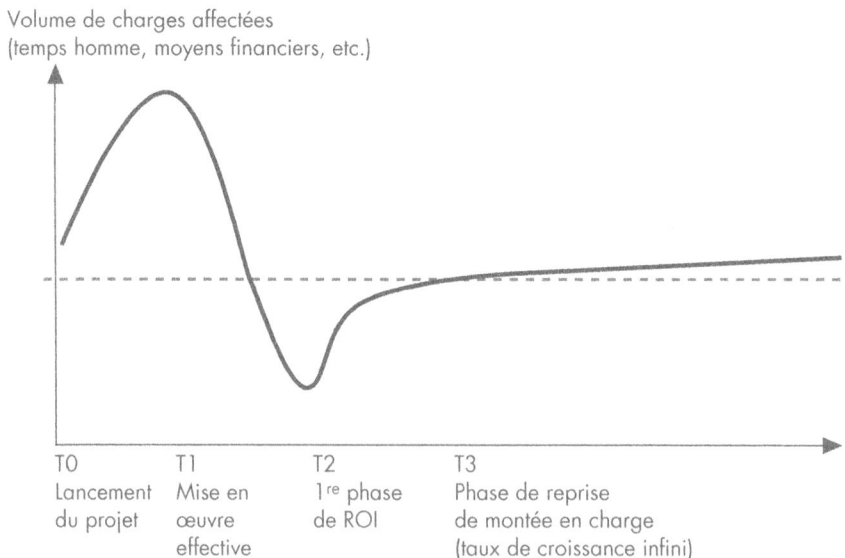

Volume de charges affectées
(temps homme, moyens financiers, etc.)

T0	T1	T2	T3
Lancement du projet	Mise en œuvre effective	1re phase de ROI	Phase de reprise de montée en charge (taux de croissance infini)

Le ROI peut s'apprécier de façon quantitative ou qualitative. Il est, par nature, plus difficilement évaluable d'un point de vue monétaire, mais ô combien indispensable dans l'évaluation globale du projet. Sur le plan quantitatif, tout projet doit donner lieu à une **analyse de ROI** selon une méthode classique pluriannuelle. Les résultats obtenus seront la base de **produits nouveaux** ou de **réductions de charges** (principal critère évaluatif dans le cadre de la mise en œuvre d'un SI), donc d'une amélioration de productivité.

Figure 6.2 – Approche par le ROI par les deux axes revenus et coûts

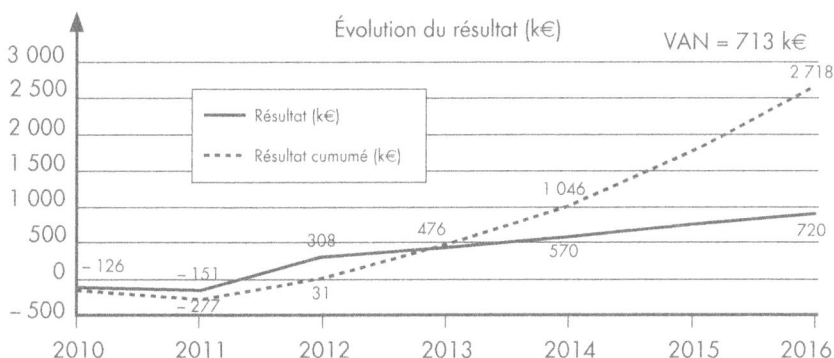

Évolution du résultat (k€)

VAN = 713 k€

- Résultat (k€)
- Résultat cumumé (k€)

3 000
2 500
2 000
1 500
1 000
500
0
- 500

2010   2011   2012   2013   2014   2015   2016

2 718
1 046
720
570
476
308
31
- 126   - 151   - 277

RECOMMANDATION N° 31

METTRE L'INNOVATION TECHNOLOGIQUE AU SERVICE DE LA PERFORMANCE. UN EXEMPLE CONCRET : LE *CLOUD COMPUTING*

Les enjeux

Le *Cloud Computing* est l'évolution logique de l'*Utility Computing* qui est apparu au début des années 1970 (également appelé *Time Sharing* ou « Service Bureau »). L'*Utility Computing* consistait à louer de la puissance de calcul, le client payant en fonction de son utilisation.

À la fin des années 1990 sont apparus le *On Demand* et le modèle *Application Service Provider* (ASP). Le *On Demand* avait pour rôle d'apporter aux entreprises la souplesse d'une utilisation adaptée à l'évolution de leurs besoins informatiques. Le modèle ASP consiste à facturer l'usage d'un logiciel hébergé, c'est-à-dire avec des services à forte valeur ajoutée associés au logiciel, par référence au modèle classique des éditeurs qui consiste à facturer la licence lors de la livraison de son droit d'usage.

La maturité d'Internet, la rapidité des réseaux, la sécurité, la virtualisation, les architectures orientées service, les navigateurs Web : toutes ces évolutions technologiques et leur maturité ont permis l'émergence du *Cloud computing*.

Le *Cloud Computing* : non pas une révolution, mais une évolution totalement orientée bénéfice utilisateur.

Le *Cloud Computing* : de quoi s'agit-il ?

Le *Cloud Computing* est à la fois un mode de travail pour les utilisateurs et un modèle de gestion. Les applications, les données et les ressources informatiques sont offertes aux utilisateurs sous la forme de services distribués sur le réseau. Il permet de proposer un libre-service, de réaliser des économies d'échelle et de profiter d'un approvisionnement plus souple. De plus, le *Cloud Computing* est une méthode de gestion de l'infrastructure, c'est-à-dire une façon de gérer un grand nombre de ressources virtualisées, qui peuvent être installées sur différents sites, de manière à les présenter comme une ressource unique de grande ampleur qui fournit des services.

Il existe différents modèles de mise en œuvre : le nuage interne (ou privé), le nuage externe (public) et le nuage hybride, qui est la combinaison des deux premiers modèles.

Le SaaS (*Software as a Service*) est un mode de commercialisation de logiciel hébergé sous forme de redevance mensuelle liée à l'utilisation.

Une approche évolutive « everytime/everywhere ».

Quels avantages une entreprise peut-elle attendre du *Cloud* ?

L'un des premiers atouts du *Cloud* est la possibilité de **rendre variables les coûts informatiques**. Grâce à la mutualisation des moyens et aux modes de facturation (SaaS…), l'entreprise peut envisager de synchroniser le coût de son système d'information avec l'évolution de son entreprise.

Le second aspect, important, est de **pouvoir bénéficier des investissements considérables effectués par les fournisseurs** en technologies de sauvegarde, sécurité, disponibilité. L'entreprise est également libérée des contraintes d'évolution de version des logiciels et des infrastructures techniques qui sont réalisées par le fournisseur en toute transparence pour l'utilisateur.

Le troisième avantage est de pouvoir disposer de son système d'information tout le temps et n'importe où (**everytime/everywhere**).

La disponibilité immédiate des applications rend le *Cloud* attractif pour une entreprise qui doit réaliser une transformation, car cela génère moins de risques et nécessite un délai de mise en œuvre plus court.

Indicateurs, reporting et système d'information

Ce qu'il faut faire

▸▸ **Disposer d'une stratégie d'adoption et suivre une feuille de route adaptée** est essentiel. Nous recommandons de se faire assister par un conseil externe à partir de cette étape. Il faut pouvoir répondre à un certain nombre de questions relatives au domaine qui sera placé dans le *Cloud* :
– Quels services/applications acquérir ?
– Comment créer et diffuser ces services ?
– Comment les utilisateurs vont-ils accéder aux services ?

▸▸ **Accorder une attention particulière au niveau de service** (SLA : *Service Level Agreement*), à la sécurité, à la pérennité du fournisseur... **sans oublier d'aborder le calcul de la valeur.** Il s'agit d'estimer le retour sur investissement susceptible de découler du *Cloud Computing* et du délai avant les premiers retours. Nous recommandons de calculer les économies absolues qui pourraient être tirées de tous les aspects d'exploitation informatique des domaines en question : coût du matériel, licences et mises à niveau logicielles, administration des systèmes, support aux systèmes, support aux utilisateurs et provisionnement. Le calcul du ROI peut également inclure des mesures liées à l'activité métier, par exemple, l'augmentation de la productivité des utilisateurs et de l'utilisation des ressources, les investissements épargnés ou la réduction des risques grâce à une disponibilité plus élevée. L'horizon de calcul du ROI doit être de 3 ou 4 ans (ce qui correspond à la norme en termes de durée de contrat).

▸▸ **Ne pas négliger les aspects liés à la réglementation** et porter notamment une attention particulière aux échanges de données d'ordre légal, fiscal ou social (le *Cloud* étant par nature immatériel).

RECOMMANDATION N° 32

OPTIMISER LE RETOUR SUR INVESTISSEMENT DES OUTILS DE REPORTING ET APPLICATIONS INFORMATIQUES

Depuis plusieurs années, les entreprises placent les applications informatiques et outils de reporting – que l'on peut pour l'exercice résumer, dans le contexte d'une PME, ME-ETI en ERP (*Enterprise Resource Planning*) –, en tête de liste de leurs priorités en matière d'investissement informatique.

Le montant des budgets prévisionnels augmente à un rythme s'approchant de 7 % par an. Ce montant pourrait dépasser les dix milliards de dollars en 2012 à l'échelle mondiale. Ce constat n'est pas une surprise, les systèmes ERP sont des applications métier stratégiques pour de nombreuses entreprises. Elles relient leurs différentes entités et facilitent l'échange d'informations entre les fonctions métier.

Malgré tout, de nombreuses implémentations de systèmes ERP se soldent par un échec et d'autres ne fournissent pas le ROI attendu.

Pourtant, les applications ERP permettent de réduire les coûts, d'améliorer les processus et d'accompagner la croissance des entreprises.

En réalité, les bénéfices liés à l'acquisition d'un système ERP peuvent être impressionnants pour une PME, ME-ETI.

Ce qu'il faut faire

▸▸ **La direction générale d'une entreprise se doit d'apporter son soutien le plus complet au projet,** car les projets d'implémentation d'application ERP peuvent être coûteux et complexes. Par conséquent, il faut également s'assurer du soutien des autres intervenants et utilisateurs métier en formant une équipe comprenant des cadres informatiques et métier, car l'implémentation du système ERP entraîne des modifications profondes en matière d'organisation.

▸▸ **Identifier quels bénéfices l'entreprise peut tirer de ce projet ERP** (économies de coûts, croissance du chiffre d'affaires…) **et quel rôle cette application va jouer pour atteindre les objectifs relatifs à la stratégie de l'entreprise.**

▸▸ **Définir la stratégie d'implémentation** du système ERP.

▸▸ **Identifier les indicateurs de performance clés** sur lesquels l'ERP aura un impact (6 à 10 indicateurs maximum). Quantifier les bénéfices attendus pour chaque indicateur.

…/…

▸▸ **Comparer ces valeurs avec les performances d'autres entreprises** (y compris les concurrents ou partenaires commerciaux) pour positionner l'entreprise avant et après la mise en place de l'ERP.

▸▸ **Prendre en compte dans l'étude de rentabilité les répercussions de cette implémentation au niveau des ressources humaines, des processus** et de la technologie telles qu'une plus grande collaboration, une plus large coopération intersectorielle, une stratégie encore plus axée sur les clients et/ou de nouvelles opportunités en matière de revenus.

▸▸ **Pour déterminer le ROI, il faut calculer le coût total de votre solution** en y incluant les composants tels que les logiciels, le matériel, les services d'implémentation et de personnalisation de la solution, la réalisation d'états de restitution, la formation, etc. Il convient également de prendre en compte le coût des ressources internes de l'entreprise affectées au projet. Ensuite, les coûts récurrents de maintenance et d'exploitation sont évalués. Pour être exhaustif, les coûts relatifs à la reprise des données ainsi qu'aux développements des interfaces avec les outils en place sont à intégrer au calcul du ROI. La phase de conduite du changement, même si elle est prise en compte dans les calculs, constitue souvent une « variable d'ajustement » qui, lors des phases de déploiement et de montée en charge, oblige à revoir les hypothèses initiales.

▸▸ **Maîtriser les fonctionnalités** du système ERP et mettre hors service les anciennes applications.

▸▸ **Sélectionner les éditeurs du marché qui apportent la garantie de pérennité et d'évolution des applications dans le futur est préférable.** Rechercher des solutions verticales préconfigurées pour les PME, fondées sur les meilleures pratiques du secteur et personnalisables en fonction des besoins de l'entreprise. Les informations et processus standardisés de ces solutions simplifient et optimisent les opérations. Les meilleures pratiques du secteur aident à gérer les pressions externes telles que la concurrence et les mises en conformité.

▸▸ **Privilégier la personnalisation, qui permet de satisfaire aux besoins les plus spécifiques.** Il est également préférable de rechercher une solution dont la mise en service est rapide et flexible pour répondre aux évolutions des besoins métier.

▸▸ **Il est préférable pour l'entreprise de mettre ses anciens systèmes hors service plutôt que de les intégrer** afin de diminuer le coût total de possession.

▸▸ **Lever les barrières intersectorielles.**

▸▸ **Former un groupe d'utilisateurs expérimentés ou habilités** est très important pour réussir l'implémentation du système ERP. Ils doivent participer à la définition des exigences fonctionnelles de l'application. Les applications ERP sont en effet au cœur du réseau d'information des entreprises. Les responsables métier, chargés des prises de décision et de l'optimisation des ressources, utilisent ces applications et ont besoin de leurs informations.

▸▸ **Faire participer ces utilisateurs expérimentés à l'implémentation** est crucial. L'application ERP sera ainsi plus facilement adoptée et le niveau de satisfaction sera plus élevé.

.../*...*

Indicateurs, reporting et système d'information

▸▸ Sélectionner avec soin l'application ERP et anticiper les futurs besoins de l'entreprise.

▸▸ Rechercher une solution offrant les caractéristiques requises pour satisfaire les besoins immédiats, mais également les besoins à venir est tout aussi fondamental, si ce n'est plus important. Par conséquent, il ne suffit pas de choisir une application qui corresponde au budget fixé et qui réponde aux besoins actuels de l'entreprise. Il faut également prendre en compte l'évolution technologique pour ne pas s'équiper d'une plate-forme trop rigide concernant les mises à niveau.

▸▸ Se demander si le fournisseur de la solution connaît les exigences du marché et s'il comprend les enjeux liés à votre vision. La vision, résultant du processus d'étude de rentabilité, peut vous apporter une aide cruciale à ce stade.

▸▸ Sélectionner un fournisseur qui comprenne très exactement vos exigences pour qu'elles soient prises en charge sans complication par ses produits et ses services, et qui garantisse un accompagnement dans le temps.

Un système ERP permet de bénéficier d'avantages qui ne sont pas aussi concrets et directement valorisables : meilleure réactivité face aux évolutions du marché, amélioration des services à la clientèle et diminution des risques. La nature de ces bénéfices rend difficile leur évaluation en termes de chiffres, mais ils doivent être pris en compte pour illustrer de façon réaliste le ROI.

Les coûts et les investissements en matière d'informatique des applications ERP peuvent être élevés et nécessiter beaucoup de temps. Si l'entreprise choisit une solution ERP répondant à ses besoins actuels et futurs et l'implémente correctement, l'investissement représente un véritable intérêt. Les applications ERP facilitent la standardisation et l'accélération des processus métier et apportent la visibilité nécessaire pour optimiser la gestion de l'activité et contribuer à l'amélioration des performances. Pour s'assurer que l'entreprise bénéficie de ces avantages, il est recommandé de prendre les mesures suivantes :

▸ préparer une étude de rentabilité détaillée ;

▸ évaluer et effectuer le suivi du ROI ;

▸ se familiariser avec toutes les fonctionnalités de la solution ;

▸ créer un groupe d'utilisateurs favorisant la communication entre les utilisateurs métier et les équipes informatiques ;

▸ étudier la solution du fournisseur.

Une fois implémentées de façon adéquate, les applications ERP permettent de réduire les coûts d'exploitation, de faciliter les tâches quotidiennes de gestion et de prises de décisions ainsi que de planifier des stratégies à long terme.

CONCLUSION

Tout projet de mise en œuvre d'un système d'information, de reporting, de gestion, voire plus généralement d'ERP (Enterprise Resource Planning) peut être coûteux, complexe et source de risques pour l'entreprise. Le directeur financier doit prendre toute sa place dans ce contexte en s'appuyant sur le soutien de la direction de l'entreprise, sponsor indispensable à la réussite.

Selon le périmètre concerné, un tel projet peut induire des dimensions autres que celles traditionnellement appréhendées par les fonctions financières, comme celles liées au changement de comportement attendu des acteurs de l'entreprise en raison de l'évolution des processus, des règles et normes de travail. D'autres fonctions seront ainsi associées au projet, telles que les ressources humaines ou les autres départements utilisateurs, pour accompagner le changement induit par la mise en place d'un ERP.

Un projet de système d'information, de reporting, d'ERP mis en place à un instant T doit tenir compte de l'évolution et des besoins futurs de l'entreprise (parfois l'entreprise aura changé alors que l'ERP ne sera pas totalement implémenté) et cette capacité d'évolution constitue un point discriminant majeur tant pour ce qu'il est que pour les services qui lui sont associés.

Le rôle du directeur financier est essentiel pour appréhender l'ensemble des facteurs clés de succès de la mise en œuvre d'un système d'information pour optimiser les investissements et les coûts d'exploitation, simplifier les tâches quotidiennes des utilisateurs et faciliter la prise de décision par la direction de l'entreprise dans le cadre de l'exécution de la stratégie à long terme.

Pilotes
Thierry Luthi, vice-président exécutif DFCG, directeur financier, Cegid
Jacques Isnard, secrétaire général finances, GT Location

Auteurs
Denis Florean, Human Capital Management Consulting Leader and Learning Subject Matter Expert, IBM Global Business Services
Joseph Gonzalez, Business Solutions Leader, IBM Global Business Services, France
Franck Rapatel, Senior Manager, IBM Business Consulting Services
Jean-Paul Remy, Partner, IBM Global Business Services

Avec la participation de :
Serge Ventura, manager, Advese

Chapitre 6

INNOVATION

INTRODUCTION

L'innovation est aujourd'hui identifiée sans aucun doute comme le moteur principal du développement de la compétitivité des entreprises.

Cette dimension stratégique de l'innovation s'incarne progressivement dans la formalisation d'un véritable processus, structuré, piloté, évalué, au sein duquel les directeurs administratifs et financiers ont naturellement un éminent rôle à faire valoir.

Dans ce cadre, la position du directeur administratif et financier évolue de la seule fonction de « contrôleur » ou « censeur », certes cruciale, mais trop souvent « *a posteriori* » et en retrait du processus, vers celle d'un « accompagnateur » proactif qui apporte des solutions aux nouvelles problématiques de financement de l'innovation, de l'innovation ouverte, mais aussi de la protection de l'innovation, allant au-delà de la seule fonction support.

Le directeur financier devra alors trouver un équilibre subtil entre les différentes contraintes qui pèsent sur le processus d'innovation, pour une optimisation maximale de sa performance.

Le périmètre de son action variera cependant en fonction de la taille de l'entreprise et de la présence éventuelle d'un directeur de l'innovation. De plus en plus de grands groupes créent aujourd'hui cette nouvelle fonction au positionnement et à la géométrie encore variables, entre recherche et développement (R&D) et marketing, coordonnant parfois tous les acteurs de l'innovation ou bien située très en amont dans l'innovation prospective. Quoi qu'il en soit, le directeur financier devra adapter ses méthodes pour le soutenir et l'accompagner dans ses missions nouvelles.

En revanche, dans la plupart des PME et ETI, à qui s'adresse d'abord cet ouvrage, les directeurs de l'innovation sont aujourd'hui encore absents du fait de structures organisationnelles plus légères, de besoins immédiats parfois mal identifiés ou de ressources humaines plus limitées. Les missions pourtant capitales qui leur sont dévolues devront alors être intégrées, au moins en partie, dans le périmètre des responsabilités du directeur financier. C'est, à n'en pas douter, un challenge pour l'évolution future de la fonction !

L'innovation – premier moteur de la performance de l'entreprise

Un enjeu crucial pour l'entreprise. La thématique de l'innovation s'inscrit désormais au cœur de toutes les réflexions relatives à la compétitivité des économies occidentales dans un environnement mondialisé et de plus en plus concurrentiel. En offrant un autre levier de compétitivité que le prix, elle permet à l'entreprise de dépendre moins exclusivement de sa structure de coût. De fait, toute entreprise ambitieuse sur ses marchés ou souhaitant assurer simplement sa pérennité doit aujourd'hui intégrer l'innovation comme moteur de son développement. D'après l'Insee, 43 % des sociétés françaises de plus de 10 salariés et 77 % des sociétés de plus de 250 salariés auraient innové entre 2006 et 2008[1].

Vision stratégique de la direction d'entreprise, l'innovation peine cependant à se propager aux autres niveaux d'organisation à travers la formalisation d'un véritable processus, structuré, piloté et évalué.

L'innovation reste ainsi souvent une réalité informelle, diffuse et difficile à appréhender. Pourtant, cette démarche est cruciale et porteuse de très forts enjeux pour l'entreprise.

Aujourd'hui, le directeur financier est trop souvent positionné en retrait sur le processus de l'innovation. De par sa fonction stratégique et transversale, il rassemble pourtant de nombreux atouts pour contribuer à son amélioration, à sa mesure et à son pilotage. Pour l'aider dans ses réflexions et le sensibiliser aux enjeux pour la performance de l'entreprise, il faut clarifier le concept d'innovation, son processus de mise en œuvre en interne et en externe et les

---

1. *Insee Première*, n° 1314, octobre 2010. Les chiffres cités dans le texte sur la pratique de l'innovation en France sont tirés de cette enquête.

principaux freins à son efficacité. À tous ces niveaux, le directeur financier a assurément un rôle prépondérant à jouer car, s'il n'intervient pas directement dans les processus opérationnels, il accompagne et participe aux processus décisionnels.

L'innovation : une réalité polymorphe qui concerne près d'une entreprise sur deux

L'OCDE et la Commission européenne définissent l'innovation comme « la mise en œuvre d'un produit – bien ou service – ou d'un procédé nouveau ou sensiblement amélioré, d'une nouvelle méthode de commercialisation, ou d'une nouvelle méthode organisationnelle dans les pratiques de l'entreprise, l'organisation du travail ou des relations extérieures »[1].

L'innovation est ainsi un terme extrêmement large qui désigne l'adoption de toute idée nouvelle par le marché ou l'entreprise. Elle reste souvent assimilée par les dirigeants d'entreprises à une démarche ou une mentalité, voire à une culture.

Plus communément, l'innovation s'inscrit dans une approche « marché » et constitue la valorisation économique ou commerciale d'une idée ou d'un concept. Elle est synonyme de création de valeur pour la compétitivité de l'entreprise par une amélioration de processus, un enrichissement, une différenciation ou un élargissement de l'offre existante.

L'innovation peut porter sur une offre de services ou de produits, sur des procédés, sur des méthodes organisationnelles ou sur des modèles économiques, marketing ou commerciaux. Elle peut être fondée sur la technologie, mais aussi sur des usages ou une combinaison des deux. Si l'innovation est communément associée à des activités de recherche et développement, elle recouvre en fait une réalité polymorphe beaucoup plus large.

L'innovation d'organisation est le type d'innovation le plus répandu, indépendamment des secteurs ou de la taille des entreprises. Elle concerne près de 30 % des entreprises françaises. L'innovation de procédés concerne, elle, 21 % des entreprises, celle

---

1. OCDE, Commission européenne, *Manuel d'Oslo : principes directeurs pour le recueil et l'interprétation des données sur l'innovation*, 3e édition, Eurostat, 2006, 188 p.

de marketing 19 % et celle de produits 18 %. Cette dernière est essentiellement le fait des plus grandes entreprises (de + de 250 salariés). Une sur deux innove en produits, dont un tiers pour des produits nouveaux pour le marché. Dans la pratique, la plupart des sociétés combinent ces différents types d'innovation.

Enfin, deux sociétés innovantes sur trois innovent grâce aux technologies. L'innovation technologique[1] – celle qui est principalement encouragée par les financements publics – est ainsi l'apanage de 27 % du total des entreprises françaises. L'image est cependant trompeuse et doit être fortement corrigée à la hausse si l'on considère les entreprises de plus de 50 salariés. Ainsi, celles employant entre 50 et 249 salariés sont pour 42 % technologiquement innovantes. Celles de plus de 250 salariés le sont même pour 62,3 %. C'est une question de survie et, même, une nécessité pour agir sur les marchés internationaux.

Figure 7.1 – Les sociétés innovantes en France entre 2006 et 2008

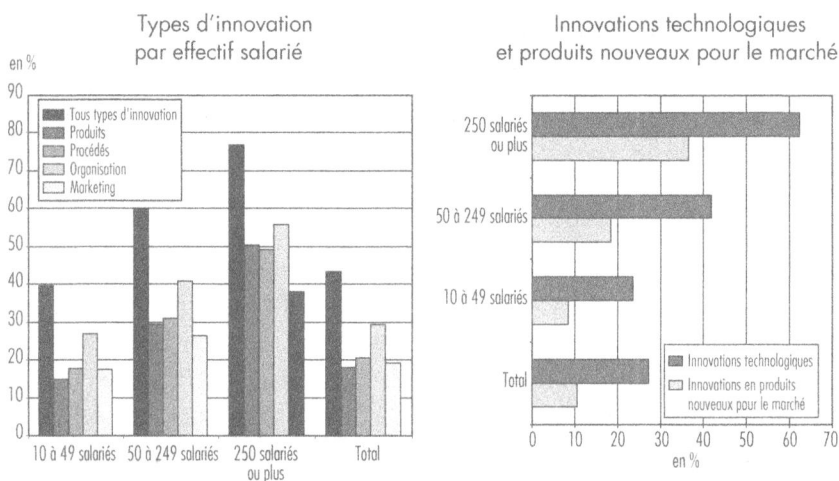

Source : *Insee Première*, n° 1314, octobre 2010.

---

1. L'Insee définit une société technologiquement innovante comme une société « *innovante en produits, ou en procédés, ou entreprenant des activités d'innovation dans ces domaines, que celles-ci aient conduit ou non à une innovation* ». Source *Insee Première*, n° 1314, octobre 2010. Ainsi, cette définition de l'innovation technologique ne mentionne pas nommément la réalisation d'activités de R&D. Dans la pratique, on peut toutefois convenir que l'innovation technologique repose généralement sur des activités de R&D internes ou externes, visant à lever des incertitudes techniques.

Exemple de lecture : 39 % des entreprises ayant entre 10 et 49 salariés innovent toutes innovations confondues.

27 % du total des entreprises sont technologiquement innovantes, 11 % innovent en mettant des produits nouveaux sur le marché.

Les facteurs clés de succès de l'innovation

Par définition, l'innovation se fonde sur une idée originale. Elle réside alors principalement dans la capacité de transformer cette idée en succès commercial ou économique. Le succès de l'innovation ne dépend pas seulement de la performance technologique de l'entreprise, mais met à contribution, comme facteurs-clés de réussite, l'ensemble de ses ressources internes (humaines, techniques, financières) et externes (partenariats, clients, utilisateurs, fournisseurs…).

> L'innovation est le fruit d'une démarche collective et transversale, intégrée dans un processus global, impliquant toutes les parties prenantes internes et externes.

Dans le cas d'une entreprise technologiquement innovante, la fonction R&D est souvent l'élément principal du processus. Néanmoins, nous observons sur le terrain plusieurs freins à son fonctionnement efficace. La décloisonner pour éviter des fonctionnements en silo et un isolement des tendances du marché est devenu une priorité. Il faut ensuite construire de véritables interactions en amont et en aval avec les autres fonctions pour rendre l'entreprise effectivement innovante : le marketing, la fonction achats, la logistique, la production, le service commercial, le service financier, le contrôle de gestion ou encore la gestion des ressources humaines… Si, dans le passé, le succès d'une entreprise et un environnement économique porteur pouvaient permettre à certaines inefficacités organisationnelles mineures de passer inaperçues, aujourd'hui ce n'est plus le cas. Traiter ces déficiences rapidement et efficacement est désormais indispensable.

Nous constatons depuis plusieurs années une tendance au rapprochement des fonctions R&D et marketing et, à un moindre degré, des fonctions commerciale et stratégie. En revanche, les autres fonctions, en particulier les fonctions achats, ressources humaines et, encore plus, finance et gestion, restent beaucoup trop en retrait. Or, un des enjeux clés pour améliorer le processus de développement produits au centre de l'innovation est, par exemple, d'impliquer

Innovation

l'ensemble de ces différents acteurs pour une meilleure gestion des portefeuilles projets.

> Il faut ouvrir le processus d'innovation aux influences et aux apports extérieurs par une approche « d'innovation ouverte » maîtrisée.

L'écosystème de l'entreprise ou l'entreprise élargie (clients, fournisseurs, partenaires de recherche, industriels, concurrents...) est aujourd'hui une source potentielle d'idées, de ressources et de technologies nouvelles que l'on peut s'approprier et exploiter pour renforcer sa démarche innovation. Dans un même temps, l'entreprise peut mettre à disposition de cet écosystème ses propres idées, ressources et technologies, pour les valoriser et en retirer le plus grand bénéfice.

L'adoption de ces différentes approches de l'innovation par l'entreprise se matérialise souvent par deux grands types de réponses : de nouveaux processus de gestion de projets adaptés et/ou des rapprochements organisationnels. Nous assistons, dans les entreprises plus avancées dans la formalisation de ces processus, à la mise en place de fonctions transversales de type direction de l'innovation ou, dans le registre de la recherche collaborative, direction des partenariats R&D, responsable des relations universitaires et scientifiques ou même direction de l'« *Open Innovation* ». D'autres créent de nouvelles structures, cellules ou centre de l'innovation rassemblant les principaux acteurs du processus. Citons ici l'exemple du technocentre d'Orange, créé en 2006, qui rassemble le marketing, la R&D et les techniciens responsables de l'implémentation des projets au sein d'une même direction du marketing et de l'innovation. Outre que ce rapprochement favorise le choc des idées, il permet de réduire notablement le *time-to-market*[1].

Intéressantes et riches, ces initiatives ne sont encore que peu répandues et restent souvent l'apanage des grands groupes. Les sociétés possédant un directeur d'innovation restent minoritaires. Deux tiers des entreprises européennes n'en auraient pas[2]. De plus, la fonction, qui est stratégique, est encore récente et peine à se positionner au sein de l'entreprise. Elle est parfois située trop en

---

1. Délai de mise sur le marché.
2. Logica, Insead, *Êtes-vous prêt pour l'innovation ?*, 2009.

amont sur le processus d'innovation pour intervenir directement dans ses rouages. Dans d'autres cas, elle ne dispose pas toujours des pouvoirs nécessaires pour être pleinement efficace. Le déploiement de la fonction ne se justifie peut-être pas toujours au sein d'une PME/PMI, voire d'une ETI, aux structures plus simples et parfois limitée en ressources humaines. En revanche, ses missions stratégiques devraient être intégrées par l'entreprise et certaines pourraient être dévolues aux directeurs financiers.

Au-delà, plusieurs autres pistes de progression peuvent être dégagées pour améliorer la performance de la recherche et de l'innovation. Par exemple, le financement de l'innovation n'est que rarement identifié comme un processus à part entière. Transversal et stratégique, il nécessite pourtant d'être formalisé et d'intégrer très en amont non seulement les responsables R&D, mais aussi les directeurs financiers, les directeurs achats et la direction générale pour être pleinement efficace.

Le partage des connaissances et de l'information est un autre point faible généralement reconnu par les entreprises (surtout par les plus grandes, géographiquement dispersées). La mise en place d'outils collaboratifs permettant une meilleure diffusion du savoir et sa capitalisation, ainsi que des politiques de mobilité des ressources au sein de l'entreprise sont, de ce point de vue, des leviers d'amélioration certains favorisant une meilleure dissémination de l'innovation. Contrepartie du partage des connaissances et de la démarche d'innovation ouverte, la protection de l'innovation, souvent stratégique, nécessite une attention renforcée. De même, le processus de capitalisation des expériences post-lancement de produits reste étonnamment peu répandu. Des retours d'expérience systématiques méritent pourtant d'être pleinement intégrés dans la démarche d'innovation.

Le capital humain, et notamment les talents, sont des atouts critiques dans le processus de l'innovation et tout particulièrement pour la fonction R&D. Afin de les fidéliser et de capitaliser sur leur expérience, de nombreuses entreprises repensent aujourd'hui les carrières qu'elles peuvent leur proposer avec des perspectives d'évolution, notamment salariales. Enfin, l'innovation se heurte souvent en France à une trop faible acceptation de l'erreur ou de l'échec. Une culture qui permet et ne sanctionne pas systématiquement l'erreur en interne favorise l'émergence de l'innovation.

RECOMMANDATION N° 33

FACILITER, AMÉLIORER LA PERFORMANCE D'UN PROCESSUS DE RECHERCHE ET INNOVATION GLOBAL ET TRANSVERSAL À L'ENTREPRISE POUR PLUS DE CRÉATION DE VALEUR

L'innovation est le fruit d'une démarche collective et transversale, intégrée dans un processus global, impliquant toutes les parties prenantes internes et externes de l'entreprise.

En tant que membre du comité de direction, le directeur financier participe naturellement à la prise de décision collégiale dans l'entreprise. De par sa vision externe et stratégique par rapport au processus de recherche et innovation (R&I), il doit éclairer le débat pour une plus grande efficacité de ces décisions.

Il est également directement impliqué dans le processus de R&I à plusieurs autres niveaux qui seront détaillés dans les enjeux et recommandations suivantes :

- il recherche des ressources financières pour l'innovation ;
- il mesure, évalue et participe au pilotage du processus d'innovation, en tant que processus clé de l'entreprise ;
- il peut intervenir dans la définition des stratégies de tarification des innovations ;
- il accompagne et supporte l'entreprise dans son évolution vers une innovation ouverte contrôlée et maîtrisée ;
- il participe à la protection de l'innovation.

Cette implication sous-entend au préalable de la part du directeur financier une bonne connaissance des métiers et des enjeux technologiques de l'entreprise. Il oblige à un dialogue approfondi avec les équipes de R&D, mais aussi de marketing, toutes deux au centre du process de R&I. Tous devront veiller à utiliser un « langage commun » pour supprimer d'éventuels obstacles « culturels ».

De par son caractère stratégique, cette implication du directeur financier doit se faire très en amont dans le cadre de la définition des lignes directrices de la stratégie de R&I de l'entreprise.

L'innovation est polymorphe. Ses enjeux et les processus en découlant recouvrent des réalités très diverses en fonction des typologies d'entreprises, de leur taille, de leur secteur d'activité plus ou moins technologique, du poids de la R&D ou de la durée des cycles de développement.

Très technologique et fondée sur des opérations de R&D lourdes, l'innovation nécessitera des financements très importants dans des secteurs « high-tech » comme les biotechnologies ou certaines branches des technologies de l'information et de communication (TIC) et sera l'essence même de l'entreprise. Dans d'autres secteurs « medium » ou « low-tech », l'innovation sera moins technologique et s'orientera plus sur des innovations de procédés, d'organisation, de modèles économiques, voire de positionnement sur le marché.

La fonction et le périmètre d'action du directeur financier devront donc s'adapter aux enjeux et contraintes spécifiques de la R&I dans son entreprise. Son rôle et son degré d'implication dans le processus de R&I de l'entreprise varieront en fonction des caractéristiques de cette dernière.

Sa fonction aura un axe « recherche de financement et communication financière » stratégique dans une entreprise très innovante nécessitant d'importantes liquidités pour financer sa R&D et de longs cycles de développement produits.

Elle pourra prendre une forte dimension « recherche collaborative et gestion de la propriété industrielle (PI) » dans une entreprise engagée dans de nombreux partenariats et ouverte sur son écosystème.

Elle sera plus proche du marketing et participera activement aux stratégies de « *pricing* » dans une entreprise produisant des biens de consommation ou d'équipement sur un marché très concurrentiel.

Elle dépendra également de la taille de l'entreprise. Homme-orchestre dans une PME, le directeur financier couvrira peut-être un périmètre plus large dans une entreprise plus grande, mais pourra s'appuyer sur des équipes de spécialistes sur certaines problématiques.

L'innovation ne porte pas seulement sur des produits ou services, sur des procédés ou sur l'organisation, elle est de plus en plus souvent liée à l'élaboration de nouveaux modèles économiques innovants, découlant de nouvelles applications technologiques ou de nouveaux usages.

Le directeur financier aura dans ce cadre un rôle primordial à jouer dans la mise en œuvre et le suivi de ces modèles dits « disruptifs ». Il devra :

◗ savoir modéliser le nouveau modèle économique ;

◗ développer de nouveaux indicateurs adaptés pour mesurer le retour sur investissement (ROI) ;

◗ soutenir l'argumentation économique et financière pour convaincre les actionnaires.

On retiendra ici l'exemple de l'industrie du logiciel d'entreprise, qui a connu de récentes évolutions structurantes de son modèle économique de référence. Par exemple, l'utilisation de logiciels en « *open source* » oblige à développer de nouveaux modèles économiques marketing et commerciaux.

En effet, dans la sphère classique du logiciel « propriétaire », les fournisseurs de solutions ou éditeurs disposent des sources de revenus suivantes :

◗ redevance d'utilisation du logiciel ou licence ;

◗ maintenance corrective et évolutive du logiciel, vendue en général sous forme d'abonnement annuel ;

◗ services associés, de type aide à la mise en œuvre ou formation des utilisateurs.

L'éditeur de logiciel « *open source* », ne facturant pas de licence et de maintenance, dispose, pour une solution d'une qualité équivalente à ses concurrents propriétaires, d'un potentiel de revenu par client très sensiblement inférieur. Il doit donc se développer très rapidement sur son marché, par un marketing Internet viral et communautaire pointu, pour que la solution soit téléchargée très largement et devienne une solution de référence de son domaine dans le monde du libre. Les téléchargements fournissent une base de contacts préqualifiés, qui sera traitée de manière quasi industrielle pour assurer un développement commercial rapide. Par ailleurs, cet éditeur alternatif devra fournir à ses clients des offres de service à valeur ajoutée, qui le différencient de ses concurrents du monde propriétaire (« *golden support* », mise à disposition de compléments au logiciel de base…).

Dans un tel modèle, même si une partie des investissements de R&D est apportée par les développeurs de la communauté née autour du produit, les marges sont bien moindres. Le suivi des « *metrics* » marketing et de transformation, les marges de services ou encore le pilotage des ratios sur le coût de vente, sont essentiels. Le directeur financier devra donc mettre en œuvre des outils budgétaires ou encore des indicateurs stratégiques (appelés *Key Performance Indicators* – KPI) dont le contenu et les pondérations seront bien différents de ce qu'il aurait à développer chez un éditeur propriétaire.

Un autre exemple de bouleversement pour les éditeurs de logiciels est la généralisation de la commercialisation de leur logiciel en mode service, dit SaaS (*Software as a Service*). Le service facturé sous forme d'abonnement inclut à la fois la licence, la maintenance, l'utilisation d'une plate-forme matérielle en ligne et parfois même les services de paramétrage. Chacun de ces services n'étant pas ou peu différencié et pouvant donner lieu à des interprétations distinctes en termes de reconnaissance de revenu, les modèles de contractualisation, de facturation ou encore de cash-flow de l'entreprise vont également connaître des modifications accélérées.

Encore une fois, le directeur financier sera en première ligne pour adapter le modèle de gestion de l'entreprise.

Innovation

Ce qu'il faut faire

▸▸ S'impliquer dans un processus de recherche et innovation global et transversal à l'entreprise.

▸▸ **Décloisonner la R&D, qui est souvent au centre du processus, pour éviter un fonctionnement en silo.** Nous constatons d'ailleurs depuis plusieurs années son rapprochement du marketing et des tendances du marché. De même, la fonction « Stratégie » est toujours plus active pour contribuer à déterminer les grandes orientations du processus innovation.

▸▸ **Intégrer les fonctions support RH, juridique et, en particulier, financière et de gestion dans le processus.** Ces dernières, sous la direction du directeur financier, ont un rôle éminent à jouer à tous les niveaux de la chaîne de valeur de l'innovation, pour une meilleure gestion et valorisation des portefeuilles projets, mais aussi pour une amélioration des processus décisionnels. De même, de nombreuses autres fonctions telles que les achats, les ventes ou le design restent beaucoup trop en retrait.

▸▸ **Adapter le périmètre de sa fonction aux enjeux et contraintes spécifiques de l'innovation** dans son entreprise.

▸▸ Participer à la définition de nouveaux modèles économiques innovants.

RECOMMANDATION N° 34

PILOTER, AMÉLIORER LES OUTILS POUR UN MEILLEUR PILOTAGE OPÉRATIONNEL DU PROCESSUS DE RECHERCHE ET D'INNOVATION

Si de nombreuses entreprises ont développé des outils et processus pour améliorer la mesure de la R&D, mieux piloter la valeur des portefeuilles produits et réduire le *time-to-market*, toutes constatent que la mesure de la performance de l'innovation reste complexe et imparfaite. Elle l'est d'autant plus pour un pilotage dynamique qui favorise réactivité et agilité.

La mesure et le pilotage du processus de développement sont les mieux maîtrisés. Ils sont, en revanche, particulièrement complexes à mettre en œuvre pour les processus de recherche en amont et pour le processus global d'innovation. La grande majorité des entreprises considère ainsi ne pas avoir de système performant de mesure de l'innovation.

Le directeur financier est ici souvent confronté au rôle ambigu de sa fonction face à l'innovation, entre court terme et long terme. Il est le censeur et a une obligation de contrôle et de maîtrise des coûts, enjeu d'autant plus important en cette période d'incertitude économique et *a fortiori* de crise. Par son intervention, et dans un même temps, il ne doit pas brider mais plutôt accompagner la créativité de la R&D et de l'innovation.

L'application de méthodes financières au pilotage de la R&I est une évolution normale pour évaluer la productivité de la R&D, notion encore parfois nouvelle en Europe, et améliorer la performance de l'innovation. Dans ce cadre, le directeur financier devra veiller à développer les indicateurs et les tableaux de bord pertinents et adaptés à ce processus spécifique, afin de permettre de rationaliser une prise de décision encore souvent émotionnelle.

La mise en place de ces outils peut cependant s'avérer délicate dans un contexte culturellement innovant où la mesure des temps passés ou bien la mise en place de suivis fins d'activité pourront être mal acceptés. Le directeur financier devra se montrer diplomate et pertinent dans le choix de ces outils, sans toutefois perdre de vue ce besoin de pilotage, essentiel pour protéger les enjeux à long terme.

La diversité des entreprises, des industries, des modèles d'innovation et des cycles de développement plus ou moins longs rend difficile la détermination d'indicateurs de performance ou de tableaux de bord types. Chaque directeur financier devra adapter ses outils aux exigences de son entreprise en tenant compte cependant :

- du temps de la recherche (qui n'est pas celui des actionnaires) et en introduisant, par exemple, des calculs de ROI sur un plus long terme ;
- de la nécessité de définir les bons indicateurs pour une mesure dynamique, actuelle et prévisionnelle et non seulement *a posteriori* du processus de recherche et innovation. Ils doivent permettre un pilotage agile et réactif du portefeuille projets pour une allocation et/ou réallocation optimale des ressources, notamment financières ;
- de la nécessité d'un portefeuille projets équilibré à tous les stades de développement ;
- de la nécessité d'un pilotage de la R&I permettant de contrôler sans brider l'innovation.

Le processus de recherche et innovation, particulièrement les cycles longs, est souvent caractérisé par la présence de « boîtes noires » au sein desquelles le directeur financier et plus globalement le comité de direction n'ont qu'une vision floue de l'avancement d'un projet, de ses zones de risques et de ses chances d'aboutir.

Les déficits méthodologiques dans la cartographie et la gestion de ces zones de risques ont un impact direct sur le management du portefeuille innovation. Il est difficile d'arbitrer et de pondérer la prise de décision qui reste souvent plus émotionnelle que rationnelle.

Outre les indicateurs de mesure servant à piloter l'activité, le directeur financier doit mettre en place une gouvernance et une méthodologie de la gestion du risque.

Celle-ci doit s'appuyer sur une cartographie des zones de risques technologiques, de marché, règlementaires et de propriété industrielle, dépassant les seules contraintes financières. Par exemple, l'étude d'un nouveau produit va classiquement se focaliser sur les problématiques technologiques ou de business plan, mais pourra sous-estimer, ou identifier très tard dans le processus, les autorisations règlementaires

Innovation

qui seront nécessaires, ou bien l'état de la propriété intellectuelle existante (brevet, marque…). Une fois identifiées, ces différentes zones de risques doivent être clairement assignées à un responsable chargé des actions destinées à les minimiser et doivent être traduites en un tableau de bord qui en permettra le suivi individuel.

Cette gouvernance ne doit pas *a priori* viser un contrôle plus sévère qui pourrait brider l'innovation, mais plutôt définir des bases les plus objectives possibles pour rationaliser la prise de décision.

Ce qu'il faut faire

▶▶ Mesurer, évaluer et piloter la performance de l'innovation.
▶▶ Accompagner la créativité de la R&D et de l'innovation par l'application de méthodes financières au pilotage.
▶▶ Déterminer les indicateurs de performance adaptés à son entreprise.
▶▶ Cartographier et gérer les zones de risques du portefeuille innovation.

RECOMMANDATION N° 35

FINANCER, RECHERCHER DES FINANCEMENTS POUR L'INNOVATION ET CONTRIBUER AU DÉVELOPPEMENT DE L'ENTREPRISE

Conscients des enjeux de l'innovation, les États membres de l'Union européenne ont mis en place des politiques actives et structurantes de soutien à l'innovation, que ce soit à l'échelle nationale ou au niveau de la Commission européenne.

C'est le cas de la France, qui fait aujourd'hui de l'innovation sa priorité, avec des outils nombreux et variés à disposition des entreprises. Encore faut-il les connaître et bien appréhender leurs tenants et aboutissants pour profiter au mieux de leur potentiel et trouver le ou les outils pertinents en adéquation avec l'entreprise, son projet, son stade de développement et ses perspectives.

Dans ce contexte, les entreprises n'ont pas toujours pris la pleine mesure des enjeux du financement de l'innovation comme un véritable processus clé. Les acteurs de la R&D, la direction financière ou la direction générale ne communiquent pas toujours suffisamment autour de décisions pourtant stratégiques. Or, seuls la formalisation et le déploiement structurés d'un tel processus peuvent créer un nécessaire effet de levier sur la performance de l'innovation dans son ensemble. Le directeur financier se doit d'être moteur pour lancer et coordonner la dynamique de ce processus, de sa phase stratégique en amont à la phase opérationnelle en aval, en sécurisant les financements.

Cette fonction de la direction financière est stratégique et doit primer sur le contrôle et le reporting financier dans bon nombre de start-up et PME technologiques très innovantes et très consommatrices de « cash ».

Ce qu'il faut faire

▸▸ **Le directeur financier doit disposer d'une vision stratégique du processus de R&I** pour prévoir les besoins en ressources et planifier suffisamment en amont la recherche des financements nécessaires.

▸▸ Il doit **connaître les dispositifs publics de financement**, qui sont nombreux, mais complexes. Le directeur financier pourra ainsi utiliser de façon optimale les financements externes.

▸▸ Il doit **sensibiliser et fédérer les acteurs de la recherche et de l'innovation autour des impératifs du crédit d'impôt recherche – CIR** (et dans certains cas de la Jeune entreprise innovante – JEI), qui représente aujourd'hui le principal dispositif de soutien public aux activités de R&D.

▸▸ Il doit **bâtir la communication (financière) de l'entreprise sur l'innovation pour « vendre » les projets de R&I** à des investisseurs ou des partenaires financeurs publics ou privés externes.

▸▸ **Au sein des start-up et PME technologiques très innovantes, le directeur financier ou le responsable comptable ou financier devra en outre s'assurer de la cohérence et de la bonne intelligence des acteurs du financement de l'entreprise :** entrepreneurs, sociétés de capital-risque et pouvoirs publics, au travers des différents dispositifs de subventions ou de prêts Oséo. En effet, dans le modèle français, les différents actionnaires peuvent rapidement diverger sur la stratégie financière en raison d'effets induits tels que les clauses de sortie ou de liquidation préférentielles dans les pactes d'actionnaires, ou encore, les contraintes fiscales de détention de certains vecteurs d'investissements (FCPI, FCPR, FIP…). Pour anticiper ces divergences, le directeur financier devra les appréhender et en tenir compte dans ses recherches et propositions de financements à court ou moyen terme. À ce titre, il est intéressant de constater la performance des fonds de capital-risque anglo-saxons, qui laisse apparaître une meilleure efficacité dans le modèle de financement des sociétés de croissance, peut-être plus pragmatique et focalisé sur le projet de l'entreprise.

Innovation

RECOMMANDATION N° 36

ACCOMPAGNER, SOUTENIR LES APPROCHES D'INNOVATION OUVERTE

Parce qu'il faut innover plus vite, diminuer les délais de mise sur le marché et surtout réduire les coûts des projets de R&D, les entreprises s'appuient toujours plus sur des travaux et des compétences extérieures. Ainsi, une part croissante d'entreprises innove en impliquant des partenaires externes. 41 % des entreprises françaises dites technologiquement innovantes concluent des accords de partenariat dans ce cadre[1]. Elles utilisent souvent pour cela les différents programmes publics de financement de la recherche et de l'innovation qui ciblent prioritairement la recherche partenariale et collaborative, aussi bien à l'échelle régionale (programme Oséo-FUI[2]), nationale (appels à projets de l'ANR[3], de l'Ademe, Oséo-ISI[4], aujourd'hui programmes des investissements d'avenir IRT et IEED[5]...), qu'européenne (7e programme-cadre de R&D, Eureka, Eurostars...).

Elles font également appel à leurs réseaux de partenaires et de fournisseurs pour élaborer ensemble des innovations. Plus encore, elles innovent de manière ouverte *(Open Innovation)* en étant à l'affût de toutes innovations et inventions qui peuvent les aider à renouveler leur activité, quelle qu'en soit l'origine : des individus, des entreprises ou des organismes de recherche dans leur domaine d'activité ou, plus souvent, dans d'autres secteurs, d'autres marchés et d'autres contextes.

L'innovation ouverte doit ainsi permettre d'améliorer le *time-to-market*, d'accéder à des compétences que l'on n'a pas pour se focaliser sur son cœur de métier, tout en maîtrisant ses coûts de R&D.

---

1. *Insee Première*, n° 1314, octobre 2010.
2. Aide aux projets collaboratifs des pôles de compétitivité ; projets sélectionnés par appels à projets dans le cadre du Fonds unique interministériel.
3. ANR : Agence national de la recherche ; Ademe : Agence de l'environnement et de la maîtrise de l'énergie.
4. Aide aux projets d'innovation stratégique industrielle.
5. IRT : Institut de recherche technologique ; IEED : Institut d'excellence dans le domaine des énergies décarbonnées.

Elle permet aussi d'augmenter en influence sur son marché. Dans un même temps, l'innovation ouverte recèle des risques en termes de capital immatériel, de confidentialité, de capitalisation du savoir et de pilotage de la performance. Plus généralement, il reste très difficile de mesurer les gains réels de cette approche et de nombreux dirigeants d'entreprises sont encore réticents à s'engager dans cette voie.

Ce qu'il faut faire

Pour être efficace, la stratégie « d'innovation ouverte » implique un ensemble d'étapes préalables à respecter qui sont, pour certaines, nouvelles pour l'entreprise et dans lesquelles le directeur financier a une place toujours plus importante à jouer :

» **Définir les objectifs et les contours de la stratégie d'innovation** ouverte sur le moyen/long terme.

» **Identifier et flécher les programmes d'aide à la recherche partenariale et collaborative potentiellement intéressants.** Outre les financements disponibles qui permettent d'envisager des projets de plus grande envergure, ces programmes permettent surtout de gagner un avantage temporel en accélérant la R&D et l'arrivée sur le marché, de disposer d'un gain de compétences *via* les partenaires, d'acquérir des technologies non maîtrisées en interne et, surtout, de se faire connaître et de trouver de nouveaux partenaires pour des collaborations de recherche sur le long terme ou en tant que futurs clients ou prescripteurs. Ils permettent notamment aux PME de se rapprocher de grands groupes et, *via* les programmes européens, d'avoir un premier contact avec l'international. Dans les deux cas, leur notoriété en sera grandement améliorée.

» **Clarifier les questions de propriété intellectuelle (PI) et de transfert éventuel de compétences stratégiques.** La participation à des programmes collaboratifs ou à des partenariats de R&D sous-entend une ouverture plus ou moins grande des secrets de l'entreprise et un partage des résultats et de la PI en découlant. Ce type d'approche nécessite l'adhésion du comité de direction à ces principes. Il peut ainsi se heurter au caractère stratégique de certains projets pour l'entreprise.

» **Définir les processus de gestion** et les modalités d'échanges avec les partenaires (recherche et acquisition de technologies, *joint-venture*, collaboration avec les utilisateurs, incubation de projets…).

» **Mettre en place un système assurant la juste rémunération des innovations,** en participant à la définition du modèle économique qui servira de base pour l'exploitation et la valorisation des technologies. Par exemple, dans le cadre de partenariats de recherche collaborative (consortiums de recherche au sein de pôles de compétitivité ou de programmes européens de type programme – cadre de recherche et développement technologique – PCRDT), deux grandes options sont possibles :

.../...

117

- une répartition des acquis technologiques fondée sur la mise en commun gratuite des résultats, tous les éléments appartenant à l'ensemble des membres du consortium dans le cadre d'une exploitation par tous ;
- une répartition fondée sur un transfert payant des droits, en mettant en place des licences rémunératrices pour les différents acteurs impliqués, en fonction de leurs apports respectifs dans la mise en place du projet.

▸▸ **Développer une culture d'innovation ouverte au sein des différentes équipes** (pour éviter, par exemple, la dévalorisation en interne des technologies développées à l'extérieur).

▸▸ **Le directeur financier devra surtout mettre en place des tableaux de bord et des indicateurs de pilotage** capables de mesurer les bénéfices de cette nouvelle approche, entre autres de manière dynamique. De l'avis de nombreuses entreprises, la mesure de la performance en matière d'innovation ouverte reste particulièrement complexe et imparfaite.

Ces démarches s'accompagnent de la passation de conventions juridiques efficaces et complexes permettant d'assurer la valorisation de l'innovation. Pour les questions touchant à la recherche collaborative, on pourra se reporter à l'excellent site « Guide de la propriété intellectuelle dans les pôles de compétitivité » du ministère de l'Économie, des Finances et de l'Industrie[1].

Les prérogatives du directeur financier sortent ici toujours plus du seul domaine financier :

▸ Il participe à la gestion des relations contractuelles avec les sous-traitants de prestations R&D et les partenaires externes de recherche. Les modalités d'intervention sont multiples. Elles peuvent aller d'un simple support administratif et juridique à la création et à la supervision d'une équipe dédiée au management des partenariats et collaborations de recherche.

▸ Il gère les questions de propriété industrielle (PI) ou, pour le moins, constitue et supervise les équipes dédiées. Il veille parfois à une meilleure diffusion interne d'une culture de la PI.

▸ Les questions de propriété industrielle sont complexes. Elles dépassent le seul cadre juridique et, du fait de leurs dimensions

---

1. Le site « Guide de la propriété intellectuelle dans les pôles de compétitivité » du MINEFI (www.industrie.gouv.fr/guidepropintel) met à disposition de nombreuses fiches pratiques, outils méthodologiques et outils contractuels sur les questions de gouvernance, de propriété industrielle et de partage des revenus de l'innovation.

économiques et financières, relèvent souvent du périmètre du directeur financier. Comme nous allons le voir ci-après, elles intègrent le volet plus global de la protection de l'innovation.

RECOMMANDATION N° 37

PROTÉGER L'INNOVATION

Le risque de voir de l'information stratégique et confidentielle divulguée ou partir à la concurrence est une réalité qui peut toucher toute entreprise. Une récente étude de PwC sur la sécurité de l'information montre que ces risques augmentent fortement, notamment avec l'apparition de nouvelles technologies (outils collaboratifs, réseaux sociaux, objets nomades, *Cloud Computing*…). En France, les pertes financières résultant de tels incidents auraient doublé en quatre ans, les vols de propriété intellectuelle auraient même été multipliés par six[1].

L'innovation étant stratégique pour le développement de l'entreprise, sa protection l'est tout autant. La propriété industrielle (PI) protégeant les inventions (brevets, marques, dessins ou modèles) en est évidemment une dimension majeure, mais tout n'est pas protégeable par des titres de propriété industrielle et, d'un point de vue stratégique, il n'est pas toujours souhaitable de choisir cette approche.

Ainsi, la protection de l'innovation ne se résume pas à la seule PI. Elle passe aussi par la sécurité de l'information stratégique et confidentielle en interne et en externe. La gestion de l'information en externe sera d'autant plus importante que l'entreprise sera ouverte sur son écosystème (relations avec les fournisseurs, partenariats de R&I…). La gestion de l'information en interne concerne, quant à elle, la sécurité des systèmes d'information de l'entreprise, mais aussi la diffusion de l'information au sein de l'entreprise et le comportement individuel de ses acteurs.

En fonction de la taille de la société, de ses activités plus ou moins technologiques et de son organisation, ces problématiques ne seront pas toutes sous la responsabilité directe du directeur financier. Cependant, de par la transversalité de son activité, il y a fort à

Innovation

---

1. « Rapport sur la sécurité de l'information mondiale 2011 », PwC, 2011.

parier qu'il en couvre une partie dans le cadre d'une PME/PMI ou d'une ETI. Quoi qu'il en soit, le directeur financier devra contribuer à sensibiliser l'entreprise et ses acteurs aux impératifs liés à la protection de l'information et de l'innovation.

| Manager la propriété industrielle.

Le management de la propriété industrielle renvoie à des objectifs multiples. Il s'agit non seulement de protéger les inventions de la société (obtenir un titre de propriété industrielle est souvent stratégique et l'unique possibilité de protéger et valoriser une innovation), de gérer le partage des droits dans le cadre de partenariats de recherche, mais aussi d'acquérir des brevets et des licences ou de valoriser en externe le portefeuille de PI de l'entreprise par des accords de licences. De nombreux exemples, même s'ils concernent généralement de grandes entreprises, montrent qu'une valorisation systématique du portefeuille de PI permet parfois la réalisation de revenus substantiels.

Dans les grandes entreprises ou dans les PME technologiques fortement innovantes (où le portefeuille de PI constitue le cœur même de la valeur de la société), cette activité sort généralement du périmètre du directeur financier pour être confiée à un département spécialisé. En revanche, dans nombre d'autres PME et ETI, elle est souvent sous la responsabilité directe, indirecte ou partagée du directeur financier.

La protection juridique de l'innovation et notamment la délivrance de titres de propriété industrielle sont soumises à des conditions, procédures et délais très complexes, qu'il convient de maîtriser. Celle-ci ne faisant pas partie de sa culture traditionnelle, il est recommandé au directeur financier d'améliorer son niveau de connaissance juridique par des formations spécialisées en propriété industrielle et intellectuelle. Pour les innovations à caractère stratégique, il semble cependant nécessaire de s'entourer de spécialistes en interne ou de se faire assister par des professionnels externes.

Prouver l'existence et la propriété de ses innovations n'est pas toujours facile et s'avère d'autant plus compliqué dans un processus de recherche collaborative. La mise en place de systèmes de traçabilité, tels des dépôts probatoires ou la tenue de cahiers de laboratoires, permet d'y remédier en partie. Si ces systèmes relèvent surtout des acteurs de la recherche, le directeur financier peut veiller à ce qu'ils existent, notamment dans le cadre de projets collaboratifs.

Il est également important pour chaque innovation d'identifier les acteurs qui y ont participé pour conclure les conventions adaptées quant aux droits de propriété, ainsi que les technologies utilisées pour d'éventuelles licences assurant que les droits concédés concernent bien tous les usages et exploitations prévues au projet.

Une fois l'innovation identifiée, le choix du mode de protection juridique adéquat et des axes de valorisation ne doivent pas être appréhendés d'un point de vue juridique, mais plutôt stratégique. Le directeur financier a toute sa place dans cette démarche intégrant des critères économiques, financiers, le marché et la concurrence, ses pratiques offensives ou défensives, la capacité à valoriser l'invention et la politique vis-à-vis des investisseurs.

Elle nécessite tout d'abord une vision claire des objectifs et de la capacité à exploiter et/ou valoriser ces innovations. La propriété ou la copropriété de l'innovation ne sont pas toujours nécessaires, l'exclusivité d'exploitation peut parfois suffire.

Dans le cadre d'une exploitation internationale, il est important de ne pas sous-estimer les difficultés ni les coûts de la protection de l'innovation. En effet, et notamment en dehors de la zone Europe, les dépôts de brevets ou de marques peuvent être longs et coûteux, et sont à appréhender pays par pays. Les coûts de traduction peuvent, par exemple, être extrêmement élevés pour les pays de la zone Asie.

Ce qu'il faut faire

▸▸ **Gérer la confidentialité de l'information stratégique et de l'innovation.** La confidentialité est un volet essentiel de la protection des innovations. Elle est notamment une condition *sine qua non* à la brevetabilité d'une invention : une invention divulguée ne peut plus être protégée par un brevet. Elle est aussi le seul moyen de protection des savoir-faire et inventions non brevetables.

▸▸ **Instaurer (ou pour le moins contribuer à) une politique assurant la confidentialité** des informations stratégiques et/ou des innovations de l'entreprise :
   – au quotidien, dans le cadre des activités internes, avec les salariés de l'entreprise, mais aussi avec le personnel externe (stagiaires, intérimaires, personnels détachés d'une autre entité ou organisation) ;

.../...

– dès que l'entreprise sera amenée à communiquer certaines informations à des tiers, par exemple dans le cadre de partenariats ou de projets de R&D collaborative.

▸▸ **Mettre en place des engagements contractuels** de confidentialité, par exemple dans le cadre des contrats de travail, mais aussi des contrats de sous-traitance et de partenariat, ainsi qu'en préalable à toute prise de contact ou début de pourparler avec des partenaires potentiels, quelle que soit leur nature (financiers, industriels, clients, distributeurs…).

▸▸ **Organiser les circuits de diffusion de l'information confidentielle** au sein et à l'extérieur de l'entreprise pour en limiter les risques de rupture. Cette action devra notamment accompagner le déploiement d'éventuels outils de travail collaboratif.

▸▸ **Mettre en place un système de sécurité** d'entreprise efficace. Cela passe par la supervision du système de sécurité informatique, mais aussi, en fonction de la nécessité, de mesures physiques destinées à limiter et/ou contrôler l'accès aux informations confidentielles (contrôle des accès aux bâtiments, aux archives, à certains locaux, circuit fermé de caméras…).

▸▸ **Tracer l'information confidentielle en interne et en externe** (par exemple, apposer une mention de confidentialité sur les supports d'information) et lister celles transmises à des tiers. Cela permet d'informer les destinataires du caractère confidentiel de l'information, de conserver une vision précise de l'information divulguée et c'est un moyen de preuve de mauvaise foi en cas de litige.

▸▸ **Mettre en place une charte de confidentialité** afin de mieux informer et sensibiliser les salariés aux enjeux juridiques et économiques de la confidentialité des informations .

CONCLUSION

Si la technologie est souvent décrite comme un capital, la R&D comme un service, l'innovation est, elle, une culture : une culture qui se doit aujourd'hui d'être présente et partagée à tous les niveaux de l'entreprise et par tous ses rouages.

Pour cela, l'innovation doit bénéficier d'un soutien total de la direction générale qui doit impulser et provoquer une transformation culturelle au sein de l'entreprise. Le directeur financier dans son rôle tandem avec le DG, pilote et copilote de l'entreprise, a une place capitale à jouer dans la diffusion de cette culture et de comportements innovants.

Il faut susciter l'innovation dans les équipes, non seulement dans les relations interservices, mais aussi en interne au sein de tous les départements, y compris dans les processus du département financier (par exemple, par l'introduction d'un nouveau logiciel ERP ou de nouvelles méthodes de travail). L'innovation n'est pas réservée aux opérationnels, elle est aussi l'apanage des fonctions support. L'innovation administrative et financière est également moteur de performance pour l'entreprise.

La dimension culturelle de l'innovation sous-entend aussi la mise en place d'outillages et de mécaniques collaboratives et participatives pour favoriser l'échange, la collaboration, la fluidité de l'information (avec les limites et les retenues décrites pour « protéger l'innovation ») entre toutes les parties prenantes de l'entreprise. L'innovation est aussi un effet d'équipe. Le directeur financier doit en faire partie.

Elle sous-entend également une approche et une culture ouverte au risque, où l'échec est accepté comme une composante intrinsèque du processus d'innovation. Trop souvent, la culture française de l'entreprise sanctionne encore l'échec, alors qu'il est pleinement intégré par les Anglo-Saxons.

L'innovation est aujourd'hui un levier capital de compétitivité de l'entreprise. Comme nous avons essayé de le montrer, le directeur financier a, par sa position centrale au sein de l'entreprise et son périmètre de compétence large et transversal, un rôle fondamental à jouer pour faire de l'innovation le moteur de performance de l'entreprise :

- en facilitant la mise en place de processus transversaux et globaux ;
- en développant les nouveaux outils adéquats de pilotage ;
- en accompagnant l'ouverture de l'entreprise sur son écosystème ;
- en la protégeant ;
- et, plus globalement, en insufflant et en promouvant à tous les niveaux une culture de l'innovation.

En termes de perspectives, il apparaît comme prioritaire de se concentrer sur la mise en œuvre de dispositifs adéquats pour :

- simplifier la vie des entreprises en leur facilitant :
  - l'accès aux outils de financement de la R&D (simplifier les dispositifs, clarifier leur fléchage, diminuer la lourdeur et les contraintes administratives),

123

- l'accès aux partenaires publics de recherche (simplifier le paysage de l'innovation et la cartographie des acteurs de la recherche publique) ;

▶ améliorer l'accès au capital-risque et, plus particulièrement, au capital d'amorçage qui font cruellement défaut aux start-up et PME innovantes (promouvoir le développement d'une communauté de *Business Angels*, de fonds dédiés et d'un marché du capital d'amorçage) ;

▶ promouvoir une autre vision de l'innovation au-delà de la seule innovation technologique :

- former (intégrer des cursus innovation dans les parcours de formation, notamment financière),

- informer pour provoquer un changement de culture au sein de l'entreprise et des milieux économiques,

- aider (mettre en place des outils d'aide à l'innovation non technologique) ;

▶ stabiliser et sécuriser le dispositif du crédit d'impôt recherche (CIR) et le statut de la jeune entreprise innovante (JEI) pour éviter des variations annuelles néfastes à la programmation des entreprises et à l'image de la France en temps que terre d'investissements pour la recherche et l'innovation.

Pilote
Christian Giana, directeur financier, Amadeus

Auteurs
Stéphane Boissel, directeur général adjoint, Transgène
Franck Debauge, directeur associé et directeur de l'expertise, ACIES Consulting Group
Florent Gerbaud, responsable veille et intelligence stratégique, ACIES Consulting Group
Philippe Girard, directeur financier, Alfa Laval Packinox,
président du groupe Bourgogne Franche Comté de la DFCG
Vincent Migayrou, directeur administratif et financier, Bonitasoft
Jean-Christophe Simon, directeur général de l'innovation, groupe SEB

Chapitre 7

INTERNATIONAL

INTRODUCTION

Le développement des entreprises françaises passe inévitablement par une stratégie d'exportation. Présentes sur un marché mature alors que la dynamique des pays émergents tire la croissance, l'exportation est seule capable de fournir de nouveaux débouchés. Nous souhaitons nous adresser en priorité aux plus petites d'entre elles (CA < 50 M€ ; – 250 salariés), souvent primo-exportatrices, pour qui la difficulté est accrue. L'approche se veut pragmatique avec notamment l'identification des nombreux soutiens dont elles peuvent disposer et qui sont autant d'opportunités à saisir.

RECOMMANDATION N° 38

DIAGNOSTIQUER LES FORCES ET FAIBLESSES DE L'ENTREPRISE SUR LA DIMENSION INTERNATIONALE

Si les affaires internationales représentent une réelle opportunité pour les entreprises, elles comportent aussi un risque pour les dirigeants qui n'en maîtrisent pas les techniques dans des marchés qui se traitent dans un environnent pluriculturel.

Ce qu'il faut faire

▸▸ Procéder à une évaluation précise des moyens techniques et financiers, ainsi que des forces et des faiblesses de la société avant d'engager sa démarche :
– Pays ciblés : a-t-on sélectionné des marchés en fonction du potentiel identifié et du positionnement concurrentiel ?

.../...

- Offre et concurrence : a-t-on identifié la concurrence en France et à l'étranger ? La compétitivité de l'offre a-t-elle été évaluée (prix, valeur ajoutée…) ?
- Ressources humaines : l'entreprise dispose-t-elle de personnel qualifié et dédié aux opérations export (prospection commerciale – logistiques – service clients – maîtrise de l'anglais ou d'autres langues) ?
- Organisation marketing : un business plan export, des études de marché ont-ils été préparés ? Dispose-t-on de matériel promotionnel et d'un site Web adaptés à l'international ?
- Ressources techniques : quelles sont les capacités de production, la R&D, la sous-traitance ?
- Protection intellectuelle : a-t-on pris les mesures indispensables pour une commercialisation sans risque de copie et de contrefaçon ?
- Protection juridique : a-t-on consulté des juristes ou fiscalistes pour les aspects contractuels et les réglementations locales ?
- Moyens financiers : les besoins globaux, la répartition entre capitaux propres et endettement, les besoins en trésorerie, la recherche d'aides financières disponibles, le seuil de rentabilité, ont-ils été évalués ?
- Organisation du *back office* : l'entreprise a-t-elle organisé le suivi des opérations à l'international sur le plan des fonctions support (RH, comptabilité, administration…) ?

International

Cette étape essentielle de l'évaluation du potentiel de l'entreprise, peut s'effectuer avec l'aide bénévole des conseillers du commerce extérieur de la France, qui pourront orienter le chef d'entreprise vers les partenaires de l'équipe de France de l'export pour bénéficier des appuis les mieux adaptés à ses besoins spécifiques.

RECOMMANDATION N° 39

S'APPUYER SUR « L'ÉQUIPE DE FRANCE DE L'EXPORT »

La démarche de développement à l'international possède des spécificités que l'entreprise doit apprendre à maîtriser en un temps limité. L'équipe de France de l'export peut apporter une aide décisive. Constituée en 2008 à l'initiative de l'État, elle réunit les principaux acteurs du commerce extérieur : Ubifrance, ses bureaux en France et dans le monde (missions économiques) ; le réseau des chambres de commerce et d'industrie françaises à l'étranger (Uccife) ; le réseau des conseillers du commerce extérieur de la France en France et à l'étranger (CNCCEF) ; Oséo, Coface, Pacte PME International et OSCI (voir annexe).

Ce qu'il faut faire

▸▸ **S'appuyer sur ces dispositifs d'accompagnement existants** pour gagner du temps et bénéficier de l'expérience qu'ils recèlent. Très complémentaires, ils sont efficaces et appréciés des professionnels de l'export. Ils apportent généralement un support dans les domaines suivants :
  – conseils ;
  – contacts ;
  – soutien financier.

RECOMMANDATION N° 40

EXERCER UNE VIGILANCE CONTRACTUELLE
DE TOUS LES INSTANTS

Plus encore que pour des contrats nationaux soumis à des lois mieux connues et mis en œuvre dans des schémas d'affaires déjà éprouvés, l'exportateur ne doit prendre que des engagements qu'il maîtrise et doit s'imposer à l'international des règles contractuelles strictes afin d'éviter de prendre des risques imprévus ou mal évalués.

Ce qu'il faut faire

▸▸ **Procéder à une analyse des risques contractuels minutieuse** afin d'identifier les risques particuliers liés au contexte de l'affaire et au pays concerné : la solvabilité du client, des partenaires contractuels ou fournisseurs principaux, des exigences inhabituelles du client, des délais de réalisation, normes et lois applicables au contrat. Cette analyse doit s'appuyer sur les bases de données sectorielles et pays fournies par Coface. Elle nécessite aussi d'avoir identifié et validé tous les risques techniques liés à ce contrat (périmètre de fourniture, spécifications du client…).

▸▸ **Revoir et négocier méticuleusement les dispositions contractuelles.** En effet, une fois signé, il est plus difficile d'amender un contrat à l'export qu'un contrat domestique. On recommandera donc de :
  – Sécuriser le plus tôt possible les moyens de paiement ;
  – Plafonner le montant des pénalités pour irrespect éventuel des délais et des performances et prévoir leur caractère libératoire, refuser toute indemnisation de pertes et dommages indirects et/ou immatériels et limiter la durée de la garantie contractuelle dont les conditions de mise en jeu doivent avoir été clairement définies ;
  – Transférer au plus tôt les risques sur les prestations et matériels fournis tout en essayant à l'inverse de conserver leur propriété jusqu'au complet paiement du prix ;

…/…

International

– Faire le choix d'un incoterm[a] approprié à la prestation ou fourniture livrée en fonction du pays d'exportation, aux moyens de sécurisation des paiements utilisés, et à la fiscalité locale applicable ;

– Prévoir une clause de résolution de litiges assurant la neutralité et la compétence des intervenants en évitant la soumission à des droits ou des juridictions locales ;

– S'assurer que le programme d'assurance de la société couvre la nature et le montant des garanties exigées par le client et que l'exportateur n'est pas contraint de recourir à la mise en place de polices d'assurance locales ;

– Définir précisément les termes des garanties bancaires de performance et de restitution d'acomptes qui pourraient être demandés par le client étranger avant toute signature du contrat. Se faire conseiller par les services juridiques des banques émettrices des garanties et recueillir leur accord sur les termes des garanties avant la signature définitive du contrat. Le texte de la garantie joint au contrat devra dans tous les cas préciser :

• la date d'entrée en vigueur suspendue dans le cas d'une garantie de restitution d'acompte à sa réception effective,

• le montant maximal de la garantie et prévoir le cas échéant les modalités de sa réduction au prorata des livraisons ou des prestations,

• les conditions de sa mise en jeu en refusant dans la mesure du possible les garanties appelables à première demande,

• la validité de la garantie en introduisant une date butée calendaire avec si possible une caducité automatique sans restitution de l'acte à la banque.

International

---

a. Incoterm = contraction des mots anglais « *international commercial terms* », termes commerciaux édités et publiés par la Chambre de commerce internationale.

RECOMMANDATION N° 41

CONNAÎTRE LES IMPLICATIONS FISCALES DES OPÉRATIONS

Les implications fiscales des opérations internationales à l'export doivent être connues au préalable car elles ont un impact sur la rentabilité, les flux de trésorerie et parfois l'exécution des transactions.

Ce qu'il faut faire

▸▸ **Procéder à une analyse de la fiscalité locale applicable au contrat en amont de sa signature,** en particulier lors de contrats de fourniture complexe incluant des équipements et de la prestation locale ainsi que du transfert de savoir-faire ou de technologie. Outre le chiffrage des droits de douane applicables ou non

.../...

Se faire aider par un fiscaliste local afin de voir les modalités concrètes d'application de la convention dans le pays concerné si elle existe et recenser toutes les taxes, impôts, retenues à la source, droits – visés ou non à la convention – qui trouveront à s'appliquer localement sur la fourniture de biens ou de services exportés en vertu du droit fiscal étranger. Si le contrat d'exportation et/ou de fourniture de services est constitutif d'un établissement stable à l'étranger soumis à fiscalité locale, il faudra déterminer le sort fiscal réservé à cet établissement. Le cas échéant, devra être mise en balance la possibilité d'une filialisation locale afin de porter la part locale du contrat si cette solution s'avérait fiscalement plus avantageuse.

▸▸ **Déterminer et documenter sa politique des prix de transfert appliqués aux transactions** concernées dans le cas d'un contrat pris au travers ou en association avec une filiale locale.

RECOMMANDATION N° 42

SÉCURISER LES PAIEMENTS À L'EXPORT

Les enjeux

Le fait d'exporter conjugue en effet le risque commercial lié à la santé financière du client à celui du risque politique lié au pays du client (guerre, émeutes civiles…).

Ce qu'il faut faire

▸▸ **S'assurer contre le risque d'interruption du contrat,** qu'il soit de nature commerciale ou politique durant la période de fabrication.

▸▸ **S'assurer contre le risque de crédit,** c'est-à-dire contre le risque de non-paiement de l'acheteur depuis la date d'entrée en créance jusqu'au complet paiement du prix.

Les moyens pour se couvrir

L'existence de conditions favorables de paiement, qu'il faut chercher à optimiser par la perception d'acomptes couvrant les dépenses engagées, ne permet toutefois pas de couvrir l'intégralité de ces risques.

En fonction du montant du contrat et de la typologie et pays de l'acheteur, l'exportateur devra donc souscrire auprès d'assureurs privés ou public (Coface) les polices nécessaires afin de couvrir les risques de fabrication, de crédit ou d'appel abusif de caution.

International

Les banques offrent aussi une série d'instruments de couverture bancaire du risque de non-paiement et de transfert (crédits documentaires confirmés de façon officielle ou silencieuse, *stand by letter of credit*, crédit acheteur).

Le choix entre ces différents types de couvertures doit s'appuyer très en amont des négociations contractuelles sur les experts techniques des banques, de Coface et des assureurs qui sauront conseiller l'exportateur dans leur mise en place.

RECOMMANDATION N° 43

ÉVITER TOUTE EXPOSITION AU RISQUE DE CHANGE

Le risque de change à l'export naît dès la remise d'une offre de prix ferme en devise étrangère.

Ce qu'il faut faire

▸▸ Remettre une offre en devise locale sur la base d'un cours indicatif – qui sera fixé définitivement à la date de mise en vigueur du contrat ou de sécurisation des paiements –, qui sera ensuite relayée immédiatement par la mise en place de moyens de couverture ferme de type vente à terme.

▸▸ Prendre une couverture optionnelle de change auprès d'une banque.

▸▸ Remettre un prix en devises en fixant le cours de change à terme de la devise grâce à la garantie de change Coface, dite négociation.

▸▸ Recourir à l'autocouverture, qui consiste à passer une partie des dépenses sur le contrat dans la devise étrangère ; cela permet également de n'utiliser chacune des trois techniques précédemment mentionnées que pour le reliquat de devise non autocouvert.

▸▸ Activer de façon ferme et définitive ces instruments de couverture dès la mise en œuvre définitive du contrat commercial.

RECOMMANDATION N° 44

PROTÉGER SON SAVOIR-FAIRE ET SES INFORMATIONS

Se lancer dans l'aventure internationale implique la promesse des opportunités offertes par de nouveaux marchés, et son lot de risques. Comment les réduire et éviter l'apparition de concurrents inattendus ? Conseils de prudence à l'attention des candidats à l'export.

Ce qu'il faut faire

Il existe deux solutions pour protéger la propriété intellectuelle et industrielle de l'entreprise :

▸▸ **Déposer un brevet** : cette solution rassurante – elle donne une couverture juridique et donc la possibilité d'un recours en justice – peut être complexe à mettre en œuvre. Afin que la demande soit traitée et la protection efficace, le dossier technique doit être précis, exigeant parfois le recours à un conseil extérieur. Elle peut également s'avérer coûteuse : la couverture d'un brevet est géographique (France, Europe, etc.) et donc inopérante hors des zones prévues.

▸▸ **Garder secret le savoir-faire** ou innovation technologique : l'exemple le plus célèbre reste Coca Cola qui a gardé confidentielle la recette de sa boisson. À ce jour, elle demeure la référence, même si de nombreux concurrents ont attaqué le marché. Moins onéreuse, cette solution présente de nombreux inconvénients : espionnage industriel, indiscrétions, piratage informatique (voir ci-dessous), qui laissent peu de recours juridiques.

Lors de l'étude de marché et de l'état de la concurrence, il faut **s'assurer que le savoir-faire n'a pas été déjà copié,** sous peine de repenser la stratégie de l'entreprise. Après cette vérification, il faut **choisir l'option la plus adaptée à son activité,** qu'il s'agisse de vendre depuis la France avec un partenaire local ou *via* une implantation directe[a].

---

a. Pour plus d'information, consulter le site de l'Institut national de la propriété industrielle – www.inpi.fr

Protéger ses informations, une attention de tous les instants

Voici une liste non exhaustive de précautions simples pour protéger les données de l'entreprise, un point déterminant pour la réussite d'un projet international.

La première source de fuite reste le facteur humain : informer les collaborateurs des dangers d'une soirée arrosée en compagnie de clients, des belles étrangères habiles à séduire les expatriés ou des mémoires défaillantes qui conduisent à inscrire le mot de passe du réseau informatique sous le clavier ou sur l'écran.

L'espionnage industriel commence généralement par la corruption d'un employé « fragile », qu'il souhaite un complément salarial ou prête le flanc à un chantage. Division de l'information, entretiens poussés et vérification de l'expérience professionnelle des dirigeants : autant de services qui peuvent être rendus par une entreprise spécialisée dans les RH afin de contourner cet écueil dans le respect des réglementations, notamment celles imposées par la Commission nationale de l'informatique et des libertés (CNIL).

International

Recevoir des clients dans les bureaux peut être périlleux : des documents qui traînent ou des écrans d'ordinateurs trop visibles sont autant d'opportunités de pénétrer les secrets. Il faut donc définir une zone protégée dans les locaux.

Le vol ou la perte d'appareils portables informatiques (clé USB, ordinateur, téléphone...) peuvent ouvrir une brèche dans le système de sécurité. Les mots de passe suffisamment complexes et temporaires ralentissent l'accès aux informations, mais ne l'empêchent pas : privilégier l'usage de logiciels spécialisés.

Le piratage informatique, un risque partagé par tous

L'équipement informatique d'une nouvelle implantation, ainsi que sa sécurisation, sont parfois sommaires pour des raisons de coût ou de sous-évaluation des risques. Bien que généralement réprimé par les lois nationales, le piratage informatique est aisé et peu coûteux dans certaines régions du monde et nombre de pays manquent d'un appareil judiciaire apte à enquêter et poursuivre les contrevenants. À l'étranger, comme en France, la sécurisation du système informatique doit être la préoccupation de tous les collaborateurs, quel que soit leur rôle dans l'entreprise. Pour ce faire, il faut recruter directement un responsable informatique ou, si l'entreprise n'a pas encore atteint la taille critique, sous-traiter à une société spécialisée la mise en œuvre d'une protection informatique.

Les normes et certifications

Les normes et certifications ne sont pas l'apanage des pays industrialisés. De nombreux pays se sont dotés d'un arsenal juridique pour se protéger de l'arrivée massive de produits d'importation. Faute d'avoir rempli les formalités administratives obligatoires, de nombreuses entreprises, issues de secteurs variés (agroalimentaire, nucléaire, BTP...), ont vu leurs produits refusés et interdits de vente. Avant de conquérir ces nouveaux marchés, il faut vérifier auprès d'un consultant spécialisé, d'un avocat local ou des ME-Ubifrance[1] à l'étranger quelles sont les conditions d'importation et les normes en vigueur, sans oublier les certifications requises, qui peuvent impliquer une légère modification du produit.

---

1. ME-Ubifrance = Mission économique – Ubifrance.

Autorisations administratives et professions réglementées

Certaines activités font également l'objet d'une règlementation. Les professions médicales ou juridiques, l'ingénierie, la finance et la comptabilité, les travaux publics, les techniciens ou autres professions spécialisées peuvent être soumis à des autorisations spécifiques. Il peut être relativement aisé de les obtenir, mais il ne faut pas sous-estimer l'investissement pécuniaire ou les délais nécessaires à ces démarches. Ces points peuvent, là aussi, être traités par un consultant spécialisé, un avocat local ou la ME-Ubifrance.

RECOMMANDATION N° 45

METTRE EN PLACE UNE VRAIE POLITIQUE D'ACCOMPAGNEMENT

Le « village global » serait-il une illusion ? La convergence des modes de management semble buter sur la rémanence des ancrages culturels. Tenir un entretien dans la même langue n'est pas gage de communication réelle (nous avons déjà du mal entre francophones…) et la préparation de la rencontre comme l'évaluation des différences culturelles permettent de limiter les risques d'incompréhension.

Le développement à l'international se fonde sur une communication de qualité avec les interlocuteurs étrangers et une bonne connaissance des pays concernés. L'activité à l'international est source d'enrichissement en ce qui concerne les méthodes comme les approches des problèmes.

International

Ce qu'il faut faire

▸▸ **Se préparer, apprendre, faire preuve d'humilité et accompagner ses équipes** afin de faire de la culture un moteur et non un frein au développement.
▸▸ **Prendre conscience que les comportements professionnels et managériaux sont ancrés dans la culture locale** en se focalisant sur la relation :
   – à l'information : implicite ou explicite ;
   – au temps et à l'action : monosynchrone ou polysynchrone ;
   – au pouvoir : management de proximité ou très hiérarchisé ;
   – au groupe : réussite de l'individu ou réussite du groupe ;

…/…

- à la stratégie : échecs ou jeu de go ;
- à l'incertitude : contrôle fort (sécurité) ou faible (risque) ;
- au contrat : priorité à la qualité de la relation ou à l'application du contrat.

▸▸ **Faire un point sur l'histoire du pays :**
- historique, évolution récente et positionnement actuel dans l'économie mondiale (vision politique et situation avérée) ;
- relations avec la France : politiques, culturelles, formelles et informelles.

▸▸ **Se préparer au voyage,** c'est-à-dire se renseigner et s'appuyer sur les contacts locaux pour valider sa posture :
- être clair dans ses objectifs : s'agit-il d'une opération à court terme ou d'un développement à long terme ? ;
- s'appuyer sur « l'équipe de France de l'export » et les banques ;
- en parler avec son appui local (selon la structure adoptée) ou des connaisseurs du pays ;
- s'appuyer sur son avocat que l'on préférera bilingue et rompu aux contacts avec la France ;
- consulter les guides touristiques et les contacts opérant déjà dans ce pays ;
- rester humble sur les aspects culturels et se montrer ouvert ;
- poser des questions, demander à comprendre et aller plus loin ;
- analyser sa compréhension et valider les réponses et sa propre compréhension (cross checking).

▸▸ **Tenir compte de cette culture et adopter une posture appropriée :**
- être attentif aux règles de protocole et de mise en relation afin que chacun demeure dans sa zone de confort ;
- réévaluer ses supports de communication avec un professionnel local : sens implicite des visuels (choix des illustrations et des couleurs) et des noms propres dans le pays (euphonie) ;
- étudier avec son avocat l'impact de ces différences culturelles sur les termes des contrats et leur esprit, les modes de négociation et les conditions de mise en œuvre.

▸▸ **Préparer ses équipes en France à être en contact avec d'autres interlocuteurs :**
- identifier les collaborateurs et parties prenantes qui seront en contact avec l'opérateur local : directement (personnel détaché, administration des ventes, logistique) et indirectement (finance, contrôle de gestion et autres fonctions support) ;
- composer les équipes qui seront en contact selon deux grilles de lecture : les attentes des interlocuteurs étrangers (qui est crédible à leurs yeux ?) et l'efficacité : privilégier les collaborateurs souples et capables de gérer l'incertitude par rapport aux experts qui seront plus mal à l'aise pour s'adapter tout en maintenant un soutien méthodique.

▸▸ **Identifier les points clés à surveiller :**
- aisance réelle dans la langue d'échange (des deux côtés…) ;

.../...

International

- formation des équipes sur les notions locales de délai, de prévision, de profondeur de l'engagement, pour leur permettre d'analyser les messages ;
- appréhension en amont des spécificités financières : différences de comptabilité et de règles d'enregistrement (escompte, amortissements, provisions) ;
- formation des collaborateurs sur une approche qualitative des points clés ;
- clarification des enjeux et des points clés ;
- identification des points d'appui culturels (communs ou facilement différentiables) ;
- écoute des retours d'expérience et capitalisation en vue des autres développements sur d'autres pays ;
- mise en place d'une « cellule de crise » pour parer à tout événement à l'international (enjeux de localisation, ressources humaines, assurance…).

CONCLUSION

L'international présente pour les PME un formidable potentiel de développement. Pour y développer leurs activités sereinement, elles doivent utiliser les nombreux soutiens qui existent et, dans le même temps, veiller à la sécurité et la rentabilité de leurs transactions. Ainsi pourront-elles s'y développer tout en préservant leur patrimoine.

ANNEXE : L'ÉQUIPE DE FRANCE DE L'EXPORT

Ubifrance (www.ubifrance.fr et www.programme-france-export.fr)

L'Agence française pour le développement international des entreprises, EPIC, placé sous la tutelle de l'État, bénéficie d'un réseau intégré de spécialistes en France et dans le monde qui soutiennent les efforts des PME à l'international.

Un conseil : séminaires, publications, études ou veilles personnalisées, identification des opportunités d'affaires, suivi de l'évolution des marchés étrangers, ainsi que de leur environnement juridique et réglementaire.

Des contacts : pour identifier et prospecter les interlocuteurs pertinents. Valider l'adéquation d'un produit avec les attentes d'un marché. Des solutions sous la forme de prestations individuelles ou d'actions collectives (pavillons France sur les salons, rencontres de partenariat ou d'acheteurs), à des tarifs subventionnés.

International

135

Une communication : mise à disposition des entreprises d'outils de relations presse et d'*e-business*. Des spécialistes, en contact avec des centaines de journalistes, les aident à bâtir une stratégie de communication pour atteindre les décideurs étrangers. Le portail Ubifrance leur permet de disposer d'une vitrine pour présenter leurs produits et saisir en ligne des opportunités d'affaires.

Le VIE : Le volontariat international en entreprise permet aux entreprises de confier à des jeunes talents des missions professionnelles à l'étranger : la prospection commerciale, le suivi de contrats, l'animation d'un réseau de distribution…, à des conditions avantageuses.

Ubifrance propose également des aides financières pour les projets à l'international :

- Sidex : aide financière pour soutenir un projet à vocation internationale, accordée à la personne salariée assurant la mission à l'étranger ;
- Innovex : aide financière en faveur de l'innovation, visant à soutenir la prospection et le développement à l'international des PME françaises innovantes et membres des pôles de compétitivité : aidexport@ubifrance.fr ;
- prêt pour l'export : créé en partenariat avec Oséo pour financer les investissements immatériels du programme de développement de l'entreprise.

Les chambres de commerce et d'industrie

Les chambres de commerce et d'industrie (CCI) sont des organismes chargés de représenter les intérêts des entreprises commerciales, industrielles et de service. Ce sont des centres d'affaires où les entrepreneurs bénéficient d'informations, de conseil, de formation et d'accompagnement pour le développement commercial et professionnel de leurs entreprises aussi bien en France qu'à l'international.

Principaux domaines d'intervention à l'international :

- favoriser les rencontres, les dialogues et les échanges entre acteurs économiques (pôles de compétitivité, agences et, plus généralement, acteurs nationaux ou étrangers) ;
- aider leurs membres à développer leurs activités professionnelles dans le cadre des objectifs économiques et sociaux du pays ;

- organiser des événements collectifs (séminaires, conférences, forums, salons) ;
- proposer un suivi individualisé des projets des entreprises, dont elles peuvent également former le personnel.

Elles proposent directement ou par l'intermédiaire de leurs réseaux en France et à l'étranger, une gamme complète de prestations qui permet aux entreprises d'évaluer leur potentiel d'exportation, de prospecter et de choisir des marchés cibles, d'identifier des partenaires, d'obtenir des financements, de recruter et enfin de s'implanter. Les entreprises désirant plus d'information pourront consulter utilement leur chambre de commerce et d'industrie régionale (CCIR) ou territoriale (CCIT).

UCCIFE (www.uccife.org)

L'UCCIFE regroupe 114 chambres de commerce et d'industrie françaises à l'étranger (CCIFE) qui constituent le premier réseau privé d'entreprises françaises dans le monde, représenté dans 78 pays et réunissant 25 000 entreprises, dont 50 % d'entreprises étrangères. Elle propose les services commerciaux suivants :

- information sur les marchés ;
- prospection ;
- développement, structuration, implantation ;
- communication, promotion.

Les conseillers du commerce extérieur de la France (www.cnccef.org)

Hommes et femmes d'entreprise, choisis pour leur compétence et leur expérience à l'international, les conseillers du commerce extérieur de la France (CCEF) sont nommés par décret du Premier ministre sur proposition du ministre du Commerce extérieur.

La CCEF encourage la mise en œuvre, notamment dans les PME, de missions partagées par les professionnels à partir d'expertises complémentaires pour leur permettre de se développer à l'international.

Le parrainage s'appuie sur une relation privilégiée entre le chef d'entreprise et le CCEF pour l'aider à effectuer des choix économiques et stratégiques. En effet, les deux interlocuteurs sont des dirigeants d'entreprise qui ont la même vision pragmatique des réalités du terrain.

La PME peut disposer d'un accompagnement sur mesure, identifier et utiliser aux mieux les appuis existants et les aides à l'exportation, s'appuyer sur le réseau des CCEF en France (1 700 en régions) et à l'étranger (2 600 conseillers dans 146 pays).

Le parrainage se déroule :

- de façon limitée dans le temps, sous forme de conseils ponctuels, d'orientations, de mises en relation ;
- ou bien à travers une action de plus longue durée, avec le concours possible d'étudiants dans le cadre de leur formation.

Les étapes du parrainage :

- évaluation du potentiel de la PME à l'international au travers d'une visite du parrain au chef d'entreprise ;
- établissement d'un diagnostic export qui permettra de dégager des orientations adaptées aux moyens et aux ressources de l'entreprise ;
- aide dans la définition des objectifs de l'entreprise, l'élaboration de la stratégie export, le ciblage des marchés, la recherche des partenaires ;
- relais à travers le réseau international des CCEF ;
- analyse des performances.

Oséo (www.oseo.fr)

Oséo aide les entreprises qui souhaitent exporter, s'implanter à l'étranger ou développer des coopérations scientifiques et techniques par différents moyens :

- apport de garantie et financement des investissements liés à l'export ;
- garantie des cautions bancaires sur les marchés export ;
- contrat de développement participatif : de 300 000 à 3 000 00 euros pour renforcer la structure des entreprises exportatrices ;
- « prêt pour l'export » créé en partenariat avec Ubifrance : de 50 à 150 000 euros pour financer les dépenses et recrutements liés à l'export ;

⚬ contrat de développement à l'international de 150 000 à 400 000 euros pour financer des investissements de développement à l'exportation ou l'implantation à l'étranger.

Pour une implantation à l'étranger :

⚬ FASEP – garantie des apports à une filiale étrangère ;

⚬ garantie et financement de filiales à l'étranger.

Pour les partenariats technologiques : accompagnement, financement et conseil au montage de projets.

Coface (www.coface.fr)

Privatisée en 1994, elle est aujourd'hui une société anonyme filiale à 100 % de Natixis. À l'international, Coface est présente dans le monde dans 65 pays et fournit aux entreprises :

⚬ des analyses des risques politiques et économiques sur 156 pays ;

⚬ des données et notations sur 55 millions d'entreprises dans le monde ;

⚬ des garanties publiques à l'exportation, qu'elle gère pour le compte de l'État :

- **l'assurance prospection** propose aux PME et aux entreprises de taille intermédiaire une assurance contre le risque d'échec commercial lors de leurs démarches de prospection des marchés étrangers,

- **l'assurance risque exportateur** couvre les émetteurs de cautions bancaires ainsi que les banques assurant le préfinancement export contre le risque de défaillance de l'exportateur,

- **l'assurance crédit export** garantit la réalisation de grands projets à l'étranger contre les risques commerciaux, politiques ou catastrophiques,

- **l'assurance change** permet à toute entreprise de remettre des offres et/ou de conclure un contrat en devises sans être exposée aux variations de change,

- **la garantie des investissements** couvre les entreprises françaises ayant réalisé ou devant réaliser des investissements à l'étranger et les banques qui les financent contre les risques de spoliation et/ou de destruction d'origine politique.

International

Association Pacte PME International (www.pactepme.org/international)

Soutenue par la direction générale du Trésor, l'association Pacte PME International regroupe à ce jour 25 grands groupes, engagés par leur président à accompagner les PME françaises à l'export.

Chacun de ces groupes a désigné en son sein un représentant de haut niveau pour être l'interlocuteur des PME, à même d'orienter leurs demandes et d'identifier les opportunités stratégiques.

Le portage, un outil au service des PME

Selon le degré de maturité de leur stratégie d'internationalisation, Pacte PME International propose trois types d'accompagnement complémentaires. Il est possible de recourir à un seul type d'accompagnement ou d'en combiner plusieurs :

- pour l'élaboration et le développement de la stratégie : le portage conseil ;
- pour la première implantation à l'étranger : le portage abri ;
- pour conquérir des marchés en synergie avec des clients et partenaires : le portage stratégique.

OSCI – Organisation professionnelle des opérateurs spécialisés à l'international (www.cgi-tradexperts.com)

OSCI est une organisation professionnelle de sociétés privées (sociétés de services et sociétés de commerce international) intervenant à tous les stades de la chaîne d'exportation d'une PME. Elle peut fournir :

- une aide à la prospection de clients ou partenaires locaux, assistance aux opérations commerciales ;
- une aide à l'implantation locale : recherche de financements, conseils et accompagnement dans la recherche d'implantation, hébergement, domiciliation locale, etc. ;
- la distribution des produits d'une PME.

Autres organisations à contacter

- Direccte : Direction régionale des entreprises, de la concurrence, de la consommation, du travail et de l'emploi (www.direccte.gouv.fr)

International

Les Direccte assurent la promotion du crédit impôt export : son taux est de 50 % du montant des dépenses de prospection engagées sur une période de 24 mois pour un recrutement d'une personne dédiée à l'exportation ou d'un VIE, avec un plafond de 40 000 euros (www.exporter.gouv.fr).

▶ Ile-de-France International, portail Internet des entreprises franciliennes à l'international (http://www.iledefrance-international.fr).

Pilote
Ralph Samuel, directeur financier, Pitney Bowes France

Auteurs
Christine Autonne, analyste financière SFAF
Claude Bouty, conseiller, commerce extérieur de la France – consultant, GEP
Christophe Hennette, associé fondateur, Hyphen Conseil
Jean-Pierre Salawi, conseiller, commerce extérieur de la France, vice-président du comité Hauts-de-Seine des conseillers du commerce extérieur de la France – responsable du parrainage des PME
Grégory Tricoire, conseiller, commerce extérieur de la France, chargé de mission, Pacte PME International

International

Chapitre 8

POLITIQUE ACHATS

INTRODUCTION

Les achats représentent de 20 % à 75 % du chiffre d'affaires d'une société. Des investissements au transport en passant par les achats de production, les frais généraux ou les dépenses de marketing, les achats sont présents dans tous les compartiments de l'entreprise.

Ils sont le réceptacle des choix stratégiques et opérationnels de l'entreprise : construire une nouvelle usine, externaliser des processus qui ne font pas partie de son cœur de métier ou lancer une campagne de publicité, de nombreuses décisions conduisent à déclencher un acte d'achat.

Pour cette raison, et dans un contexte de pression constante sur la performance et les coûts, les achats sont entrés progressivement au cœur de l'entreprise. Ils étaient il y a encore quelques années une fonction support, souvent mal dotée en compétences et peu impliquée par le management dans la prise de décision. Ils sont aujourd'hui de plus en plus représentés au comité de direction, pour les entreprises les plus matures.

Le périmètre et la compétence des achats ont évolué parallèlement à la montée en puissance de la fonction, au fur et à mesure de la prise de conscience des enjeux qu'elle représente.

Longtemps cantonné aux achats dits de production, son périmètre a inclus progressivement les achats indirects, les investissements et le transport, historiquement dans les mains respectives des fonctions support, de la production et du département logistique.

Par ailleurs, la mission s'est progressivement enrichie. L'acheteur était négociateur. Il a appris à « challenger » les prescripteurs et à les aider à optimiser le besoin. Par sa capacité à travailler en profondeur avec les fournisseurs, il devient désormais source d'innovation.

Les axes de création de valeur sont au nombre de cinq :

- maîtriser et réduire les coûts : c'est le rôle le plus évident de la fonction. La pression croissante sur les entreprises les contraint à innover constamment pour remplir cette mission ;
- optimiser les délais : temps de production, de livraison, de maintenance… La capacité de réaction est un élément clé de la qualité de service ;
- améliorer la qualité : le recentrage des entreprises sur leur cœur de métier les incite à externaliser des activités clés, donc porteuses d'enjeux de qualité forts. Les achats sont un des maillons de la maîtrise de la qualité ;
- maîtriser les risques : de nombreux scandales médiatiques récents ont montré combien la frontière est ténue entre le donneur d'ordres et son fournisseur. Qu'elle soit d'ordre médiatique, financier ou technique, l'externalisation est porteuse de risques que les achats doivent apprendre à maîtriser et réduire (dépendance économique et ses conséquences juridiques, non-respect de la législation sociale par des sous-traitants…) ;
- préparer l'avenir : innover, réduire l'impact environnemental, favoriser l'éclosion de sous-traitants sains et novateurs, accompagner l'entreprise dans son internationalisation : les achats doivent préparer l'avenir de l'entreprise.

Nous nous sommes concentrés sur les recommandations majeures applicables à des degrés divers à tout type de société, quels que soient sa taille et son secteur d'activité (industriel, service, distribution…).

Politique achats

RECOMMANDATION N° 46

METTRE L'ORGANISATION ACHATS
AU CŒUR DE L'ENTREPRISE

Les enjeux

Nous l'avons évoqué, les achats sont une composante essentielle de l'entreprise. Ils sont vecteurs de compétitivité et à la croisée des chemins de l'innovation. L'organisation achats doit donc être au cœur de l'entreprise, elle n'est plus une fonction « support », mais bien une fonction « acteur ». La mise en place d'une organisation achats adaptée aux métiers de l'entreprise est la première étape de la performance achats. Quatre éléments structurants apparaissent :

- La première règle est la distinction entre achats et approvisionnement. Là où c'est possible, il est fondamental de séparer les deux fonctions. L'approvisionnement, qui est une fonction administrative très chronophage, risque de prendre le pas sur l'achat si les deux fonctions ne sont pas distinctes. Si acheter nécessite des compétences spécifiques, l'approvisionnement peut être confié à des personnes dédiées à d'autres tâches administratives.

- Il convient ensuite de bien dimensionner l'équipe. On admet généralement que six éléments principaux sont à prendre en compte pour déterminer la taille de l'organisation achats et les compétences requises : le nombre de familles d'achats, leur impact stratégique pour l'entreprise, leur complexité (technicité et difficulté du marché fournisseurs), le nombre d'interlocuteurs internes, le nombre de fournisseurs et la fréquence de l'acte d'achat.

- Pour les entreprises multinationales ou aux implantations nationales multiples, deux dimensions s'ajoutent : l'étendue du besoin (est-il commun à tous les sites ou spécifique ?) et celle du marché fournisseurs (local ou global ?).

- *A contrario*, le montant de dépenses n'est pas un élément différentiant. L'intérim, par exemple, peut représenter des montants de dépense très élevés. Mais une fois la politique achats et des processus clairs mis en œuvre, il ne nécessite que des interventions ponctuelles de la part des achats, au-delà des négociations annuelles et du suivi avec les entreprises de travail temporaire.

Politique achats

Ce qu'il faut faire

▸▸ Évaluer de manière simple la charge de travail liée à chaque famille d'achats en se posant la question de la récurrence des missions de l'acheteur.

▸▸ Pour les familles stratégiques, ne pas sous-estimer les activités liées au suivi des fournisseurs : gestion contractuelle, management des risques, suivi de la qualité…

▸▸ Pour les entreprises de petite taille, il peut être pertinent d'évaluer le gain lié au recrutement d'un acheteur à temps plein. La fonction achats est une des rares sinon la seule dont le retour sur investissement se calcule assez aisément.

Des processus et des outils au service d'un fonctionnement efficace de la fonction

Les achats sont soumis à deux types de pressions majeures : les sollicitations de la part des fournisseurs et les pressions internes à l'entreprise quant au choix des fournisseurs.

Le cas ultime est la corruption qui s'infiltre souvent là où existent des zones de flou dans la relation achats/fournisseurs.

Pour ces raisons, et par respect pour les fournisseurs, il est nécessaire d'établir des règles claires dans la phase de choix des fournisseurs. Ainsi, il est conseillé de définir des processus types de choix des fournisseurs : de la demande d'information (*Request For Information* – RFI) jusqu'à la décision finale en passant par l'appel d'offres et les négociations. Et il faut communiquer de manière transparente au fournisseur quels seront les critères de choix.

Définir *a priori* les critères de choix sera également un exercice bénéfique puisque cela permettra à l'entreprise d'établir clairement son besoin et ses priorités.

Une fois le processus achats défini, la mise en place d'outils peut être utile tout au long de la chaîne achat-approvisionnement.

▸ La mise en place d'une grille d'appel d'offres type permet de solliciter de manière simple, mais systématique, les fournisseurs lorsque sont créées des références non encore négociées.

▸ Chaque fournisseur référencé doit remplir une fiche fournisseur standard, qui contient les informations financières et industrielles relatives à son entreprise.

▸ En parallèle, une fiche mémo contrat synthétise les informations propres au contrat avec ce fournisseur et en permet l'accès facile et la diffusion.

Politique achats

- Pour les achats récurrents standard, l'utilisation de catalogues en ligne du fournisseur lors de la phase d'approvisionnement représente un gain de temps pour les utilisateurs et facilite l'analyse et le contrôle de la dépense. C'est par exemple le cas de l'outillage, de certains conditionnements ou des fournitures de bureau.

Un périmètre achats clairement délimité

Il est nécessaire de délimiter le degré d'implication des équipes achats sur chaque famille de dépense. Les critères de choix peuvent être l'importance stratégique ou non d'une famille ainsi que sa complexité. La présence des achats sera ainsi plus ou moins forte selon le degré d'implication choisi. Par exemple, certains frais généraux peuvent être confiés à des fonctions support qui les gèrent (ressources humaines, informatique, services généraux) et l'équipe achats n'interviendra qu'à certains moments clés du processus achats, comme la validation du cahier des charges ou la négociation.

Le processus de choix doit également être établi précisément : quels sont les rôles respectifs des prescripteurs, des utilisateurs et des acheteurs ? Selon les cas, certains pourront avoir un rôle consultatif ou, *a contrario,* être les décideurs finaux. Prenons le cas d'un achat d'investissement : les équipes production et maintenance seront probablement fortement impliquées dans le processus de décision. Toutefois, pour l'achat d'énergie, les équipes production ne seront que peu parties prenantes si le cahier des charges a été rédigé de manière précise en amont.

Enfin, pour les familles jugées cruciales (stratégiques), il est fondamental que les achats soient impliqués le plus en amont possible, lors de la définition du besoin. C'est en effet là que le potentiel d'optimisation réside.

Politique achats

Ce qu'il faut faire

- **Réfléchir à ces sujets de manière collégiale** : l'implication des achats ne sera acceptée que si le processus est validé par toutes les partie prenantes *a priori.*
- **Avoir une vision large de la valeur ajoutée des achats** : ce n'est pas parce que certaines fonctions sont bonnes négociatrices que la présence des achats n'est pas pertinente. Mélanger prescripteur et acheteur empêche le challenge des besoins.

Des outils simples et explicites

Le premier outil à mettre en place (dans bien des cas, manuel) est celui de la mesure de la dépense, pour formaliser de manière claire quelques indicateurs qui seront déterminants dans la définition de politiques achats efficaces : part de marché des fournisseurs, nombre de références, saisonnalité, évolution des tarifs, etc.

Une fois les politiques achats mises en œuvre grâce à une analyse précise des dépenses, il convient d'en mesurer l'efficacité.

Pour être pertinente, la mesure doit se faire dans trois dimensions : coût, qualité et délai.

▶ Mesure de la performance coût :

– les contrats définis sont-ils mis en œuvre ? Pour cette mesure, l'approche la plus performante consiste à demander au fournisseur de fournir un reporting de manière régulière et d'en vérifier par échantillons la pertinence ;

– des économies sont elles réalisées ? Sont-elles visibles dans le compte de résultat ? Ce suivi passe par la définition de règles partagées de mesure des économies et par une évaluation de l'impact sur le compte de résultat, en association avec la direction financière de l'entreprise. Les deux axes de mesure seront le prix et la quantité.

▶ Suivi de la qualité et du délai : les fournisseurs respectent-ils le niveau de qualité et les délais prévus ? Il est nécessaire de tracer toutes les non-qualités, de communiquer avec les fournisseurs dans une logique d'amélioration continue et de créer une notation fournisseurs sur le critère qualité.

Ce qu'il faut faire

▶▶ **Standardiser et partager avec les différentes fonctions de l'entreprise les modes de mesure, et les outils** : mesure des économies avec le contrôle de gestion, suivi de la qualité avec l'équipe qualité et la réception marchandises, tenue des délais avec l'équipe chargé des approvisionnements…

▶▶ **Mettre en place un reporting qui puisse être partagé par ces mêmes fonctions, et par l'ensemble des acheteurs.** Et qui, sous une forme plus condensée, soit également accessible pour les membres du comité de direction.

RECOMMANDATION N° 47

PRENDRE EN COMPTE L'EXHAUSTIVITÉ DES COÛTS D'ACHATS

L'approche à coût complet (*Total Cost of Ownership* – TCO)

L'approche à coût complet est essentielle pour « bien » acheter. Elle nécessite de prendre en compte la vie entière d'un produit, c'est-à-dire le prix payé, mais aussi les autres éléments qui peuvent générer des coûts : la qualité, le délai et l'impact sur le besoin en fonds de roulement (BFR).

Comment appréhender le coût complet ? :

- le prix d'achat est la composante la plus visible. C'est le prix auquel sera facturé le produit par le fournisseur ;

- les coûts logistiques sont, d'une part, les coûts liés à l'acheminement du produit entre le fournisseur et le ou les sites de l'entreprise. Ils peuvent être pris en compte par le fournisseur ou à la charge du client et, d'autre part, les coûts liés à l'entreposage des produits achetés (main-d'œuvre, mouvement interne dans l'entreprise) ;

- la durée de vie du produit doit être estimée le plus précisément possible. Un produit 30 % moins cher, mais avec une durée de vie réduite de 50 %, est finalement plus cher ! ;

- les consommations tout au long de la vie du produit sont également à prendre en compte. Par exemple, la consommation en énergie d'un investissement : un produit peut être moins cher à l'achat, mais plus énergivore… ;

- les coûts du changement : changer un fournisseur ou un produit peut requérir des tests, la reprogrammation de certaines machines, des investissements, la formation des utilisateurs… ;

- la qualité, la fiabilité et les coûts de maintenance associés. Ils peuvent être estimés grâce à des statistiques demandées au fournisseur ou en s'informant auprès des clients existants de ce même fournisseur ;

- les coûts liés à la fin de vie : déchets, recyclage… Là encore, le fournisseur peut être source d'information ;

- les coûts administratifs peuvent varier de manière significative selon la zone géographique où se trouve le fournisseur ;

Politique achats

- les coûts liés au risque associé au fournisseur ou à la zone géographique d'où il provient. On peut estimer ce coût en prenant des hypothèses d'impacts financiers de risques simples (retard de livraison, non-qualité) et en les multipliant par des probabilités d'occurrence ;
- les coûts liés au BFR : les conditions de paiement fournisseurs et les conditions de livraison peuvent avoir un impact sur les stocks. Par exemple, des livraisons en plus grosses quantités peuvent réduire les coûts de transport, mais augmentent les stocks ;
- les éventuels coûts liés aux impacts de variation de change en cas d'achats en devise.

L'analyse à coût complet est complexe et n'a de sens que pour certains types d'achats.

Ce qu'il faut faire

- **Se concentrer sur les produits** qui, plus que les services, peuvent représenter un écart important entre le prix payé et le coût complet finalement constaté.
- **Mettre sur le papier l'ensemble du processus lié à ces produits,** de la commande à la mise au rebut, et créer des grilles de comparaison entre les différents produits et/ou fournisseurs.
- **Raisonner sur la durée de vie complète du produit** : pour un investissement, il faudra prendre en compte autant que possible l'ensemble des coûts de maintenance et les consommations.
- **Ne pas chercher la précision, mais les ordres d'idées,** pour comprendre rapidement où sont les enjeux clés, quitte à affiner ensuite les coûts qui semblent les plus élevés.
- **Solliciter les fournisseurs** car ils connaissent les coûts liés à leurs produits.

L'idée répandue qui veut que la manière la plus simple de réduire les coûts consiste à négocier avec un fournisseur, est erronée. Réduire les coûts efficacement passe avant tout par une bonne définition du besoin. On estime que le coût d'un produit est défini à 75 % lorsque le besoin a été figé. La marge de manœuvre liée à l'acte d'achat est de 15 %. Les 10 % restants sont liés à l'approvisionnement et à l'usage.

Par conséquent, maximiser le potentiel d'économie, c'est avant tout travailler en amont sur le besoin et ses spécifications.

Figure 9.1 – La construction du coût

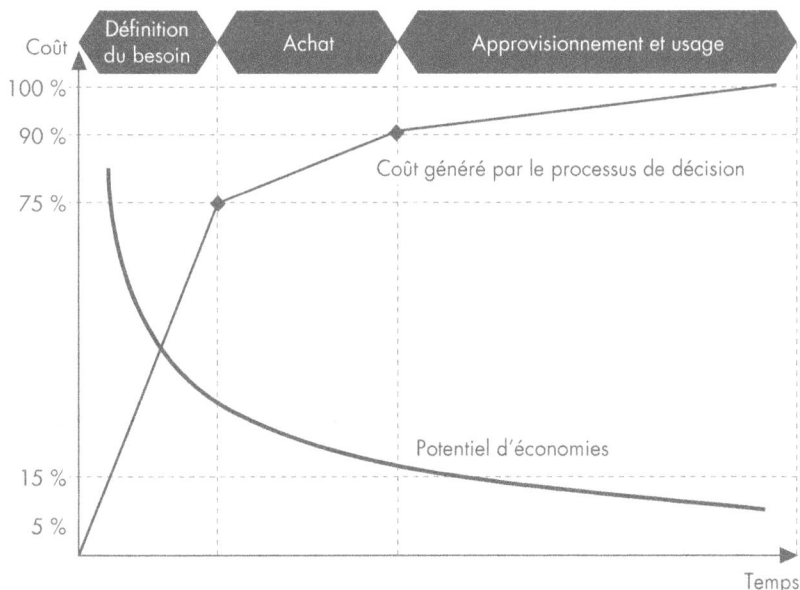

Coût | Définition du besoin | Achat | Approvisionnement et usage

100 %
90 %
75 %

Coût généré par le processus de décision

15 %
5 %

Potentiel d'économies

Temps

Définition et remise en cause du besoin

Comment exprimer un besoin ?

Un achat répond à un besoin, exprimé par un prescripteur interne. Ce besoin doit être établi de manière « juste », c'est-à-dire sans exigence qui ne s'avère pas réellement indispensable.

Si une description « technique » détaillée de la fourniture est indispensable à un contrat clair, ce n'est pas la meilleure base pour optimiser les coûts : afin de ne pas imposer au fournisseur des contraintes génératrices de coûts et pour mettre à profit sa capacité d'innovation et son savoir-faire, le besoin doit être autant que possible décrit de manière fonctionnelle et non technique.

Un cahier des charges technique décrit des solutions, alors qu'un cahier des charges fonctionnel définit les fonctions, c'est-à-dire les performances que doit remplir un produit ou un service. Par exemple, les spécifications techniques d'un emballage : carton kraft ondulé de 4 mm de dimensions $L \times l \times P$, etc., correspondent aux spécifications fonctionnelles suivantes : permettre la manipulation de x pièces du produit y, résister à un poids en empilement de z kilos (n couches de produits superposés) pendant le transport, etc. Dans le premier cas, il y a peu d'optimisations possibles. Dans le second, le fournisseur peut répondre de nombreuses manières : carton à micro-ondulations, recyclé, plus fin et renforcé par un film de palettisation, etc., dont l'une s'avèrera peut-être aussi performante et moins chère.

Comment définir et positionner un besoin : l'analyse fonctionnelle ?

L'analyse fonctionnelle comporte cinq étapes majeures :
- l'expression de l'ensemble des fonctions attendues d'un produit ou service. L'exhaustivité de cette phase passe par :
  - l'expression spontanée des prescripteurs et utilisateurs : à quoi sert l'objet ? (brainstorming) ;
  - l'analyse des insatisfactions liées à des fonctions mal remplies (données qualité, service après-vente, hygiène, sécurité, environnement…).

Elle est complétée par une démarche plus systématique :
- l'analyse des performances attendues par les parties prenantes à chaque étape du cycle de vie ;
- une approche « système » : à chaque étape, il faut déterminer les relations de l'objet avec les éléments de son environnement.

L'organisation des fonctions : il faut distinguer les besoins à remplir (pour l'emballage, par exemple : livrer aux clients des produits sans défaut) des fonctions de l'objet (protéger les produits pendant le transport, par exemple) et des fonctions de ses composants (pour le ruban adhésif de l'emballage, par exemple : assurer la fermeture du colis). Pour chaque besoin, objet et composant, il faut se poser la question du « pour quoi ? » et du « comment ? ». La spécification peut être trop large (besoin au lieu de fonction de l'objet) et mener à une solution trop complète ou trop restreinte (fonction d'un composant et non de l'objet) qui limite les innovations.

La caractérisation des fonctions : il faut fournir les critères et le dimensionnement de chaque performance attendue ainsi que la flexibilité du besoin (le niveau de certains critères peut-il être remis en question ?).

La pondération de chaque fonction : comparer les fonctions les unes aux autres permet d'établir une hiérarchisation et de leur donner une « note d'importance ». Attention cependant à ne pas négliger certaines parties prenantes !

Le cahier des charges fonctionnel (CDCF) de l'achat inclut donc la liste exhaustive des fonctions à remplir tout au long de son cycle de vie et les niveaux de performance requis.

Toutefois, certains fournisseurs pourront être décontenancés par un CDCF :

▶ s'obliger à remplir des performances peut les amener à des surdimensionnements ; d'autres peuvent manquer de capacité de conception… ;

▶ en pratique, un appel d'offres (*Request For Quotation* – RFQ) inclura souvent à la fois le CDCF comme élément de validation de la solution, mais aussi le CDC technique, pour référence et comme exemple de solution recevable ainsi que des idées de reconception, pour aider les fournisseurs à présenter des solutions alternatives ;

▶ l'acheteur validera les solutions alternatives avec les parties prenantes, sélectionnera la solution la moins coûteuse remplissant les performances et passera un contrat établi sur la base des nouvelles spécifications techniques, plus faciles à valider au quotidien.

Ce qu'il faut faire

▶▶ **Ne surtout pas cantonner les groupes de travail aux achats.** La pertinence de cette approche naît de la mixité des compétences : achats, production, marketing, développement produit, commercial…

▶▶ **Impliquer rapidement les fournisseurs actuels et potentiels** : ils sont source d'idées et connaissent mieux que quiconque leurs contraintes.

▶▶ **Ne pas exclure *a priori* les idées, même les plus folles, de reconception.** Ce sont les contraintes techniques et financières qui permettront de faire le tri.

▶▶ **Avoir une approche rigoureuse** : le suivi de la méthodologie est un facteur clé de réussite.

L'optimisation du coût

Les leviers commerciaux ont trait à la relation fournisseurs :

▶ le *sourcing*[1] consiste à rechercher le fournisseur le plus compétitif par rapport au besoin de l'entreprise. Le fournisseur pertinent peut être au coin de la rue comme dans un pays à bas coût ;

---

1. Terme anglo-saxon qui signifie la recherche, la localisation et l'évaluation d'un fournisseur.

- l'appel d'offres est la formalisation du besoin de l'entreprise et la récolte d'informations auprès du fournisseur pour pouvoir choisir le plus compétitif ; c'est un des outils de mise en concurrence les plus efficaces ;

- la négociation n'est qu'un des éléments du processus d'achat ; elle doit conduire à un accord gagnant-gagnant ;

- la redistribution des volumes entre fournisseurs sert deux logiques :
  - l'optimisation à court terme, en donnant à chaque fournisseur les marchés pour lesquels il est le mieux positionné,
  - le management à moyen terme, en replaçant de manière régulière des fournisseurs dans une dynamique positive ;

- la concentration des volumes sur un nombre restreint de fournisseurs ou la massification augmente le poids en termes de négociation, mais ne doit pas se faire au détriment de la maîtrise des risques, en créant en particulier un risque de dépendance.

Ce qu'il faut faire

Quelques principes de *sourcing* :

- **Sélectionner des fournisseurs dont la taille est cohérente par rapport au besoin** : pas trop gros pour avoir du poids et être un client écouté, mais pas trop petit pour ne pas générer de risque de dépendance.

- **Identifier la capacité technologique des fournisseurs à répondre à des besoins stratégiques de l'entreprise** : innovation, montée en volume, etc.

- **S'assurer de la compétence du fournisseur en termes de qualité et de délai** : demander des références et auditer les fournisseurs qui ont réussi les processus de sélection.

- **Privilégier les changements progressifs de fournisseurs** pour sécuriser les aspects qualitatifs et ne pas se mettre en position de rupture brutale des relations commerciales (voir paragraphe « Les risques juridiques liés aux contrats »).

L'appel d'offres comporte habituellement trois volets : le cahier des charges, une grille de cotation et un document d'accompagnement :

- **Construire un cahier des charges** précis est essentiel pour faciliter la cotation du fournisseur. L'imprécision de l'information génère des surcoûts car le fournisseur prendra des marges pour pallier l'incertitude. Pensez à demander à un ou deux fournisseurs quelles sont les informations utiles pour eux.

- **Dès que cela a du sens, inclure dans la grille de cotation une décomposition des coûts aussi précise que possible.** La décomposition des coûts permet de comprendre les forces et faiblesses des fournisseurs, elle facilite l'analyse de la valeur et est un support essentiel à la négociation.

.../...

▸▸ Préciser dans le document d'accompagnement le processus de sélection, les critères de choix, le planning…

▸▸ Toujours laisser au fournisseur la possibilité de faire des suggestions, des propositions d'amélioration…

Le succès de la négociation repose sur la préparation : définition d'objectifs clairs, identification des marges de manœuvre, état des lieux de la relation fournisseurs, analyse des forces et faiblesses de chacun.

Les leviers techniques s'attachent à l'optimisation du besoin.

La standardisation cherche à aligner le besoin d'une entreprise sur les compétences des fournisseurs afin d'éviter le « sur-mesure », générateur de surcoûts. Par exemple, ne donner à un transporteur que 24 heures de préavis peut, dans certains cas, le contraindre à dédier à temps plein un camion. Ce ne serait pas le cas avec 48 heures de préavis !

La réduction de la diversité a un impact à la fois sur les coûts, en permettant au fournisseur de réaliser des économies d'échelle, et sur les stocks, donc le besoin en fonds de roulement (BFR). Par exemple, la rationalisation des emballages secondaires, différents selon les clients servis.

Le *(re)design to cost* consiste à repenser un produit en prenant en compte, dès sa conception, les aspects de coûts en lien avec les fonctions attendues.

Ce qu'il faut faire

▸▸ **Standardiser** : la structure de coûts et les échanges avec les fournisseurs permettent de comprendre quels sont les éléments du cahier des charges qui sont générateurs de surcoûts.

▸▸ **Réduire la diversité** : cela passe souvent par la revue des contraintes externes, c'est-à-dire les cahiers des charges imposés par les clients, comme internes.

▸▸ **Repenser le produit** en s'appuyant à la fois sur une structure de coûts précise (où sont les enjeux ?), **une définition claire de besoins fonctionnels** (quels sont les besoins à servir ?) et **une collaboration étroite avec les fournisseurs** (voilà l'objectif, quelles sont vos propositions ?).

Politique achats

155

La collaboration avec les fournisseurs

La capacité à travailler avec les fournisseurs est la clé de la réduction des coûts.

- Les fournisseurs connaissent les structures de coûts.
- Ils peuvent avoir des idées alternatives à celles demandées par l'entreprise.
- Ils connaissent les besoins de leurs autres clients et peuvent être force de proposition, dans le respect de la confidentialité due à chaque client.
- Leur intérêt est de fidéliser leur client, et pas uniquement pour des motifs financiers. Ils sont donc volontaires pour créer une intimité majeure.
- Enfin, ils ont souvent un regard pertinent sur les forces et faiblesses de leur client.

Ce qu'il faut faire

- **Impliquer les fournisseurs en amont.** Plus tôt ils seront impliqués, plus ils seront en capacité d'apporter de la plus-value ; mais attention aux distorsions de concurrence…
- **Exprimer autant que possible les besoins fonctionnels du produit recherché.**
- **Expliquer les contraintes imposées aux fournisseurs et leur origine.** Ceux-ci seront peut-être capables de trouver des alternatives aux contraintes posées.
- **Privilégier un ou deux fournisseurs considérés comme les plus ouverts ou innovants.** Cette démarche ne peut pas se faire avec un grand nombre.
- **Veiller à ne pas se retrouver dans des situations de monopole technique :** impliquer le fournisseur ne veut pas dire choisir la solution proposée par un unique fournisseur.

Politique achats

RECOMMANDATION N° 48

MAÎTRISER LES RISQUES ACHATS

La gestion des risques achats passe par la maîtrise de quatre risques majeurs : les risques sur la qualité fournisseurs, les risques juridiques, les risques financiers et les risques sur la responsabilité sociale et environnementale.

Les risques sur la qualité fournisseurs

Le risque qualité consiste à ne pas atteindre le niveau de satisfaction attendu des produits ou services achetés selon les critères de conformité attendus, notamment ceux définis dans le cahier des charges techniques envoyé aux fournisseurs et selon une marge de tolérance acceptable. Voici quelques exemples de critères de conformité définissant la qualité : techniques, réglementaires et normatifs (par exemple traçabilité), délais de livraison, conditions de transport. À noter que ces critères doivent être repris au niveau contractuel ; ils seront abordés dans la section des risques juridiques.

| La qualité est un axe majeur de la mesure de la performance des fournisseurs.

Il s'agit donc de s'assurer que les produits ou services achetés répondent aux besoins définis dans le cahier des charges. La non-qualité pourra s'apprécier par rapport aux coûts induits par les rebuts ou les retours effectués, les retards en production et, finalement, par l'appréciation de la satisfaction du client final.

Les facteurs de risque ayant un impact sur la qualité sont :

- la qualification incomplète du fournisseur, en particulier, l'absence de prise en compte de critères liés au développement durable (exemple : faiblesse des processus de traçabilité, désorganisation de la chaîne logistique liée à un conflit social chez un fournisseur stratégique, etc.) ;
- des imprécisions dans le cahier des charges pouvant mener à des écarts d'interprétation dans les performances attendues ;
- un manque de politique qualité du côté de l'entreprise (assurance qualité fournisseur, par exemple) comme du côté du fournisseur ;
- l'absence de procédure de contrôle lors des réceptions ;
- l'utilisation de technologies non totalement maîtrisées ;
- la nature des relations entreprise/fournisseur, comme l'absence de collaboration ou de codéveloppement, ou bien des relations conflictuelles.

Voici quelques exemples de moyens visant à la mise en œuvre de cette politique de contrôle de la qualité des fournisseurs, du plus simple au plus complet :

- la fourniture de certificats de conformité produit ;

Politique achats

- le contrôle du produit en réception :
  - un contrôle qualité par échantillonnage systématique en réception (selon un plan d'échantillonnage, contrôle statistique),
  - un contrôle d'entrée à 100 % si besoin sur les produits critiques ;
- la réalisation d'un audit d'évaluation du fournisseur ;
- la demande de certification ISO 9001, NF ou équivalent compatible ;
- la mise en place d'une assurance qualité fournisseur (AQF) afin de passer en assurance qualité produit (AQP), puis de piloter le démérite ;
- l'utilisation d'une méthode de contrôle qualité commune avec les fournisseurs critiques : il s'agit de s'assurer que les contrôles qualité effectués en amont (chez le fournisseur) répondent aux exigences du client ;
- au niveau contractuel, avec la présence de pénalités à déclencher selon le dépassement d'un taux de défaillance[1] ;
- le pilotage de la performance fournisseur auquel seront adjoints des plans de progrès.

Il s'agit pour l'entreprise de se mettre en capacité de :

- définir clairement ce qu'est la qualité : taux de défaillance, marge acceptable par rapport à une norme… ;
- identifier les facteurs de risque et les évaluer selon leur criticité, leur occurrence et leur impact en termes de coûts (cartographier) ;
- identifier les fournisseurs et sous-traitants critiques et/ou stratégiques et les passer en AQF quand c'est possible ;
- avoir des cahiers des charges très complets sur la performance des biens et services acquis ;
- afficher les critères de sélection et d'évaluation des fournisseurs et mettre en place un système et des règles de mesure fiables et communiquées aux fournisseurs lors des phases de qualification ;
- être réactive en cas de dérive : piloter les actions correctives, mettre en œuvre un plan de progrès et déclencher des audits en cas de besoin ;

---

1. La défaillance peut être mesurée par un taux qui mesure le nombre de pièces non conformes par millions de pièces produites (PPM).

- gérer la relation fournisseur dans le temps par les plans de performance incluant un volet qualité et en fixant des objectifs de progrès, gérer le panel (entrées/sorties) ;
- mettre la relation fournisseur sous pilotage : évaluer les coûts de non-qualité, évaluer les taux de défaillance, établir un classement fournisseurs, etc.

Ce qu'il faut faire

- Ouvrir le *sourcing* et le remplacement de fournisseurs en recherchant des fournisseurs alternatifs sur la base des qualifications requises (renouveler le panel).
- Transférer vers des prestataires externes (par exemple, l'externalisation d'un processus ou l'*outsourcing* de modules) : attention toutefois au risque de dépendance même si l'on déplace le risque opérationnel.
- À l'inverse, internaliser afin, par exemple, de sécuriser les approvisionnements et de protéger son savoir-faire (risque de copie, mais surtout de diffusion d'un savoir-faire qui constitue un risque stratégique).
- Sur la qualité et les coûts : travailler en amont, dès la conception des produits ; 75 % des coûts sont figés dès le cahier des charges. L'utilisation de méthodes d'analyse fonctionnelle et d'analyse de la valeur appliquées conjointement avec le fournisseur permettent de mieux contrôler la qualité.
- En conception, travailler avec les fournisseurs sur des prototypes avancés, voire faire de la coconception (partage des frais de R&D), rechercher des principes et des technologies nouvelles.
- Mettre en œuvre une assurance qualité fournisseur pour la maîtrise des produits non conformes, incluant l'assurance de l'existence d'une assurance qualité produit du côté fournisseur.
- Sur un plan stratégique, travailler avec les fournisseurs qui ont une différentiation que l'on peut intégrer dans le produit vendu de l'entreprise (technologie spécifique par exemple).

Politique achats

Le risque financier et la dépendance

Pris dans sa globalité, le risque financier est celui qui concerne le fournisseur, la gestion de son bilan, de ses résultats, la conséquence ultime étant la cessation des paiements (impossibilité de faire face à ses engagements), pouvant déboucher sur une cessation d'activité. Il s'agit donc, pour l'entreprise, de prendre en compte la situation financière de ses fournisseurs et d'anticiper les éventuelles difficultés. Une conséquence majeure de la défaillance d'un fournisseur en serait une rupture d'approvisionnement.

En particulier, il convient de regarder de près le taux de pénétration de l'entreprise acheteuse auprès de chacun de ses fournisseurs. Cela donne une bonne indication de la dépendance du fournisseur vis-à-vis de l'entreprise acheteuse.

Le taux de pénétration correspond au rapport, en pourcentage, entre le chiffre d'affaires achats réalisé avec le fournisseur, et le chiffre d'affaires total des ventes réalisé par celui-ci. Dès lors qu'il avoisine les 20 %, on considère qu'il devient un facteur de risque important pour les deux parties[1]. Pour le fournisseur, d'abord, du fait du poids très élevé d'un seul client dans son activité et de la dépendance économique et commerciale qui en découle. Pour l'entreprise, ensuite, car elle peut être déclarée gestionnaire de fait en cas de défaillance du fournisseur due à une réduction brutale d'activité. L'impact sur la trésorerie peut alors se chiffrer en millions d'euros car, en cas de liquidation judiciaire, l'entreprise sera mise à contribution. De façon générale, il convient d'apprécier la fragilité d'une filière ou d'un secteur à l'aune de ses pratiques de règlements, mais également du niveau de concentration de l'activité et de la capacité des fournisseurs à amortir les retournements de cycle.

Ce risque, bien qu'abordé dans le « *company profile* » du fournisseur, établi par l'acheteur responsable au moment du choix, reste insuffisamment approfondi et surtout trop peu anticipé. Les récents retournements de cycle du secteur automobile ou les incidents survenus dans le secteur aéronautique et leurs conséquences parfois désastreuses, en sont une parfaite illustration. De plus, certaines pratiques prêtées aux achats telles que la pression sur les prix et sur les délais de paiement n'ont fait qu'amplifier le phénomène de dégradation de la trésorerie des fournisseurs.

Politique achats

---

1. D'un point de vue juridique au sens strict, il n'existe pas de seuil formel à partir duquel le fournisseur est qualifié en situation de dépendance. En cas de problème, la situation est laissée à l'appréciation des juges.

Ce qu'il faut faire

▸▸ **Mener une analyse financière du fournisseur** qui permette d'évaluer sa santé à un instant T et effectuer une prévision par rapport au risque de défaillance financière. L'analyse financière fait appel à des compétences généralement peu présentes au niveau de la fonction achats. Voici quelques indicateurs clés : taux de pénétration, carnet de commande fournisseur, croissance du chiffre d'affaires, indépendance financière (dettes/cash).

▸▸ **Ne pas dépasser 20 % de taux de pénétration** et considérer ce taux comme un critère de décision au moment du choix. Notons que ce taux ne peut légalement être pris en compte comme un critère par les donneurs d'ordres publics (mairies, ministères, collectivités locales) afin de donner des chances équitables à l'ensemble des candidats et ce, quelle que soit leur taille.

▸▸ **Ouvrir le** *sourcing* **à d'autres fournisseurs,** c'est-à-dire diversifier les approvisionnements en tenant compte des contraintes de marché (plus ou moins forte concentration) afin notamment d'éviter le risque de rupture d'approvisionnement.

▸▸ **Se poser finalement la question de fond : considérant le taux de pénétration prévisionnel, l'entreprise peut-elle sortir sans risque pour le fournisseur et pour elle-même de la relation commerciale établie ?** Dans ce cas, il convient de regarder de près ce qui se passera en cas de rupture des relations contractuelles.

Les risques juridiques liés aux contrats

Par définition, le contrat est un instrument de prévision, de sécurité juridique et de sécurité économique, fondé sur la volonté des parties et le libre consentement. Il matérialise et définit la transaction commerciale et son contenu principalement sur les volets : économiques (fixation et révision des prix, délais de paiement), qualité (critères de conformité), conditions de transport et de livraison, garantie, exclusivité, protection des technologies, respect des réglementations et conditions de rupture. Le contrat doit être le reflet des préoccupations concrètes de l'entreprise et constitue un point de référence pour l'acheteur.

Le contrat présente deux types de risques : les risques purement juridiques et les risques opérationnels qui en découlent.

Tableau 9.1 – Cartographie des risques et conséquences associées liés au contrat

Risques juridiques propres au contrat	Risques opérationnels issus du contrat
Défaut d'établissement du contrat Délais de paiement et intérêts de retard Clauses abusives entre professionnels qui entraînent un déséquilibre significatif dans les droits et les obligations des parties Avantage indu/déséquilibre significatif/conditions abusives Retour des marchandises sans accord Interdiction de cession de créances… **Conséquences** Amendes civiles Réparation du préjudice	**Coûts** Variabilité des prix Aléa dans la définition des produits Risque de change Surcoût dû à la mauvaise couverture achats (ex. : contrats cadres non utilisés) **Propriété industrielle** Réversibilité « Passage » à un concurrent Exclusivité **Continuité des approvisionnements** Information sur le contrat Information sur les approvisionnements, les sous-traitants Exclusivité de certains approvisionnements Gestion des commandes **Qualité/responsabilité** Contrôle qualité Répartition des responsabilités Exclusion/limitation des responsabilités Assurance

Le cas de la rupture brutale des relations commerciales établies

Selon l'article L. 442-6 I. 5° du code de commerce : « Toute rupture brutale, même partielle, de relations commerciales établies oblige son auteur à réparer le préjudice subi par la victime ». Il s'agit donc d'apprécier ce que l'on entend par : rupture brutale et rupture partielle, préavis raisonnable et relations commerciales établies (taux de dépendance financière vis-à-vis de l'entreprise), et quel en serait le préjudice. Il faut noter que l'existence matérielle d'un contrat n'est pas nécessaire pour que la relation contractuelle soit établie…

Ce qu'il faut faire

▸▸ **Protéger ses richesses incorporelles** (marques, logo, techniques, brevets, modèles, projets, etc.) par la propriété intellectuelle, par le contrat.

▸▸ **Réaliser un audit des contrats en qualifiant la relation que l'on a avec son fournisseur :**
  - Cas 1 : les relations sont ponctuelles ou non formalisées ; mettre en place des conditions générales d'achats (CGA) à jour et des contrats types. Attention, les CGA applicables à jour pallient l'absence de contrats, mais ne les remplacent pas.
  - Cas 2 : les relations sont sensibles ; qualifier les risques juridiques et opérationnels qui en découlent et prendre rapidement des actions correctives ou, *a minima*, mettre en place une veille sur les fournisseurs.
  - Cas 3 : les relations sont à rompre ; évaluer les conditions et coûts de la rupture puis se poser la question de la rupture effective.

▸▸ **Mettre en place une base contrats et la piloter :** dates d'échéance, tacite reconduction, conditions particulières à relever (par exemple révision de prix).

▸▸ **Piloter le taux de couverture contractuelle, le taux de couverture des contrats cadres.**

▸▸ **Prendre en compte les nouvelles dispositions de la loi de modernisation de l'économie (dite LME) pour les fournisseurs sur le territoire français ;** attention aux sanctions possibles en cas de non-respect :
  - les intérêts de retard de paiement atteignent 3 fois le taux d'intérêt légal ;
  - la sanction peut atteindre 2 millions d'euros d'amende ou jusqu'à 3 fois les sommes indûment perçues (art. 442-6.7°), auxquels il faut ajouter la réparation du préjudice subi.

▸▸ **Contractualiser de manière appropriée :**
  - bien identifier l'entité qui contracte du côté fournisseur, ce qui conditionne le niveau de responsabilité de l'entité avec laquelle l'entreprise contracte. Contracter avec la filiale d'un groupe n'implique pas la même responsabilité que de contracter avec la maison mère du groupe à laquelle appartient la filiale. Les niveaux d'engagement et donc de dédommagement éventuels seront bien inférieurs dans le cas de la filiale ;
  - éviter le « déséquilibre significatif » et répondre à des préoccupations précises et identifiées ;
  - orienter la rédaction sans ignorer les conditions générales de ventes (CGV) et les CGA ;
  - signer lors de chaque commande (CGA) ou de contrat cadre (question de la durée à définir) ;
  - sensibiliser les équipes : expliquer le droit aux acheteurs de sorte à créer des réactions (origine des produits, rupture) ;
  - intégrer le « juridique » dès l'appel d'offres : il doit y avoir un appel d'offres juridique comme il y a un appel d'offres technique.

…/…

Politique achats

▸▸ **Savoir rompre :**
- placer la relation sous une loi et une juridiction réfléchies ;
- ne pas se placer en situation de « relations commerciales établies » en ouvrant le *sourcing* et en assurant une rotation des fournisseurs du panel, si cela est possible ;
- en droit français, répondre à l'exigence d'un « préavis raisonnable » : une exigence que l'on ne peut contourner, ou un arbitrage entre risque commercial et risque juridique ;
- identifier le bon motif de rupture (faute ou non) et choisir le mode de rupture approprié ;
- organiser la fin de la relation et le transfert de l'approvisionnement (restitution des outils de production) ;
- prendre en compte une éventuelle situation de dépendance financière ;
- évaluer le coût de la rupture.

À noter : la lettre d'intention, en fonction des éléments qu'elle contient, peut matérialiser une volonté de contracter.

> Par nature, la lettre d'intention peut donc être très engageante et exposer l'entreprise au risque contractuel.

La portée juridique de la *Letter of Intent* (LOI) reste floue selon les pays. Il conviendra alors de préciser les chapitres sur lesquels l'accord est explicite et ceux qui sont soumis à réserve d'accord à venir afin de se protéger des non-dits et donc des éventuelles interprétations en cas de différends. Dans ce cas, il faut préciser qu'il existe toujours une forte incertitude sur la portée des engagements réciproques. Bien qu'étant une pratique relativement répandue, la LOI doit, en fait, être utilisée dans le cas d'une faible aversion au risque juridique.

Les risques relatifs au développement durable et à la responsabilité sociale et environnementale de l'entreprise (RSE)

La RSE[1] est la déclinaison pour l'entreprise des concepts de développement durable, qui intègrent les trois piliers environnementaux,

---

1. La norme ISO 26000, qui a été adoptée en septembre 2010, définit la responsabilité sociale et sociétale ; c'est une nouvelle référence internationale qui ne donne toutefois pas lieu à certification. En France, les lois Grenelle 1 et 2 étendent l'obligation de publication aux sociétés non cotées. Une discussion est en cours sur le seuil d'application (nombre de salariés), ce qui pourrait représenter de 1 500 à 2 500 entreprises.

sociaux, et économiques. La RSE tend à définir les responsabilités des entreprises vis-à-vis de ses parties prenantes, dans la philosophie « agir local, penser global ». Les enjeux peuvent être analysés par rapport aux attentes et intérêts des parties prenantes de l'entreprise. En particulier, dans une fonction achats, les fournisseurs et sous-traitants sont des partenaires contractuels qu'il faut prendre en compte.

De plus, une étude publiée par Ernst & Young en 2010 sur l'intégration des principes de développement durable dans les stratégies d'achats des entreprises montre que l'achat durable est désormais un critère établi de sélection et d'évaluation du risque fournisseur pour une grande majorité d'entreprises. Elles déclarent porter une attention particulière à la certification des sites (74 % des répondants), le respect des droits et des conditions de travail (63 %) et l'existence d'une charte environnementale au sein de l'entreprise (62 %). La dimension développement durable est notamment prise en compte lors des évaluations formalisées du risque fournisseur par les entreprises. Au-delà du traditionnel risque financier (cité par 82 % des répondants), elle ressort au travers des critères sociaux (mentionnés par 65 % des personnes interrogées) et environnementaux (54 %).

Les trois risques majeurs que l'entreprise cherchera à maîtriser sont :

- le risque de perte d'image et de réputation ;
- le risque par rapport au respect des contraintes règlementaires et des directives environnementales ;
- le risque par rapport à la réponse à des besoins exprimés par des clients finaux.

Les facteurs de risques les plus fréquemment rencontrés au niveau des fournisseurs et des sous-traitants sont :

- le non-respect des normes réglementaires en matière de protection de l'environnement (risques environnementaux) ;
- une possibilité de faillite à la suite de la pression des parties prenantes comme les ONG (risque des parties prenantes) ;
- le non-respect des droits de l'homme (risque social et risque éthique) ;
- le gaspillage de l'eau et de l'énergie dans le cycle de production (risques sociétaux) ;
- le non-respect des engagements contractuels (risque juridique) ;

Politique achats

- l'absence de ratios et d'indicateurs de performances environnementales (risque de supervision qui peut entraîner un risque de perte de réputation ou de perte d'image) ;
- un manque de culture interne sur les sujets environnementaux au niveau des managers et de la gouvernance d'entreprise, ce qui se traduit par un risque de management.

Du point de vue des achats, la sélection des fournisseurs doit donc s'évaluer à travers des critères discriminants tels que : s'assurer de la certification des sites (par exemple, satisfaire à la norme ISO 14001), s'assurer du respect des droits et des conditions de travail et avoir développé une charte environnementale.

Ce qu'il faut faire

- Intégrer dès l'amont, dans les spécifications produits, les principes de développement durable applicables et économiquement viables.
- Intégrer, dans les appels d'offres, des critères objectifs liés à l'application des principes de développement durable.
- Intégrer la démarche dans les plans de performance des fournisseurs : les revues sont un moyen d'inciter les fournisseurs à infléchir leurs pratiques, notamment vis-à-vis de leurs propres fournisseurs.
- Lancer un « concours de l'innovation » auprès des fournisseurs du panel et restituer les travaux lors d'une convention fournisseurs.
- Mettre en place des audits sociaux des fournisseurs. La commission européenne définit l'audit social comme « une évaluation systématique de l'impact social d'une entreprise par rapport à certaines normes et attentes ». En d'autres termes, ce type d'audit permet d'évaluer les risques juridiques pour non-respect du droit du travail, de prévenir les conflits sociaux et d'anticiper des risques stratégiques, par exemple en ce qui concerne les départs à la retraite des équipes. On peut se remémorer la fameuse polémique dans les années 1990 autour de Nike qui n'avait pas vérifié les conditions de travail de certains de ses sous-traitants qui recouraient au travail des enfants. Le rattrapage de sa perte d'image et de réputation a été long à reconquérir.
- Écrire et diffuser une charte achats : impacts des achats actuels sur les critères du développement durable, pratiques sociales et sociétales.
- Mettre en place un comité RSE achats. Comme pour la gouvernance d'entreprise, nous préconisons la mise en place d'une structure spécialisée RSE pour la fonction achats. Ce comité aura pour objectif de mettre en place une analyse des risques RSE sur son périmètre d'activité et pilotera le dispositif en installant des indicateurs d'alerte. Les acheteurs devront également être formés pour diffuser ses exigences RSE auprès de ses commanditaires internes et ses fournisseurs. En outre, un rapport sera remis régulièrement auprès des instances dirigeantes.

.../...

Politique achats

▸▸ **Introduire systématiquement dans les contrats une clause d'audit** et l'utiliser à bon escient pour évaluer la situation chez le fournisseur.

▸▸ **Introduire l'analyse du risque dans les reporting achats** et animer la démarche lors des comités de revue achats.

▸▸ **Communiquer et informer régulièrement les parties prenantes,** notamment en répondant aux exigences des lois Grenelle 1 et 2. Cela a un coût (administratif notamment) qu'il conviendra d'évaluer.

▸▸ **Accompagner ses fournisseurs à la mise en place d'une démarche RSE.** Dans le cadre des partenariats fournisseurs et dans le droit fil des plans de progrès instaurés dans certains secteurs, l'entreprise, pour limiter ses risques de perte d'image, aidera son fournisseur et ses sous-traitants à mettre en place une charte éthique des affaires : respect des conditions de travail, respect des rémunérations internes et externes, respect des droits de l'homme, respect de l'environnement. Le choix d'un fournisseur ne se fera plus uniquement sur les critères coût-qualité-délai, mais également sous l'angle environnemental et sociétal. L'acheteur participera alors à toute la chaîne de l'achat responsable avec son fournisseur : conception d'écoproduits en commun, recherche et innovation partagée, amélioration des processus de fabrication.

▸▸ **Associer le fournisseur et le prescripteur dans une recherche commune d'optimisation** telle que la conception à coût objectif.

▸▸ **Utiliser les outils de la norme ISO 26000.** Il s'agit d'identifier les parties prenantes, d'engager un dialogue avec certaines d'entre elles et d'intégrer dans la stratégie les recommandations qui ont un sens pour le développement de la RSE (identification de la responsabilité sociale).

▸▸ **Développer une veille environnementale et sociétale.** Lorsque l'acheteur souhaite optimiser le portefeuille achats dont il a la charge, il s'appuiera pour son *sourcing* sur un processus informationnel efficace. Une base de données sur les comportements et les implications en matière de RSE sera régulièrement alimentée pour chaque fournisseur potentiel. Cette base sera mise à jour par l'ensemble des collaborateurs travaillant avec la fonction achats afin d'optimiser le choix d'un fournisseur au moment des appels d'offres.

Politique achats

RECOMMANDATION N° 49

PASSER DE LA RELATION FOURNISSEURS À UN PROCESSUS DE « PERFORMANCE FOURNISSEURS »

La performance fournisseurs

La « performance fournisseurs » est un processus qui consiste à mesurer, anticiper et corriger les écarts de performance des fournisseurs, en les alignant avec la performance de l'entreprise et en cohérence avec les objectifs stratégiques de cette dernière. L'objectif premier est de s'assurer de la conformité aux attentes contractuelles (spécifications fonctionnelles et techniques, par exemple) et de proposer des solutions dans le but de satisfaire les clients internes. L'objectif plus global est d'assurer une sélection optimale des fournisseurs permettant d'améliorer la qualité (par exemple « zéro défaut ») et la productivité (maximiser le ratio valeur/coût).

Pour l'acheteur, il s'agit d'un outil de gestion actif du panel fournisseurs (comparabilité, référencement/déréférencement, taille du panel), utile dans la mise en œuvre des stratégies achats, et d'un outil de communication interne pour la résolution de problèmes impliquant plusieurs fonctions de l'entreprise.

Il s'agit d'inscrire les fournisseurs dans une dynamique d'amélioration continue (matérialisée par les plans de progrès fournisseurs), d'améliorer la compétitivité de l'entreprise en s'appuyant sur la compétitivité des fournisseurs (compétitivité partagée) et de permettre la recherche d'innovation auprès des fournisseurs (éviter les obsolescences, recherche d'avantages compétitifs). La performance fournisseurs est un sujet qui implique plusieurs services et fonctions de l'entreprise : production, achats, qualité, juridique.

Les dimensions de l'analyse de performance

Les critères d'évaluation ont évolué du traditionnel « qualité, coûts, délais » vers une évaluation de la performance globale du fournisseur face aux exigences stratégiques de l'entreprise. Ainsi retrouve-t-on des notions de service (performances logistiques et commerciales, traitement des réclamations), de risque (pérennité, *risk management* fournisseur), de conformité (*Reach*[1], RSE), voire d'éthique et d'alignement avec un référentiel de règles internes, etc. Le résultat de l'analyse est présenté sous forme d'une grille de critères notés et aboutit à une note d'appréciation globale (*rating*) permettant de classer les fournisseurs (par exemple, « a » en ligne avec la performance attendue ; « b » plan d'action de progrès ; « c » relation à revoir).

---

1. *Registration, evaluation and authorisation of chemicals* (Reach) est un règlement qui met en place un système intégré unique d'enregistrement, d'évaluation et d'autorisation des substances chimiques dans l'Union européenne.

Adapter le mode d'évaluation à la classification du fournisseur

La nature de la fourniture de biens ou services (fournisseur straté-gique, critique ou non, production ou hors production) et le type de relations que l'on a avec le fournisseur (purement transaction-nelle ou plus relationnelle, volume d'achats) constituent les deux éléments clés qui vont déterminer le contenu de plan d'analyse de mesure de la performance.

La matrice[1] ci-dessous permet d'analyser le portefeuille achats selon quatre natures d'achats et de positionner les natures de rela-tions fournisseurs. Il s'agira alors de développer le type de relation qui correspond à chaque catégorie de fournisseurs.

Figure 9.2 – Matrice risque/création de valeur

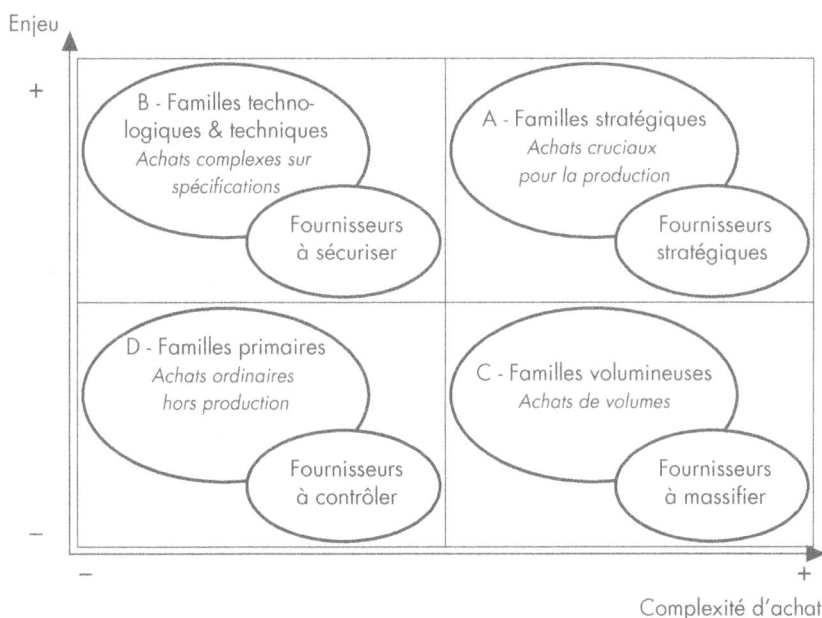

Il existe globalement deux niveaux d'évaluation : un niveau d'évaluation simple, fondé sur des critères quantitatifs mesurables et incontestables (partie par million [PPM], délais de livraison, taux de service) et dans une optique clairement transactionnelle

---

1. Inspiré de la matrice de Kraljic, du nom de son auteur (*Harvard Business Review*, 1983).

avec le fournisseur (approche valable avec les fournisseurs à taux de rotation élevé, sur des marchés de quantité avec des produits standard). Une évaluation de type partenarial ajoute un niveau au précédent et vise à l'amélioration continue de la performance fournisseurs. Elle s'appuie sur les critères quantitatifs précités auxquels s'ajoutent des critères qualitatifs (par rapport à des jalons à atteindre sur les plans progrès, mesure de l'effort de développement de nouvelles solutions, amélioration de la productivité, réactivité commerciale, synchronisation des flux, etc.). À ce second niveau, la dimension temporelle est importante car la relation est inscrite dans la durée. Il y a partage d'objectifs communs et souvent recherche de synergies sous la forme de réductions de coûts. Sont concernés des produits et services plus spécifiques incluant un coût de substitution à prendre en compte.

La mise en œuvre d'une approche collaborative avec les fournisseurs

La recherche d'une approche collaborative doit déboucher sur des zones de contacts où les intérêts communs entre l'entreprise et ses fournisseurs stratégiques sont susceptibles de converger, notamment sous la forme de synergies. Il s'agit de maximiser la valeur ajoutée produite par les deux partenaires en évaluant les enjeux associés à de meilleurs modes de fonctionnement et en identifiant les axes de progrès favorables à la création d'un processus de travail plus efficace. Cette démarche d'amélioration continue s'inscrit dans la droite ligne des méthodes issues du *lean manufacturing*[1], où la chasse aux gaspillages et la recherche d'optimisation font figure de loi, et prend souvent la forme d'un projet commun. Dans le même ordre d'idées, la (re)conception à coût objectif s'intègre pleinement dans ces projets. Il s'agit de faire travailler ensemble l'entreprise et le fournisseur avec un objectif commun, le premier connaissant le besoin réel et les flexibilités acceptables par rapport à ce besoin, et le second les inducteurs de coût et les alternatives techniques. Cette approche de coconception est très efficace car elle permet de se concentrer sur le juste besoin très en amont.

_____

1. Littéralement, gestion « dégraissée » de la production.

Sachant que 80 % des coûts sont figés dès la conception, elle permet d'agir en profondeur sur les inducteurs de coûts.

Le processus de pilotage de la performance

La mesure de la performance fournisseurs intervient à plusieurs étapes clés. Tout d'abord, au moment de la qualification puis du référencement (donc comme support au choix), sur la base de mesures déclaratives, d'enquêtes et de contacts avec des références du fournisseur. C'est une approche *a priori*. Ensuite, à des étapes clés de la relation avec le fournisseur : à la mise en œuvre d'un nouveau procédé, rupture technologique, etc. Selon une fréquence déterminée (généralement annuelle) lors des « revues fournisseurs » qui incluent également la revue des conditions contractuelles et tarifaires avec les éventuels ajustements (remise forfaitaire annuelle [RFA], pénalités, modification des volumes, etc.). Elle peut aussi être déclenchée dans le cadre d'un audit fournisseur, dont les conditions de mise en œuvre sont définies contractuellement, lors de la survenue d'un événement de nature à remettre en cause la relation.

Ce qu'il faut faire

Au niveau interne à l'entreprise :
- ▸▸ Assurer la disponibilité des acheteurs qui portent le processus d'évaluation.
- ▸▸ Positionner le système d'évaluation comme un outil de gestion active du panel (réduction du nombre de fournisseurs, taux de rotation, etc.).
- ▸▸ Alimenter correctement le système : collecte des informations (part de subjectivité dans l'appréciation des utilisateurs), centralisation des informations des sites vers les centrales.
- ▸▸ Diffuser la connaissance des termes du contrat par l'utilisateur pour bien apprécier la pertinence des résultats.
- ▸▸ Coordonner les plans d'action pour développer la performance.
- ▸▸ Avoir une attitude managériale consistant à résoudre les problèmes.
- ▸▸ Intégrer le système dans une approche transverse (achats, qualité, juridique, production, etc.) selon les besoins.

Vis-à-vis des fournisseurs :
- ▸▸ Préciser dans la charte fournisseurs les règles de fonctionnement du processus d'évaluation fournisseur.
- ▸▸ Communiquer sur les points de contrôle et sur les critères afin de rendre les fournisseurs proactifs.

.../...

Politique achats

▸▸ **Partager les résultats et créer les conditions du dialogue** en vue de la recherche de solutions.

▸▸ **Travailler les plans d'action qui conduisent à une démarche créatrice de valeur de type relation « gagnant-gagnant ».**

▸▸ **Amener éventuellement une approche d'évaluation inverse** en réalisant notamment des enquêtes de satisfaction auprès des fournisseurs pour savoir comment l'entreprise est perçue et sur quels points elle peut s'améliorer.

Éléments clés à prendre en compte dans un système d'évaluation de la performance idéal :

▸▸ **Avoir une approche TCO :** réduction des coûts, diminution de la non-qualité, etc.

▸▸ **Identifier les risques et l'impact sur le client final.**

▸▸ **Gérer au mieux le panel fournisseurs :** travailler avec les meilleurs fournisseurs, rationaliser le panel, définir le niveau de surveillance des fournisseurs.

▸▸ **Bien faire accepter le système :** par tous en interne et par les fournisseurs.

▸▸ **Avoir un système qui reflète la réalité en étant le plus objectif possible.**

▸▸ **La mise en place du système doit permettre de générer des gains par rapport aux moyens engagés.**

Conclusion

On ne peut plus parler aujourd'hui de performance de l'entreprise sans parler de performance achats. La performance achats est un sujet à multiples facettes (économique, juridique, industrielle, etc.) qu'il convient d'aborder de façon globale et transverse à l'entreprise, notamment en :

▸ repositionnant la fonction achats au cœur de l'entreprise ;

▸ se concentrant sur une notion de coût complet ;

▸ adoptant une approche par les risques ;

▸ pilotant la performance et la relation fournisseur.

Pilote
Sophie Macieira-Coelho, directeur financier, groupe Jennyfer

Auteurs
Luc Agopian, Senior Director du bureau de Paris, chargé de la practice Achats & BFR, groupe LowendalMasaï
Éric Salviac, directeur exécutif, cabinet de conseil Ernst & Young Advisory, chargé de la ligne de service Achats et Supply Chain

Politique achats

Chapitre 9

RESPONSABILITÉ SOCIÉTALE ET ENVIRONNEMENTALE (RSE)

INTRODUCTION

La question est toujours la même : que rapporte une démarche dite de responsabilité sociale, environnementale et sociétale (RSE) ? L'entrepreneur qui s'engage au-delà de la loi commune – *beyond the law* – et qui prend sur lui de pratiquer une démarche RSE, en attend légitimement un retour sur investissement puisqu'il s'agit d'anticiper des évolutions tout en restant dans une logique de marché ; il doit rendre des comptes sur la pertinence de ses investissements et sa compétitivité comparée.

Dans un contexte de forte pression financière, l'entrepreneur se demandera plus simplement comment l'entreprise peut créer de la valeur rapidement, en reprenant à son compte les enjeux sociétaux qu'on lui oppose (moins de carbone émis, conservation de l'emploi, soutien de la communauté, etc.). Cette recherche de « la création de valeur partagée » utile à l'entreprise et, plus largement, à la société est, aujourd'hui, la démarche recommandée par Michael Porter[1] pour ressourcer un capitalisme sur la défensive, trop loin des grandes problématiques qui l'entourent.

On considère outre-Atlantique que la responsabilité s'exerce plus ex-post, à travers l'affectation de profits au mécénat ou la philanthropie des actionnaires, alors que l'Europe insiste sur la qualité du

---

1. *Harvard Business Review,* janvier 2011.

processus de production en amont, où se décide la dimension « responsable » du modèle économique.

Dans tous les cas, la problématique est la même : l'élargissement de la finalité de l'entreprise au-delà des seuls actionnaires et l'allocation volontaire de ressources en ce sens – susceptible de renchérir les coûts de production –, n'est envisageable pour l'entreprise que si elle améliore son modèle économique. La RSE ne peut pas sortir de ce cadre simple.

La RSE est un nouveau mode de management dont le concept, encore en gestation, est un formidable levier d'innovation et de différenciation.

Depuis deux siècles, la croissance se réalise sur l'intensification de la consommation fondée sur le besoin quantitatif d'un marché à l'équilibre entre l'intérêt du consommateur et du producteur. Ce modèle a dû se soumettre progressivement à un cadre d'autorisation qui le régule *a posteriori* et qui, pour l'essentiel, a été construit de crise en crise…

Cet ancien *business model* est générateur d'une grande efficience dans l'allocation des facteurs de production, mais il est aussi porteur d'externalités négatives importantes.

Ce que la RSE apporte de nouveau à l'*équation économique* :

- l'introduction *a priori* de l'intérêt de la société lors de la prise de décision afin d'optimiser la gestion des ressources et la répartition de la valeur. Ainsi, même dans le contexte d'une économie de marché, les impacts négatifs seront réduits et les impacts positifs augmentés ;
- un nouveau mode de « gestion de la tension » entre l'objectif de satisfaction des marchés et son impact sociétal dans une vision élargie, globale et à long terme ;
- une logique collaborative, où l'acteur décentralisé va trouver un retour satisfaisant en termes de reconnaissance, de préférence, de gestion de ses risques, d'opportunités par réduction des coûts et recherches de nouveaux revenus.

Ce nouveau mode de management repose sur la prise en compte permanente des évolutions sociétales et la régulation des grands intérêts publics. Et garantit ainsi la pérennité du système.

Les dirigeants doivent s'interroger : en s'insérant entre la loi et le marché, la RSE est-elle assez substantielle pour faire bouger les choix des consommateurs et des investisseurs, et ainsi justifier la prise de décisions différentes ?

> Le déploiement et l'ancrage de la RSE dépendent fortement de la volonté de la direction et des cadres dirigeants, de la communication et de l'implication des collaborateurs.

La réussite d'une démarche RSE au niveau d'une direction financière repose sur quelques piliers simples :

- la mesure des impacts qui se mue aujourd'hui dans ce qu'il est convenu d'appeler la comptabilité extra-financière ; elle appelle une transparence accrue, dans les comptes, permettant de fonder une approche calculée des coûts et bénéfices d'une activité au regard de son environnement sociétal ;
- l'anticipation des enjeux afin de déclencher des dispositifs d'intégration progressive qui vont lisser dans le temps leur prise en compte dans les coûts et les rendre acceptables, voire les positiver si l'on sait créer des ruptures d'offre, de processus et d'usage ;
- la contractualisation, avec les acteurs de la société et les parties prenantes de l'entreprise, qui permet d'échanger des pressions critiques sur l'acceptation d'un nouvel équilibre et le souci d'un modèle de développement mieux partagé.

On voit bien par là qu'on ne se situe pas sur le terrain de la morale, avec lequel on veut confondre la RSE en logique « friedmanienne » excessive, qui renvoie à tort vers l'analyse comportementale (*business ethics*), ce qui relève en réalité de la régulation des marchés.

La RSE, dans sa conception stricte, procède d'une logique de rééquilibrage entre les coûts sociétaux issus des entreprises et les coûts de conflictualité imposés à ces mêmes entreprises.

Comme l'explique Michael Porter à travers le concept de « valeur sociale partagée », en créant de pair une valeur économique et une valeur sociale dans un processus innovant et collaboratif, on sort du débat crucial du XXᵉ siècle sur la redistribution pour entrer dans celui de la recherche de l'équilibre optimum entre la gestion des ressources et leur usage productif pour le plus grand nombre, ce qui coïncide avec l'appétence croissante pour un modèle dit de développement durable.

Responsabilité sociétale et environnementale (RSE)

Le positionnement nécessaire de la RSE au niveau de la gouvernance, l'acceptation des contraintes inévitables créées par ce nouveau mode de fonctionnement, une meilleure compréhension des données économiques extra-financières modifient le rapport de l'entreprise à son environnement, jusque dans l'utilisation des facteurs et la répartition de la valeur créée ex-post.

Cette mise en place d'un modèle d'intégration de l'action productive au service de toutes les parties prenantes dans un but de développement durable est la définition retenue par les représentants de près de cent pays qui ont travaillé pendant cinq ans pour définir la norme de responsabilité des organisations, ISO 26000.

La RSE améliore la productivité des facteurs, mais son apport principal réside dans le rapport de l'entreprise avec son environnement sociétal.

Une mécanique inéluctable est en marche au travers des « *mega trends* » de notre monde qui font que – démographie croissante et ressources décroissantes obligent – le découplage production/matière, la demande d'accessibilité aux biens, la recherche d'équité et l'indispensable légalité ne permettent plus aux entreprises de rester inertes, surtout si elles ne veulent pas être distancées par les pionnières de la RSE qui s'en font un avantage concurrentiel, pour servir les populations les plus réceptives.

Quelles sont les améliorations tangibles des facteurs, dues à la RSE ?

- La productivité du travail par une meilleure attention au capital humain dont l'entreprise peut tirer bénéfice au travers de la réduction des coûts, des pénalités et conflictualités ;

- l'innovation des entreprises par la fidélisation des talents ;

- la productivité du capital en réduisant les facteurs de risque. Elle rassure les investisseurs par une sincérité des comptes accrue et les fidélise, en intégrant une gamme de risques qui n'apparaissent pas vraiment dans les rapports financiers à ce jour : risques technologiques, de réputation, environnementaux, dont il est de plus en plus question dans les assemblées générales d'actionnaires aujourd'hui ;

- une meilleure conformité à la réglementation, dans des pays à faible gouvernance tout particulièrement ;

Responsabilité sociétale et environnementale (RSE)

la contractualisation avec les parties prenantes afin de pacifier les relations entre l'entreprise et son milieu dans un jeu classique gagnant-gagnant.

Le management RSE présente donc la caractéristique d'accélérer la capacité d'adaptation de l'entreprise aux pressions sociétales, mais s'il se limite à cela, il n'est pas un levier de performance distinctif ; ce n'est qu'une démarche d'optimisation du modèle libéral, présentant le double avantage de légitimer la position de l'entreprise et de lui faciliter l'accès à des marchés nouveaux. D'où le fait qu'elle profite d'abord à sa réputation.

RECOMMANDATION N° 50

DÉTERMINER LE DEGRÉ D'ENGAGEMENT DE L'ENTREPRISE ET INTÉGRER LA RSE DANS LE MODÈLE D'ACTIVITÉ DE L'ENTREPRISE

La première contrepartie d'une approche sociétale du management est bien l'amélioration de l'image.

L'image, premier stade de la relation « entreprise/société », est un bien mesurable, un actif immatériel important dont dépend l'attractivité globale de l'entreprise de nos jours. Certes, beaucoup d'entreprises s'en contentent aujourd'hui, sans assortir leurs allégations de preuves établies, ce qui explique la critique d'une « RSE pour l'image » qui paraît toujours insuffisante et mercantile aux yeux des adeptes d'une « autre croissance ».

Responsabilité sociétale et environnementale (RSE)

Ce qu'il faut faire

Avant de procéder à la mesure de l'impact de la RSE, il convient de déterminer le degré de positionnement de l'entreprise par rapport à son engagement RSE. En réalité, il y a plusieurs niveaux de RSE :

– 1er niveau : le modèle constant, dont la contrepartie économique est « l'image ». Ce premier niveau procède plus d'une adaptation au contexte présent qui sert l'entreprise à court terme via l'image essentiellement ; son apport est limité, voire défensif. Cette première étape procède d'un réflexe de prudence, les entreprises ayant peur « de changer la roue en roulant », considérant – à tort ou à raison – que le décalage dans le temps entre l'engagement

.../...

177

RSE et son possible retour sur investissement à moyen ou long terme n'est pas compatible avec les pressions de rentabilité imposées. Pourtant, cette étape incontournable a son sens et son utilité pour accéder à un niveau de prise en compte plus exigeant des attentes sociétales, le modèle prospectif.

– 2e niveau : le modèle prospectif – dont la contrepartie est « assurantielle » – consiste en une recherche d'amélioration du contexte général pour l'avenir. Il est plus contributif au développement durable. Passer au second niveau demande une vigilance à l'intégration sinon elle ne sera pas vraiment acceptée en interne.

– 3e niveau : le modèle d'échange par excellence tire l'ensemble des règles d'un marché vers des standards sociaux et environnementaux améliorés, applicables à tous les compétiteurs. C'est l'enjeu d'adaptation des termes de l'échange par excellence ; il dépend de la volonté des États souverains les moins normatifs, attachés à leurs avantages comparatifs, et des entreprises, soucieuses de tirer parti le plus longtemps possible de zones à faible gouvernance.

▸▸ **Mesurer l'impact de la RSE :** on s'aperçoit que cette prévention – rester au 1er niveau de RSE –, est largement surfaite car les coûts réels de la RSE sont souvent très inférieurs à ce qu'on en dit, d'une part, et le retour beaucoup plus significatif qu'on ne l'avoue, d'autre part, surtout à une époque où les ruptures de confiance ont un poids de plus en plus significatif dans les comptes. Les calculs coûts/avantages de la RSE, remis en logique assurantielle, sur un moyen terme, ont été étudiés et s'avèrent très positifs, ne serait-ce que parce qu'on élève les *due diligence* dans un cadre mondial lourd de risques imprévus (exemple récent).

Dans les trois cas, cela débouche sur de la création de valeur, au travers de la conquête de nouveaux segments de marché, à un niveau et à une vitesse qui dépendront à la fois de la crédibilité de l'entreprise et de l'attente du milieu sociétal auquel elle s'adresse.

La « RSE de 1er niveau », à modèle constant, atteint vite ses limites car elle ne tient pas compte de la dynamique entropique, c'est-à-dire des poussées fondamentales de l'environnement sociétal, et qu'elle prend le risque d'être toujours en retard sur le contexte. L'exemple le plus frappant est aujourd'hui celui du secteur pharmaceutique qui réagit essentiellement par du mécénat aux remises en causes apparues il y a dix ans à Pretoria et qui ne cesse de voir sa marge et son espace économique se restreindre, faute de proposer une adaptation structurelle de son rôle dans l'économie de la santé. Cette analyse largement débattue dans le secteur oppose les firmes européennes, tenantes d'une démarche plus collaborative sur le

Responsabilité sociétale et environnementale (RSE)

financement de la santé, aux firmes américaines attachées à la protection étroite de la propriété intellectuelle.

RECOMMANDATION N° 51

ANTICIPER AFIN DE MIEUX APPRÉHENDER L'ÉVOLUTION DU CONTEXTE DE L'ENTREPRISE

Aujourd'hui, la prise en compte du facteur contextuel influence de nombreux secteurs d'activité. On peut citer le cas du secteur chimique qui a dû faire face aux réglementations sanitaires croissantes (réglementation *Reach*), et celui de l'énergie, confronté à l'acceptation de ses infrastructures et de ses rejets (intégration du risque nucléaire) ou encore de la grande consommation, qui doit affronter la transparence sur ses conditions d'achat.

Ce facteur est plus ou moins facilitateur de leur développement, selon que les risques perçus par l'opinion engendrent de la défiance ou de la confiance à leur égard. Il existe à partir de là un paramètre majeur de la croissance qui est la qualité de la régulation public/privé, c'est-à-dire la façon dont les États et les firmes coopèrent ou s'opposent sur la définition et l'application des réglementations. Les lobbyings traduisent ces tensions.

Un secteur régulé dans le consensus sera plus efficace qu'un secteur où les protagonistes se combattent. Là se joue probablement aujourd'hui une partie de notre dynamique de croissance, liée à la qualité de la gouvernance générale et à la réalité des impacts pris en compte.

Cette acceptation simple ou complexe de l'évolution d'un secteur par la société relève de ce qu'on va appeler une « intelligence collective », au cœur de la durabilité des modèles. À titre d'exemple, le secteur agricole ne parvient pas à justifier son modèle productiviste et en pâtit, comme l'industrie agroalimentaire se voit contester sa qualité nutritionnelle et sanitaire ou le secteur automobile l'adaptation de son offre aux besoins réels de mobilité. En s'attachant à relever ces défis, un secteur trouvera une accélération et inversement, s'il se bloque, il subira un ralentissement de son « autorisation d'opérer ».

Responsabilité sociétale et environnementale (RSE)

Ce qu'il faut faire

Il convient d'appréhender les évolutions contextuelles en cours et de les anticiper :

▸▸ **Mettre en place un réseau de correspondants à la fois à l'intérieur et à l'extérieur de l'entreprise qui va permettre de réaliser une veille efficace.** Sa mission est la collecte et la remontée d'informations liées à l'entreprise et son environnement : réglementation, concurrence (plus particulièrement, les accélérations technologiques, les mutations socioculturelles, les interpénétrations multisectorielles…). Cette information est essentielle à la prise de décision des dirigeants, voire à l'anticipation des nouvelles postures à la suite de la mise en évidence des tendances émergeantes et des attentes des acheteurs afin d'évaluer les facteurs d'opportunités et de supplanter la concurrence.

▸▸ **Comprendre que la différence entre l'organisation d'une veille existante et celle d'un environnement RSE se situe dans la pertinence des remontées d'information vers la gouvernance ou les dirigeants décideurs.**

L'anticipation de cette relation et la recherche d'une solution de fond sont les raisons d'être d'une RSE de 2e niveau, au sens d'une réponse économique à un enjeu sociétal, durable pour l'entreprise et la société à la fois. Cette « RSE économiquement engagée » ouvre sur le concept « d'entreprise collaborative » qui dégage une « valeur partagée » forte et un vrai avantage concurrentiel.

> La RSE peut influencer positivement le modèle économique dans une approche volontariste et innovatrice qui cherche à faire de « l'intérêt social » un champ de création de valeur pour l'entreprise.

RECOMMANDATION N° 52

Responsabilité sociétale et environnementale (RSE)

RECHERCHER L'INNOVATION AU TRAVERS DES ATTENTES SOCIÉTALES NON SATISFAITES

Posé comme une stratégie, l'investissement RSE peut améliorer à la fois les revenus et la valeur de l'entreprise de plusieurs façons, plus ou moins substantielles…

À moyen terme, en diminuant ses risques par des relations étroites avec ses parties prenantes, l'entreprise abaisse « les coûts directs de conflictualité » et les coûts indirects. Il en est de même à travers des relations fournisseurs et clients améliorées et une bonne gestion sociale. Il s'agit de baisser les coûts assurantiels, les accidents, pénalités et contentieux. C'est le point qui sera le plus significatif sur son exploitation, à quoi peuvent s'ajouter des gains immédiats de réduction des gaspillages ou d'amélioration de l'efficience énergétique.

Mais c'est surtout en recherchant l'innovation au travers des attentes sociétales non satisfaites que « l'entreprise RSE » pourra dégager des gains de fonctionnement, lancer de nouveaux produits et aller vers de nouveaux marchés, à travers des processus plus économes en énergie et en matières, une meilleure utilisation des capacités, la dématérialisation des flux et l'optimisation des déplacements, etc.

La RSE, en phase avec les attentes montantes des consommateurs, ouvre sur des avantages concurrentiels, allant du design aux nouveaux usages, de la baisse des prix au repositionnement sur des cibles délaissées jusqu'ici (stratégies BoP[1]). De très beaux cas d'entreprises illustrent cela aujourd'hui avec succès (General Electric, Procter & Gamble, Danone…).

Ces stratégies d'adaptation aux nouvelles exigences et tendances créent des cercles vertueux : savoir-faire d'acquisition, obtention d'autorisations de marché, attraction des talents et des propositions.

Difficiles à comptabiliser, ces effets se constatent néanmoins à travers l'émergence de nouveaux business qui se substituent progressivement à des business matures.

Ce qu'il faut faire

Le calcul économique de ces retombées peut s'opérer pour partie dans la comptabilité des flux (ventes, charges…) lorsqu'ils peuvent être reliés à des programmes RSE. Ces gains peuvent être cernés de deux façons :

▸▸ **Utiliser les indicateurs extra-financiers** (environnementaux, sociaux et de gouvernance – ESG) ayant une pertinence économique, tels ceux utilisés par les agences de notation et les fonds d'investissement socialement responsable (ISR). Ils sont requis dans les reporting RSE proposés par des organisations comme la *Global Reporting Initiative* (GRI), voire demandés par les États comme le Danemark, les Pays-Bas, la France… Le suivi des performances et leur comparaison sectorielle éclaire ces données spécifiques. C'est tout l'enjeu de la métrique extra-financière qui est en train de se mettre en place autour du reporting RSE pour lequel la Commission européenne a lancé une consultation publique ;

…/…

Responsabilité sociétale et environnementale (RSE)

---

1. À la « base de la pyramide » ou BoP (*Base of the Pyramid*) selon son acronyme anglo-saxon : cette stratégie vise à assurer à un meilleur prix des services de meilleure qualité pour les quatre milliards de personnes vivant avec moins de 5 à 6 dollars par jour dans les pays émergents.

▸▸ Apprécier le *goodwill* au travers de :
  – la réputation *corporate* ou des marques,
  – la qualité du capital humain,
  – la qualité de la gouvernance,
  – la présence et de la part de marché de l'entreprise dans les déterminants de « la croissance verte ».

Des évaluations sont quantifiables, notamment par la méthode des coûts historiques. On rejoint le débat sur l'analyse de la valeur du capital immatériel de l'entreprise.

RECOMMANDATION N° 53

CONSTRUIRE LA MÉTRIQUE RSE ET CONCEVOIR UN TABLEAU RÉCAPITULATIF DES ENGAGEMENTS ET DES RÉSULTATS

La construction d'une « métrique RSE », intégrée progressivement aux comptes financiers (voir « *One report* »[1]), structurée de façon cohérente comme le réclament désormais les autorités de marché (recommandation AMF 2010), est le défi conceptuel et politique.

La métrique RSE traduit en termes économiques l'impact du facteur sociétal sur la croissance de l'entreprise, en plus de la performance de la bonne gestion de ses facteurs de production.

Responsabilité sociétale et environnementale (RSE)

Ce qu'il faut faire

▸▸ **Se doter d'un tableau récapitulatif des coûts et retombées de l'engagement durable de l'entreprise,** d'année en année, pour apprécier sa validité. C'est celui qui est recommandé dans les reporting de pilotage (voir les travaux de l'institut RSE management[a]), à travers une batterie d'indicateurs de pilotage de la performance RSE, parmi les suivants :
  – intensité énergétique sur le périmètre d'activité propre et indirect ;
  – part des énergies fossiles dans la consommation énergétique ;
  – part de marché répondant à des normes d'écoconception ;

_____

a www.institutrse.com

.../...

_____

1. Concept qui a donné corps au projet « Integrated Reporting ».

- pénalités et coûts assurantiels ;
- accidentologie (produits, salariés, fournisseurs) ;
- *turn-over* (segmentation cadres, recherche…) et part d'emploi hommes/femmes ;
- handicaps ;
- part de déchets non recyclés issus de l'activité (fournisseurs inclus) ;
- part des fournisseurs intégrés à des programmes RSE ;
- montant de la formation en lien avec des objectifs RSE ;
- taux de satisfaction (clients, salariés), etc.

▸▸ Si l'entreprise a des marges de manœuvre d'innovation à sa disposition, dans de nombreux cas, sa capacité d'internalisation des enjeux sociétaux, traduits en prélèvements, investissements et nouvelles normes, peut dépendre d'un contexte plus ou moins favorable : **si surcoûts il y a, il est plus simple de les lisser au sein d'un même secteur d'activité** afin que cela se fasse dans les mêmes conditions sur tous les marchés.

▸▸ **Sélectionner les indicateurs reflétant les choix d'intégration des enjeux sociétaux qui modifient l'offre et le fonctionnement de l'entreprise** pour améliorer les coûts, générer des ventes supplémentaires et créer une « dynamique collaborative » entre l'entreprise et son milieu environnant, soutenue par des relations authentiques avec ses parties prenantes ; ils aident à dégager un avantage concurrentiel perceptible.

> La question de la gestion des émissions de carbone est l'exemple type de cette intégration complexe de la contrainte CO_2 entre entreprises concurrentes sur le marché mondial. Ce qu'on a réussi à faire dans la gestion des déchets en Europe (responsabilité élargie des producteurs), assez bien internalisée car transférée au consommateur, n'est pas forcément possible lorsque les conditions de concurrence ne sont pas homogènes. C'est toute la question des différentiels de coûts issus des divers contextes sociaux et environnementaux sur la planète qui fait de la RSE à la fois un problème pour certains et la solution pour tous !

De fait, la RSE est un enjeu dans la compétition mondiale, qui peut favoriser des mutations et produire des avantages comparatifs à moyen terme ou accélérer des substitutions et déstabiliser des secteurs, si les distorsions sont fortes et les termes de l'échange non régulés.

Quelles sont les conditions de succès à réunir pour que la RSE entraîne une performance des modèles économiques et serve la compétitivité des entreprises ?

Après la RSE de 1er niveau – traduite en bénéfice d'image – et la RSE de 2e niveau – exprimée en innovation et avantage concurrentiel –, la RSE de **3e niveau tire l'ensemble des règles d'un marché vers des standards sociaux et environnementaux améliorés,**

applicables à tous les compétiteurs. C'est l'enjeu d'adaptation des termes de l'échange par excellence, qui dépend de la volonté des États souverains les moins normatifs, attachés à leurs avantages comparatifs, mais aussi des entreprises soucieuses de tirer parti le plus longtemps possible de zones à faible gouvernance.

RECOMMANDATION N° 54

PRENDRE EN COMPTE L'IMPORTANCE DES STRATÉGIES D'ACTIONS COLLECTIVES

C'est tout l'enjeu des rapports discutés aujourd'hui entre l'Organisation internationale du travail (OIT) et l'Organisation mondiale du commerce (OMC) à propos de la création d'une organisation mondiale de l'environnement, qui n'a pu voir le jour à Copenhague, et des avancées tentées à l'Organisation de coopération et de développement économiques (OCDE) sur le contrôle de la corruption et des paradis fiscaux, etc. Faute d'une gouvernance économique mondiale, en gestation au G20, et de standards de bons comportements sociaux et environnementaux applicables à tous les acteurs, l'entreprise peut craindre de s'engager dans une RSE qui défavorisait l'activité vertueuse au profit de concurrences prédatrices dans certaines situations.

Cet enjeu d'engagement va conditionner l'impact de la RSE sur la compétitivité de l'entreprise à long terme.

Responsabilité sociétale et environnementale (RSE)

Ce qu'il faut faire

▸▸ **Élaborer des standards communs** dans le but de peser sur les règles d'échange, de financement public, d'appels d'offres, les accords sociaux et les normes. À l'exemple de ce qui s'est fait dans le secteur du ciment, c'est ce que tentent les secteurs des mines (EITI), de la finance (PRI) et bien d'autres pour que les entreprises responsables servent de référence et non l'inverse.

▸▸ **Favoriser une adéquation sociétale optimisée,** tournée vers la satisfaction des attentes élargies au-delà du marché, au-delà du moment présent, qui dégage une autorisation d'opérer avantageuse, qui va faire préférer telle entreprise plutôt que telle autre par les investisseurs et les régulateurs, par les talents et les clients « en avance ».

.../...

© Groupe Eyrolles

▸▸ **Optimiser les « coûts de conflictualité »** permet de dégager une bonne productivité des facteurs inhérents à toute démarche économique, faite d'arbitrages entre les allocations de ressources et de valeur. Plus une firme est responsable, plus sa capacité de projection et d'acceptation dans la dynamique générale de son contexte est forte.

▸▸ **Corréler le « facteur de potentialité » au taux de confiance mesuré auprès des parties prenantes** constitue un investissement très substantiel dans le temps, très fragile aussi. En trouvant son compte à travers l'activité et le modèle de l'entreprise qu'elle juge, la collectivité lui transfère une marge de manœuvre qui est son prix d'accès au développement.

La performance RSE se retrouve bien dans ce « prix d'accès » à la société et inversement, au-delà de ce qu'elle apporte intrinsèquement à l'amélioration du mode de fonctionnement concurrentiel de l'entreprise, lorsqu'il est tiré par une demande de « durabilité ». Plus notre société contemporaine prend la main sur l'organisation politique et économique, comme c'est le cas dans un contexte d'enjeux publics croissants, d'économie de marché et de démocratisation des décisions, plus ce concept s'impose comme un management performant.

RECOMMANDATION N° 55

INTÉGRER LES POLITIQUES RSE DANS LA GESTION DU MODÈLE ÉCONOMIQUE EN S'APPUYANT SUR UN REPORTING ÉVOLUTIF, VÉRITABLE SOCLE DE LA RSE

La condition principale de succès des démarches RSE repose en tout état de cause sur la transparence des données. En dehors d'un reporting pertinent qui permet de situer les performances, de comparer leurs évolutions et qui donne aux investisseurs et aux autres parties prenantes la situation objective, il ne peut y avoir de politique RSE en logique économique qui ne s'inscrive dans l'évaluation des risques et des opportunités, des forces et des faiblesses comparées.

> Le reporting est le socle de la RSE, que l'on veuille justifier sa bonne image, que l'on cherche à dégager des progrès par l'innovation ou à tirer tout un secteur vers des standards communs plus élevés.

Toute l'évolution en cours du reporting RSE a pour objectif de tourner la page des rapports d'affichage, actes de communication autonomes, valorisant des démarches d'engagement empathiques,

Responsabilité sociétale et environnementale (RSE)

afin de passer de l'étape d'image – désormais saturée (« *don't tell me, prove me* ») – à l'étape de l'intégration des politiques RSE dans la gestion du modèle économique, expliquées et analysées au sein du rapport de gestion. C'est le sens du mouvement promu par l'International Reporting Committee. C'est ce que favorise la loi française Grenelle 2 (devenue L. 225 102 du code de commerce).

Elle reste encore une démarche partielle, encouragée par peu de pays ; elle ne trouvera sa place structurelle dans l'information financière que lorsque les autorités comptables d'une part, et les autorités de marché, d'autre part, réclameront l'application de normes environnementales, sociales et de gouvernance (ESG) élaborées de façon consensuelle. Le mouvement est enclenché, ne serait-ce que parce que nombre d'investisseurs utilisent de plus en plus ces données.

Ce qu'il faut faire

▸▸ **Construire un reporting de pilotage,** en plus du reporting de conformité, pour que l'entreprise rentre enfin dans une logique coût/bénéfice nécessaire. Elle apporte en l'état un regard nouveau sur les politiques RSE à destination des publics dirigeants (conseils d'administration, comités exécutifs, directions métiers, pays, fonctionnelles…), pour les aider à apprécier si leur entreprise est bien positionnée dans une logique de création de valeur durable.

▸▸ **Proposer aux acteurs internes des schémas de construction de programmes étudiés pour répondre aux enjeux sociétaux,** avec une appréciation des coûts et des retours sur investissement (ROI) dans un calendrier à moyen terme. La démarche d'intégration financière apporte à la direction développement durable une légitimité fondamentale ; elle quitte le terrain de la communication pour entrer dans le modèle de développement. C'est l'outil « business plan développement durable (DD) ».

▸▸ **Identifier tout ce que l'entreprise peut faire pour transformer les évolutions du modèle durable en opportunités de création de valeur** à travers plus de découplage, d'accessibilité, d'équité et de légalité dans ses modes de production. Cette intégration du DD dans le *business model via* les programmes de RSE et d'éco-innovation, associés à des politiques publiques de croissance verte, de R&D et de fiscalités régulatrices (crédit d'impôt recherche, bonus/malus…), conduit les directions développement durable à changer radicalement de processus de travail. Ce « business plan DD » débouche sur des programmes plus ou moins prioritaires, en fonction d'un critère de criticité en termes de risque, mais aussi de ROI pour l'entreprise, dans un calendrier prévisionnel et une double démarche de diminution de sa vulnérabilité et d'optimisation de son avantage concurrentiel.

▸▸ **Penser autrement la RSE qu'en logique d'investissement,** autour de critères nouveaux qui finiront par s'imposer partout.

CONCLUSION

On assiste à une multiplication des référentiels et des démarches dans cette période particulière de mise en place des politiques de RSE et de développement durable volontaristes – de 2e degré – sous la pression des marchés ou des régulateurs. L'ISO 26000 est le premier cadre de définition de la responsabilité d'une organisation, non certifiable à ce stade.

Les entreprises peuvent s'en inspirer pour construire leur démarche, mais elles ne peuvent pas revendiquer de label ISO 26000 et ceux qui le leur proposent engagent leur évaluation sur l'état des processus mis en place… Grenelle 2 est le cadre de reporting français pour expliquer la démarche de développement durable et renseigner la performance sur plusieurs dizaines d'indicateurs fondamentaux, au sein du rapport de gestion.

C'est une démarche de transparence dont la force tient aussi à son champ et à sa vérification par un organisme compétent indépendant (commissaires aux comptes).

La convergence de ces outils, leur intégration généralisée dans la comptabilité privée et leur utilisation universelle conditionnent largement la reconnaissance des performances RSE dans la vie économique. Il faudra encore probablement une décennie pour parvenir à une approche cohérente universelle, mais le chemin parcouru en ce sens donne de la crédibilité à cette hypothèse, tirée par le besoin d'harmonisation des calculs financiers.

L'avancement de la transparence des performances sociales et environnementales des entreprises dépend encore largement des États qui sont de plus en plus nombreux à se doter de politiques publiques d'encouragement à la RSE, comme c'est le cas de la Chine et de l'Inde depuis peu, ou de l'Europe et de pays comme l'Afrique du Sud.

Cette reconnaissance des performances sociales et environnementales des entreprises « responsables », dans les marchés publics ou par l'attribution de prêts, vient compenser utilement des investissements en ce sens et rééquilibrer les efforts volontaires. C'est un signal de marché dynamique qui a toute sa place dans une stratégie de développement, laquelle s'inscrit pleinement dans la régulation des marchés et l'accès aux biens publics.

Responsabilité sociétale et environnementale (RSE)

L'encouragement public tire dans le sens de la RSE de 3e degré en créant une dynamique incitative pour les meilleures. De ce point de vue, la RSE n'est plus seulement un acte volontaire et la recherche d'un avantage concurrentiel pour l'entreprise ; elle est aussi son intégration dans une stratégie qui fait du développement durable un objectif collectif, qui passe par une régulation des marchés et un encouragement des modes de production et de consommation au plus proche des intérêts publics. L'entreprise y participe dans la mesure où elle perçoit qu'une bonne régulation, tendant vers un optimum collectif dans la distribution des richesses, est plus dans son intérêt que la désorganisation sociale et économique, source de ruptures, de dysfonctionnements et de rentes.

Pilote
Édith Bianchini, directeur administratif et financier, présidente du groupe Côte d'Azur de la DFCG

Auteurs
Édith Bianchini, directeur administratif et financier, présidente du groupe Côte d'Azur de la DFCG
Patrick d'Humières, président, Institut RSE management

Responsabilité sociétale et environnementale (RSE)

Chapitre 10

RESSOURCES HUMAINES ET MANAGEMENT SOCIAL

Le lecteur ne doit pas s'étonner de trouver dans cet ouvrage des recommandations liées aux ressources humaines. Loin de vouloir s'immiscer dans le périmètre des compétences de nos collègues DRH, ces recommandations nous paraissent légitimes dans les nombreuses entreprises où le directeur financier est appelé à gérer les deux fonctions. Elles peuvent répondre également aux enjeux communs des directions financières et de ressources humaines, notamment par l'importance que peuvent représenter les différents postes liés aux ressources humaines dans les reporting financiers d'une entreprise.

INTRODUCTION

Chaque entreprise est unique. Son niveau de performance dépend de sa structure juridique, de son actionnariat, de sa taille, de ses marchés, de ses clients, de la concurrence, de sa culture, de la réglementation, de l'évolution technologique, de la localisation de son bassin d'emploi... mais aussi et surtout des femmes et des hommes qui, au quotidien, travaillent pour elle, l'organisent et la font fonctionner.

La problématique générale peut donc se résumer par cette question : comment s'assurer que les ressources humaines sont correctement mises sous tension pour contribuer à la création de valeur économique ?

Toutes sont confrontées, à des degrés divers, à un environnement en pleine mutation caractérisé par :

- la globalisation de leurs marchés, qui renforce la pression concurrentielle et oblige à une adaptation permanente de la stratégie et des structures ;
- l'accélération du temps, qui réduit la visibilité de l'entreprise. Faute de pouvoir maîtriser les paramètres conditionnant son avenir, l'entreprise privilégie souvent les décisions de court terme, son horizon à moyen terme se limitant souvent à douze mois et celui du long terme à maximum deux ou trois ans. Elle est entrée dans l'ère de l'adaptation immédiate et de l'ajustement permanent, sur le principe de la flexibilité mise au service du client dans un objectif d'optimisation de la rentabilité ;
- la multiplication des informations disponibles, accessibles par tous et véhiculées en temps réel par des medias variés (Web, Intranet, courrier électronique…), informations souvent vite diffusées, très vite dépassées, qu'il est de moins en moins possible, faute de temps, d'analyser et de trier ;
- une exigence accrue en matière de performance économique pour créer de la valeur, rémunérer les capitaux investis et assurer sa pérennité, obligeant l'organisation à s'adapter et à réduire ses coûts en permanence pour dégager une rentabilité attractive ;
- le changement du rapport au travail : les plans sociaux, les délocalisations ont modifié les rapports du salarié avec l'entreprise. La relation s'est contractualisée, chaque partenaire se sent désormais libre de rompre à tout moment. La génération Y exprime, elle, une autre vision du monde du travail, dont il faudra tenir compte.

L'environnement de crise est certainement toujours d'actualité. Aussi, la préoccupation première des entreprises demeure la sauvegarde de leur trésorerie et de leur résultat. Or, la masse salariale, qui est la traduction financière des ressources humaines, représente de 30 à 90 % du total de leurs charges d'exploitation. La maîtrise de ce poste est, et le restera encore pour longtemps, l'une de leurs préoccupations majeures nécessitant les efforts conjoints de tous les acteurs (direction générale – DG, direction des ressources humaines – DRH, direction administrative et financière – DAF, management opérationnel).

Maîtriser la masse salariale signifie que tout gaspillage est évité, que les risques sont sous contrôle, que l'organisation en place est la plus efficiente possible. Dans cette optique, notre première recommandation sera, dans une matière évoluant plus que de raison, de s'assurer que la réglementation est bien appliquée, que les risques sont identifiés et que des stratégies de gestion des risques sont mises en place et suivies. Notre deuxième recommandation sera de mettre sous contrôle la masse salariale par la mise en place d'un pilotage par objectifs.

Les grands domaines RH (paie, formation, évaluation, gestion des compétences et des talents…) impliquent tous les acteurs de l'entreprise. Face à cette transversalité, notre troisième recommandation sera de mettre en place un management par les processus pour le domaine RH, afin de les rendre transparents, de les optimiser, de créer un référentiel commun, mais également de développer une nécessaire approche clients/fournisseurs entre la DRH, la direction financière et les autres acteurs.

On ne peut accroître l'efficience que si l'on met les équipes dans des conditions favorables à l'atteinte des objectifs devant conduire à la réalisation de la performance. Par ailleurs, dans un contexte de pénurie de main-d'œuvre qualifiée, à venir très rapidement, l'acquisition et la conservation de nouveaux talents est et restera un enjeu majeur. Notre quatrième recommandation portera donc sur un rapide examen des pratiques à mettre en œuvre pour attirer ses nouveaux talents, les fidéliser et les motiver.

Le public concerné est vaste : les missions RH d'un directeur financier d'ETI diffèrent de celles d'un directeur financier de PME. Le premier doit travailler en étroite collaboration avec une DRH structurée, alors que le second assume en général la fonction RH avec la DG.

La séparation des fonctions DAF et DRH, induite par l'étendue des spécialités à mettre en œuvre, a pour effet de compartimenter les deux fonctions. Il leur faut donc collaborer, afin de bâtir une vision globale et transversale au service de la direction générale.

C'est une caractéristique forte qu'il convient en permanence d'avoir à l'esprit.

RECOMMANDATION N° 56

S'ASSURER DE LA CONFORMITÉ
AVEC LA RÉGLEMENTATION EN VIGUEUR
ET METTRE EN PLACE UNE GESTION DES RISQUES

La masse salariale représente souvent le premier poste de charges (jusqu'à 90 % du total pour certaines entreprises). Toute erreur d'appréciation en la matière (erreur dans le calcul des éléments du brut, incohérence dans les assiettes de calcul des charges sociales, incohérence entre ces mêmes assiettes, mauvaise appréciation des bases de calcul des taxes assises sur les salaires : apprentissage, formation professionnelle continue [FPC], handicapés, etc.) peut conduire à des trop-versés significatifs.

Par ailleurs, le contrôle de la masse salariale, qu'il soit interne ou externe, peut s'avérer superficiel. La mission du commissaire aux comptes se limite en effet la plupart du temps à un contrôle de cohérence global, tandis que les audits externes n'ont bien souvent comme seul objectif que de récupérer le trop-versé et négligent d'identifier la cause des erreurs. Les contrôles internes exercés par le service paie (contrôles visuels des bulletins, notamment) se révèlent souvent inadaptés, alors que le contrôle de gestion « financier » est parfois désarmé face à la complexité que constitue la paie.

Parallèlement, le montant des redressements effectués par les Urssaf s'est monté à un milliard d'euros en 2009. Les conséquences financières de ces redressements, pour ceux d'entre eux qui ne seraient pas strictement justifiés, peuvent être lourdes : leur paiement obère la trésorerie de l'entreprise à un moment imprévu, même si parfois ceux-ci peuvent donner lieu à anticipation (provisionnement en cas d'incertitude), tandis que l'inscription de privilèges en garantie réduit son crédit auprès des banques, des fournisseurs et des sociétés d'assurance crédit.

La réglementation à appliquer est d'une extrême complexité. Ces dernières années, plus de trois cents textes sont venus, en moyenne, chaque année, apporter des modifications concernant :

- la multitude d'exonérations, de taux, d'assiettes, des heures supplémentaires non imposables ;

- les archaïsmes reconduits comme les congés payés non calés sur l'année civile, certaines sociétés ayant cependant résolu cette question ;

- les accords conclus par les partenaires sociaux qui ont transformé la masse salariale en un millefeuille complexe : rémunération de l'ancienneté, puis de la compétence, puis de la performance individuelle ou collective, puis rémunération différée, non soumise ou soumise à cotisation, etc. ;

- les changements de structure, fusions-acquisitions, cessions d'activité, qui engendrent d'incontournables accords de rapprochement des systèmes de rémunération et transforment le référentiel paie en un maquis impénétrable et parfois intraduisible en règles de calcul conformes.

Les processus RH qui conduisent à l'élaboration de la paie sont complexes et transversaux, tant en amont (recrutement, administration du personnel, gestion des temps) qu'en aval (écriture de paie, déclarations périodiques, états de reporting abordés sous l'angle de base de cotisation ou en synergie avec la finance sous un angle plus économique et de gestion). Or, on constate dans bien des cas que les procédures et les modes opératoires qui les sous-tendent ne sont pas formalisés, rarement mis à jour, souvent mal compris, non respectés ou contournés et, dans l'immense majorité des cas, sans vision transversale ni logique « client/fournisseur ». Il en résulte une médiocre qualité des informations en entrée : dossiers des salariés, maintenance du plan de paie, collecte des éléments variables.

Les actions judiciaires intentées par les salariés devant les prud'hommes, à la suite d'un licenciement ou d'une transaction n'ayant pas respecté entièrement la réglementation, sont toujours plus fréquentes.

Les partenaires sociaux recourent de plus en plus souvent à des expertises et n'hésitent pas à brandir le délit d'entrave lorsqu'ils estiment leurs droits non respectés, ce qui est de leur droit, bien entendu, mais doit inciter les directions RH ou DAF à s'armer pour s'organiser en conséquence.

En résumé, l'environnement législatif est de plus en plus détaillé, les partenaires sociaux et les salariés de plus en plus enclins à revendiquer la bonne application d'une réglementation dont on peut penser que sa complexité a atteint des sommets, réaction logique devant des situations d'abus souvent isolées, mais dont l'écho est plus général. Il en résulte un risque toujours plus grand de voir prononcer des sanctions financières, civiles ou pénales, sanctions toujours plus lourdes. Comment s'en prémunir ?

Ce qu'il faut faire

Renforcer le savoir-faire du service paie ainsi que la maîtrise des processus amont. Le processus conduisant à l'élaboration de la paie est transversal, les acteurs y contribuant sont multiples, mais un acteur est central : le gestionnaire de paie. Il existe peu de cursus spécialisés pour ce métier qui suscite peu de vocations, compte tenu de sa difficulté, parfois du travail dans l'urgence et dans le stress car situé en bout de chaîne. Ce poste nécessite une formation continue permanente, du fait de l'évolution constante de la législation, ainsi que l'accès à une documentation élargie et complète. Il doit être capable de contrôler le processus paie, s'assurer de la fiabilité du plan de paie, de la collecte et la validation dans les délais et sous une forme standardisée des éléments variables, puis leur saisie exhaustive de la façon la plus automatisée possible dans le SI paie, de communiquer et d'apporter son soutien à tous les acteurs opérant sur ce processus et, notamment, les managers de proximité, le contrôle de gestion, les services comptables. Il est enfin le garant de la mise en place et de la tenue de procédures et de modes opératoires adéquats en lien avec les règles de contrôle interne mises en œuvre dans l'entreprise.

▸▸ **Disposer d'une veille réglementaire efficace.** Toutes les entreprises doivent effectuer une veille réglementaire si ce n'est déjà fait. Encore faut-il s'assurer périodiquement de sa pertinence. Si cette veille réglementaire est interne, il convient de se demander si la documentation à disposition est à jour et régulièrement exploitée ; si le collaborateur chargé de son exploitation a les compétences requises pour la comprendre et la mettre en place ; et si le responsable RH se tient au courant de l'évolution de son environnement proche en participant à une association professionnelle, à la commission RH de son syndicat professionnel ou de la CCI, etc.

▸▸ **Recourir périodiquement à une mission d'optimisation des charges patronales.** La veille réglementaire peut être confiée à un conseil externe qu'il faudra mettre régulièrement en concurrence (tous les 2-3 ans). La plus-value de ce type d'approche est réelle. Ces prestataires disposent en effet d'un service de veille juridique performant, d'une expérience terrain élargie, d'une connaissance des positions des différentes Urssaf alors que le droit social est de plus en plus interprétatif. Le potentiel d'économie se chiffre, selon les entreprises, de 0,2 à 2 % de la masse salariale. Mais, au-delà d'un effet temporaire et positif sur les résultats, cette mission doit permettre d'établir un bilan exhaustif des cotisations, d'identifier

.../...

l'origine des écarts, de proposer la mise en place d'actions correctives, de transférer les bonnes pratiques, en un mot, de pérenniser les gains. Cela passe, pour le
DRH qui sera accompagné du DAF, par une lecture minutieuse du contrat de prestation en détaillant tout particulièrement les moyens à mettre en œuvre, les données
de restitution, les indicateurs de mesure à appliquer et l'identification précise de la
bonne atteinte des résultats. À cette condition, mais à cette condition seulement, ce
type d'audit devient un véritable outil de progrès, qui peut être renouvelé tous les 3-
4 ans.

▸▸ **Mettre en place une gestion du risque social.** Sécuriser son entreprise est une
préoccupation quotidienne de la direction générale qui s'exerce au travers
d'une démarche prospective avec la volonté de réduire les risques de toute
nature, notamment les risques humains : arrêts de travail, mauvais climat
social, prud'hommes, démotivation pouvant conduire à une contre-perfor-
mance, fort taux de *turn-over* et, sans présager de l'évolution de la réglementation, tout ce qui est désormais qualifié de risques psychosociaux. Le risque fait
partie de la vie de l'entreprise : ne pas en prendre, c'est, en soi, en prendre.

Le risque est donc un élément majeur de la création de valeur, mais
il doit rester en permanence sous contrôle dans le respect de la
réglementation en vigueur, ce qui fait partie de la fonction DRH/
DAF. Que recouvre le risque social ? Il s'agit de « l'ensemble des
facteurs internes ou externes à l'entreprise susceptibles d'affecter
temporairement ou durablement son fonctionnement dans ses
dimensions sociales et sociétales » [1]. Il déborde le cadre du risque
social-humain généralement entendu pour inclure la non-confor-
mité réglementaire (contrats et conditions de travail, accords
collectifs) et matérielle (congés non décomptés, par exemple), les
conséquences financières de ces non-conformités ainsi que
l'inadaptation du système d'information des ressources humaines
– SIRH (absence de *workflow*, d'informations décisionnelles, etc.).
Gérer les risques revient à répondre aux trois questions suivantes :

▸ Quels sont les problèmes qui peuvent survenir ?

▸ Que pouvons-nous faire pour éviter que ces problèmes ne se
(re)produisent ?

▸ Que ferons-nous s'ils se produisent, causant du tort ou une
perte ?

Les processus RH sont transversaux.

_____

1. Marc Salez, « La gestion des risques sociaux », revue *Échanges*, juin 2010.

Ressources humaines
et management social

La gestion du risque social ne peut donc être qu'une action collective mobilisant toutes les ressources et les compétences de l'encadrement sous la houlette de la DRH ou du DAF lorsqu'il exerce ou encadre ces fonctions.

Au plan pratique, il convient d'adopter une méthodologie rigoureuse :

> Identifier les risques

La cartographie des processus de l'entreprise (voir recommandation n° 65), si elle existe, permet de faire une pré-identification tout en gardant à l'esprit que le premier risque est de considérer comme normale une situation à risque.

> Évaluer les risques

La liste des risques identifiés pouvant être longue, il convient d'évaluer leur degré de criticité, ce qui permet d'ordonner cette liste en fonction de deux critères :

- la probabilité qu'il se concrétise ou la fréquence à laquelle il peut se concrétiser (très probable, probable, improbable, non connue) ;
- la gravité des conséquences (intolérable, très élevé, moyen, faible).

On peut alors bâtir le « graphique des risques » où ces derniers sont classés en fonction de leur probabilité d'occurrence et de la gravité des problèmes qu'ils peuvent engendrer. Ce graphique sert de support pour fixer les priorités des prochaines étapes.

> Élaborer une stratégie pour gérer les risques

Pour chaque risque, déterminer la stratégie la plus appropriée et la moins coûteuse :

- évitement : cesser d'offrir le service ou de réaliser l'activité parce que le risque est trop important (externalisation de la paie par exemple) ;
- acceptation : lorsque l'activité ou le service découle de la mission même de l'organisation ;
- réduction : dans ce cas, il convient de modifier l'activité afin de réduire la probabilité que le risque se concrétise ou de diminuer la gravité des conséquences. Cette stratégie doit être supportée par une politique et des procédures appropriées qui communiquent les attentes et définissent les frontières ;

Ressources humaines et management social

– transfert ou partage du risque en souscrivant par exemple une assurance ou en signant une entente contractuelle avec un prestataire.

Avoir toujours à l'esprit qu'en matière sociale, le risque est peu transférable et peu assurable, et que la responsabilité civile ou pénale continue de peser sur le donneur d'ordres.

▶ Mettre en œuvre ces stratégies

Il faut décrire les étapes au niveau pratique, mettre en place des procédures (schéma d'alerte par exemple), nommer un responsable à chaque étape du plan, l'expliquer à tous les collaborateurs concernés, s'assurer qu'il est bien compris et accepté. Si nécessaire, former tout le personnel de l'organisation afin qu'il comprenne la nécessité du plan de gestion du risque, les attentes, les procédures, les outils à utiliser…

Cela suppose aussi la mise en place d'outils de surveillance (enquêtes d'opinion, benchmarks…), d'indicateurs de pilotage (absentéisme, taux d'accidents du travail – AT, nombre de postes non pourvus, *turn-over*, taux de couverture en compétences clés…). Ces indicateurs ont toute leur place dans le reporting financier ou opérationnel.

▶ Contrôler

Procéder à une revue *a minima* annuelle du processus de gestion du risque. On doit alors être en mesure de répondre aux questions ci-dessous :

- Le plan fonctionne-t-il correctement, est-il respecté ?
- Les risques ont-ils changé ?
- L'organisation de l'entreprise a-t-elle été modifiée ?
- Les changements et les mises à jour nécessaires ont-ils été effectués ?
- La communication sur ce plan doit-elle être améliorée ?
- Doit-on procéder à des actions de formation ?

La gestion maîtrisée du risque suppose que l'on puisse mettre en place une cellule de crise susceptible d'intervenir à tout moment.

Pour compléter cette gestion du risque social, il convient de mettre en place une cellule de crise. Celle-ci doit être capable de prendre en charge à tout moment une situation de crise dès que le seuil d'alerte

Ressources humaines et management social

est déclenché. Les membres de cette cellule doivent être identifiés, formés à la gestion et au pilotage de crise, leur rôle dans la cellule clairement défini. Des exercices réguliers de simulation (tous les 12 à 18 mois) permettent de maintenir l'efficacité de cette cellule.

Le tableau ci-après donne une *check-list* (non exhaustive) des risques les plus couramment identifiés en matière sociale.

Tableau 11.1 – Risques plus couramment identifiés en matière sociale

Domaine	Nature du risque	Risques et enjeux
Développement RH	GPEC	Perte des compétences clés
	Mobilité fonctionnelle ou géographique	Déperdition des savoirs Démographie d'entreprise mal maîtrisée GPEC indifféremment différenciée
	Formation	*Knowledge management* (gestion des connaissances) insuffisamment appréhendé
	Recrutement	
	Communication interne	Entreprise insuffisamment réactive et apprenante
	Rémunération	Embauche de candidats inadéquats Pratiques discriminatoires à l'embauche Pas de savoir-faire en matière de conduite du changement Réactivité des lignes managériales insuffisante Culture management de projet insuffisante Climat social et paix sociale non sous contrôle Pas de vision ni de sens à l'action de l'entreprise Image employeur Image enterprise
Paie et administration du personnel	Paie et déclarations associées	Non-conformité matérielle ou réglementaire Risque financier Départ de personnel
	Gestion des temps et des activités	
	Administration du personnel	
Hygiène, sécurité et conditions de travail	Document unique, risques matériels, accident du travail, maladie professionnelle	Tarification AT/MP Risques psychosociaux (TMS, harcèlement...) Risques chimiques (cancérogènes, mutagènes...) Responsabilité pénale

▶ Externaliser la gestion de la paie

La paie est, avec la formation, un des axes majeurs d'externalisation dans le domaine RH. Les objectifs visés sont généralement de permettre aux équipes RH de se focaliser sur des missions à plus forte valeur ajoutée, de se décharger d'activités nécessitant des compétences spécifiques ou comportant un risque, ou encore de pallier une défaillance du personnel ou des ressources applicatives. Cette démarche peut être intégrée dans le cadre d'une réorganisation des RH.

Comme toute solution, l'externalisation comporte des avantages, mais aussi des inconvénients : créer une dépendance technique ou technologique, dégrader le niveau de service… C'est donc à chaque entreprise de déterminer, après application d'une méthodologie de prise de décision rigoureuse, si l'externalisation est la solution adaptée à son contexte spécifique. Dans tous les cas, l'externalisation suppose que les processus et le rôle de chacun soient clairement identifiés, explicités. Ce type de projet est une bonne occasion de s'en assurer ce qui, pour le DRH ou le DAF, est gage de maîtrise.

Il convient en prérequis de s'assurer que le processus amont de collecte des éléments de paie est maîtrisé avec un focus tout particulier sur les éléments variables, puis de sélectionner avec la plus grande rigueur son prestataire, enfin de s'entourer de toutes les compétences nécessaires pour la rédaction du contrat d'externalisation.

▶ Enfin, en cas de projets de reprise d'entreprise, intégrer le plus tôt possible la dimension RH.

Une reprise d'activité est un processus confidentiel mené par la direction générale qui s'échelonne sur plusieurs mois. Si les problématiques financières sont toujours prises en compte, les problématiques RH sont souvent négligées. Il est indispensable d'intégrer le plus en amont possible la DRH, afin de mesurer les écarts de pratique dans les modes de rémunération, la compatibilité des plans de paie et des SIRH, de s'assurer de la qualité des équipes en place et de développer le plus tôt possible les solutions à mettre en œuvre, les changements à opérer pour harmoniser les deux approches, dans le respect de la réglementation en vigueur tout en préservant les intérêts de l'entreprise et ceux des salariés. Cette implication sera optimisée si la DRH est accompagnée d'un spécialiste du contrôle de gestion RH.

Ressources humaines et management social

RECOMMANDATION N° 57

METTRE EN PLACE ET SUIVRE UNE GESTION RH PAR OBJECTIFS COHÉRENTS AVEC CEUX DU PÉRIMÈTRE DE LA FINANCE

Il a longtemps été considéré que les indicateurs chiffrés ne pouvaient pas s'appliquer à la fonction RH car celle-ci est trop centrée sur l'humain. Cette exception n'est pas fondée. La fonction RH doit être évaluée comme les autres afin de déterminer sa valeur ajoutée. Cela passe par la mise en place d'un système d'évaluation de ses pratiques.

Comme dans les autres domaines, ce système de pilotage doit être l'agrégation d'indicateurs et d'informations essentiels lui permettant de gérer son activité, de remplir sa mission, de prendre les décisions qui permettent d'atteindre les objectifs avec, néanmoins, quelques spécificités.

Une caractéristique forte de la DRH tient à la transversalité de ses processus, donc à la grande multiplicité de ces clients internes, qui ont chacun des besoins spécifiques :

- la direction générale fixe les cibles en matière de gestion sociale et s'assure qu'elles sont en phase avec la stratégie de l'entreprise (déclinaison de la stratégie business en politique RH : politique d'emploi, de rémunération, hygiène et sécurité, négociation sociale, climat social…) ;

- la DRH est garante de la conformité règlementaire et de l'atteinte de ces cibles par le déploiement de plans d'action afin de fournir notamment les compétences au bon moment et au meilleur coût, de mesurer l'efficacité des politiques RH et d'assurer le pilotage de leurs processus ;

- les responsables opérationnels, pour assurer l'atteinte de leurs objectifs, doivent piloter dans leur secteur les ressources, les compétences, la formation, la masse salariale, mais aussi les conditions de travail, l'absentéisme, le *turn-over*… ;

- les partenaires sociaux reçoivent les informations prévues par le code du travail (bilan social…), exercent les prérogatives liées à leur mandat et s'assurent du respect des obligations légales ;

- les salariés doivent, individuellement, être en permanence formés, motivés, informés, placés dans les meilleures conditions possibles, au regard de la stratégie et du contexte spécifique de l'entreprise, pour exercer leur mission.

Rappelons enfin, et ce n'est pas qu'une évidence, que pour être efficace et créer de la valeur, la mise sous tension des RH doit impérativement être alignée sur les politiques RH définies dans la stratégie de l'entreprise, qu'il s'agisse des objectifs à atteindre ou des plans d'action à mettre en œuvre.

Tout système de pilotage comporte une fonction de reporting et une fonction de pilotage :

La fonction de reporting (rôle de rétroviseur) mesure les résultats passés et, par comparaison avec les éléments budgétaires, fait ressortir des écarts. Elle permet de suivre les grandes variables : effectifs, nature des contrats de travail, flux (*turn-over*, absentéisme) et frais de personnel…

L'information diffusée est standardisée, son usage est uniquement interne, les informations financières y sont prépondérantes et en ligne avec les éléments comptables et budgétaires, sa périodicité de diffusion est le plus souvent mensuelle.

Une information standardisée suppose la définition d'un référentiel commun en matière de coûts de personnel et d'effectifs, points que nous développons un peu plus loin.

Cette fonction nécessite une forte convergence entre les données d'origine RH et finance, au risque de restituer des informations qui pourraient paraître contradictoires.

La fonction de pilotage, au sens strict, se matérialise par la publication d'un tableau de bord. Le tableau de bord fait le lien avec les plans d'action. Sa finalité est de permettre d'anticiper les situations, de prendre les décisions au plus tôt en fonction de l'écart par rapport à la cible.

Le tableau de bord comporte un nombre limité de données, majoritairement non financières et qualitatives. Il intègre des informations externes à l'entreprise (taux d'absentéisme et de *turn-over* de la concurrence par exemple). Sa production doit être rapide et adaptée au destinataire tant dans le temps que dans le contenu (les heures supplémentaires doivent être suivies quasi quotidiennement par le management de proximité, mais en fin de mois seulement par le DRH et le comité de direction).

Ressources humaines et management social

Les indicateurs à utiliser[1]

▶ Deux grandes familles sont à distinguer : les indicateurs de pilotage et ceux de performance.

▶ *Les indicateurs de pilotage* peuvent être subdivisés en deux familles :
  – les indicateurs de la gestion des RH permettent à la DRH de maîtriser sa fonction. Ils sont centrés sur les effectifs, les rémunérations, les formations… ;
  – les indicateurs du climat social (absentéisme, accidents, conflits…) permettent à l'encadrement de mesurer le niveau d'implication des équipes et de prévenir les dysfonctionnements sociaux.

▶ *Les indicateurs de performance* peuvent, là aussi, être subdivisés en deux familles : les indicateurs liés à la performance de la fonction RH (effectifs et coût de la fonction, respect des délais…), et ceux mesurant la contribution de la fonction RH à la réussite de l'entreprise. Les seconds sont souvent qualifiés de stratégiques car, soit ils donnent à l'entreprise des indications sur son devenir, ses points critiques (par exemple suivi du *turnover* des jeunes embauchés dans le service développement), soit ils mesurent la contribution de la fonction RH à la réussite de l'entreprise (dans une stratégie de développement à l'international, par exemple, le suivi du nombre de managers ayant une expérience multiculturelle…).

Typologie des informations RH

On le voit, au travers des indicateurs, il y a pléthore et une extrême diversité d'informations en matière de RH. Une classification est indispensable pour faciliter l'interprétation de toutes ces données et donc améliorer l'efficacité du système de pilotage.

---

1. Marc Salez, « Mettre en place les tableaux de bord de gestion sociale », revue *Rémunération globale*, janvier 2005.

Ce qu'il faut faire

▸▸ **S'assurer que les fondamentaux de la mesure de la performance RH sont en place.** Par « fondamentaux », on entend les deux fonctions clés d'un système de pilotage RH, les indicateurs à utiliser et la typologie des informations RH.

▸▸ **Choisir les indicateurs** en fonction de la stratégie et de la situation de l'entreprise à un instant T.

▸▸ **Mettre en place une gestion par objectifs de la masse salariale**
– Définir un référentiel commun d'effectifs et de coûts

Les ressources humaines donnent lieu à un pilotage au quotidien (s'assurer que les bonnes personnes sont présentes au bon endroit). L'arrêté mensuel permet de mesurer la performance financière par comparaison de la masse salariale budgétée avec celle réellement engagée, cette mesure donnant lieu à une analyse des écarts et à la mise en place d'actions correctives. Cette analyse porte à la fois sur le taux horaire (ai-je payé mes salariés au taux horaire budgété ou y a-t-il une dérive sur ce taux ?) et sur l'efficience : n'ai-je pas utilisé plus de ressources que prévu pour réaliser mon niveau de production ? D'où une comparaison de l'effectif réel par rapport à l'effectif budgété. L'adéquation entre ressources allouées et performance restituée est-elle assurée, optimisée ?

– Définir un référentiel commun d'effectifs

En termes d'effectifs, l'unité de mesure des performances socio-économiques est l'équivalent temps plein (ETP). Un ETP correspond à une charge de travail pendant une période donnée qui nécessite la présence à plein temps d'une personne. On raisonne généralement en ETP mensuel ou annuel. Par personne, on entend aussi bien un salarié qu'une ressource externe (intérimaire par exemple). La notion d'ETP est l'indicateur privilégié par le contrôle de gestion, beaucoup moins par le service RH, plus habitué à raisonner en effectif inscrit ou en effectif payé (bulletin de salaire), voire en effectif présent. Soulignons qu'un effectif présent n'est pas forcément un effectif au travail : c'est à chaque entreprise de déterminer la façon dont elle prend en compte les heures de formation, les heures de délégation, les heures d'information, et de s'assurer qu'il y a bien cohérence dans cette prise en compte entre la construction budgétaire et la restitution mensuelle des résultats. Sur ce point, il n'y a pas discordance entre la DRH et la DAF, la DRH raisonnant « engagement » et « base de taxe à déclarer », la DAF en élément permettant des restitutions de performance économique et financière. Ces « règles du jeu » doivent être formalisées et connues de tous les acteurs impliqués.

– Définir un référentiel commun de coûts de personnel

Le système d'information paie détermine le montant des salaires et des charges sociales payées : c'est la masse salariale paie. Certains SI paie plus élaborés calculent également mensuellement un certain nombre de provisions : provision pour congés payés, pour treizième mois, pour taxes assises sur les salaires… Ces montants (salaires et charges payés + provisions calculées) sont ensuite saisis ou interfacés dans le SI comptable. La comptabilité provisionne d'autres éléments : participation, intéressement, primes et bonus, ce qui donne lieu à la masse salariale comptable. La comptabilité enregistre également les factures d'intérim, les

.../...

dépenses de formation, les autres dépenses liées au personnel : frais de déménagement, médaille du travail, frais de mission, les provisions pour indemnités, litiges, etc., tout ceci conduisant à une notion de coûts de personnel à géométrie variable. Il est donc indispensable que chaque entreprise détermine sa propre définition, la codifie, la diffuse auprès des acteurs impliqués, la revisite régulièrement et s'assure de la cohérence de sa construction budgétaire avec cette définition.

▸▸ **Assurer une cohérence entre les données budgétaires, la paie et la comptabilité**
– Cohérence entre les données de paie et la comptabilité

Pour assurer cette cohérence, il convient de disposer d'un référentiel unique qui réponde à plusieurs objectifs :

- bien connaître les règles d'enregistrement dans le système de paie des éléments variables (congés, formation, heures de présence…), souvent pris en compte avec un mois de décalage ;
- s'assurer chaque fin de mois de la bonne affectation analytique des salariés dans le SI paie ;
- bien comprendre le processus d'enregistrement et de validation dans le SI paie des heures issues du système d'enregistrement des temps de travail et des activités, et s'assurer de sa cohérence avec les heures saisies dans le système de gestion de la production assistée par ordinateur (GPAO) ;
- maîtriser les règles de calcul des provisions déterminées par le SI paie ;
- s'assurer que les règles de *cut-off* (césure d'exercice ou de période) pour le déversement mensuel de l'interface paie et la détermination des provisions de fin de mois et de fin d'année sont bien appréhendées ;
- bâtir un découpage comptable des frais de personnel homogène avec le plan de paie et qui permette d'identifier immédiatement les causes de dérive de la masse salariale.

– Cohérence entre la comptabilité et les données budgétaires

- la construction budgétaire doit adopter un découpage similaire à celui de la comptabilité et à celui de la paie, tant au niveau du regroupement des éléments du brut par nature que de celui des charges sociales, ou encore de celui des provisions (principe des poupées russes) ;
- une mensualisation du budget permet l'analyse des résultats, tandis que l'approche en cumul mensuel facilite l'explication des écarts de fin de période ou d'exercice. Sur ce point, le sujet des congés payés est complexe à manier selon les règles définies par la DAF sur le plan du contrôle budgétaire ;
- pouvoir saisir les éléments budgétaires dans le SI comptable est un plus qui facilite par la suite l'automatisation du reporting ;
- être vigilant dans la construction budgétaire, pour le personnel direct, à donner une décomposition des taux horaires standard (calculés par équipe, par atelier selon la construction choisie…), par nature et facilement comparable avec les restitutions du SI paie (part du brut, part des primes, part des heures supplémentaires, pourcentage d'augmentation, etc.). Une décomposition similaire doit être réalisée sur les temps standard pour identifier notamment les écarts sur l'absentéisme.

…/…

– Formaliser les règles adoptées : les diffuser auprès des acteurs concernés, s'assurer de leur bonne compréhension, procéder à leur mise à jour au moins à chaque budget.

▸▸ **Fixer les objectifs et les suivre au moyen d'outils adaptés**

La fixation des objectifs s'effectue dans le cadre du budget. Le découpage analytique de ce budget, la restitution des éléments de paie, ainsi que la comptabilité analytique doivent être en cohérence avec le découpage opérationnel. Chaque manager opérationnel doit donc disposer d'une feuille de route comportant au moins deux états : un reporting financier et un tableau de bord.

– Le reporting financier

- est produit périodiquement par le contrôle de gestion (en général mensuellement), qu'il soit rattaché à la direction financière ou à la direction des ressources humaines ;
- s'appuie majoritairement sur les données comptables et également sur des données extracomptables ou de gestion ;
- permet de mesurer les écarts (au mois le mois et en cumul fin de mois) par rapport au budget tant au niveau du montant des frais de personnel alloué qu'à celui des ETP ;
- est standardisé quel que soit le service opérationnel destinataire pour faciliter la compréhension et la consolidation au niveau de l'entreprise ;
- une particularité : en secteur industriel, le budget mensuel et cumulé ne correspond pas aux montants issus du budget mensualisé, mais est le résultat de la production confiée à l'entité valorisé par les standards budgétaires.

▸▸ **À chaque entreprise de mettre en place le ou les états standard répondant à sa problématique.**

– Le tableau de bord

- est spécifique à chaque service opérationnel ;
- fait le lien avec le plan opérationnel : il identifie les principaux plans d'action dont la mise en place est nécessaire pour réaliser l'objectif (par exemple, dans un atelier de production sera mentionnée la date prévisionnelle de mise en service d'une nouvelle ligne de production dont la traduction, en tant que facteur déclencheur, devrait conduire à la réalisation de l'objectif budgétaire) ;
- suit les indicateurs pertinents (taux d'absentéisme d'un atelier de production, pourcentage d'ouvriers formés à une nouvelle technologie conduisant à une amélioration de la productivité, etc.).

Tableau de bord et reporting permettent donc à chaque responsable opérationnel d'identifier les écarts par rapport à son engagement budgétaire et de suivre les paramètres essentiels à la création de valeur dans son secteur. L'analyse des écarts est réalisée conjointement avec le service RH et le contrôle de gestion. De cette analyse résulte la mise en place d'actions correctives.

Notons enfin que certaines entreprises plus importantes dotent leur DRH d'un contrôleur de gestion social, devenu l'interlocuteur privilégié des responsables opérationnels. Cette création de poste conduit souvent à des progrès significatifs immédiats, mais ces progrès ne sont pérennes que si une étroite collaboration existe avec la direction financière et/ou du contrôle de gestion dans l'élaboration, le recoupement des informations, la mise au point des états de reporting.

Le tableau suivant reprend une typologie fondée sur les progrès humains proposée par Bernard Martory et déclinée en trois domaines : performance socio-économique, développement durable et risque social.

Tableau 11.2 – Typologie des informations RH fondée sur les progrès humains

PERFORMANCE SOCIO-ÉCONOMIQUE	Finalité : mesurer les progrès dans l'efficience de la gestion socio-économique de l'entreprise, mesurer la mobilisation des RH au service de la création de valeur.
Indicateurs de productivité	– CA/effectifs équivalent temps plein (ETP) ou masse salariale chargée + formes particulières d'emploi (FPE) – Valeur ajoutée/effectifs ETP ou masse salariale chargée + FPE – EBE^a/effectifs ETP ou masse salariale chargée + FPE – …
Indicateurs de mise sous tension des RH pour la création de valeur	– % de rétribution des performances individuelles/rétribution globale – Gravité des incidents : échelle 1 à 5 – Existence d'indicateurs de performance des processus et résultats obtenus – Nombre de réunions organisées en retour d'expérience – …
DÉVELOPPEMENT DURABLE	Finalité : mesurer le potentiel de l'entreprise pour l'avenir, s'assurer de la création de valeur au-delà de la courte période, mesurer la performance dans la durée.
Attractivité de l'entreprise	– Nombre de candidatures pour un poste – Taux de maintien du personnel – Emplois offerts/emplois acceptés – Taux de départ des nouveaux entrants (dans les 24 mois) – EBE/effectifs ETP ou masse salariale chargée + FPE – …

a. EBE = excédent brut d'exploitation.

Ressources humaines et management social

Développement des compétences	– % de personnel ayant élargi ses compétences sur son poste – Taux de recrutement, évolution de la pyramide des âges – Amélioration du taux et de la qualité de l'encadrement – Capacité à s'enrichir des compétences externes : taux de croissance externe – ...
Développement social	– % de femmes aux postes d'encadrement – Rapport budget de formation/coût d'exploitation – % de dépenses de formation par rapport au secteur – Existence d'une charte d'éthique et son respect – % de salariés n'ayant suivi aucune formation depuis 3 ans – ...
RISQUE SOCIAL	Finalité : mesurer les risques sur la continuité d'activité dus aux dysfonctionnements sociaux et montrer comment ces derniers peuvent entraver le progrès économique.
Évolution du climat social et risque de conflits	– Augmentation de la rétribution élargie sur les trois dernières années – Niveau de satisfaction du personnel (résultats enquêtes) – Ensemble des coûts du contentieux en RH – Moyenne des 5 ou 10 % des salaires les plus faibles/minimum national – ...
Indicateurs de dysfonctionnement	– Taux de *turn-over* par démission – Taux de conflits – Nombre d'heures de conflit/temps de travail – Taux d'absentéisme – Accidents du travail : gravité, fréquence – ...
Capacité de réflexion	– % de femmes aux postes d'encadrement – Taux de mobilité interne – Masse salariale des CDD + coût des intérimaires – ...

Ressources humaines
et management social

RECOMMANDATION N° 58

METTRE EN PLACE POUR TOUS LES DOMAINES RH UNE GESTION PAR LES PROCESSUS

La finalité des processus RH est de s'assurer que la bonne personne est à la bonne place au bon moment, pour le bon motif, avec la bonne rémunération.

Les processus RH sont nombreux. On retient traditionnellement : le recrutement, la paie et l'administration du personnel, la gestion du temps de travail, la rémunération, la formation, la gestion des emplois, des compétences et des carrières (GPEC), la mobilité géographique, l'hygiène, la sécurité et les conditions de travail, la négociation collective, la communication interne.

Ces processus concernent les salariés de l'entreprise et le personnel extérieur. Leur efficacité est un élément déterminant de la performance parce qu'elle crée les conditions pour permettre à chaque acteur d'apporter sa valeur ajoutée au projet de l'entreprise.

L'instabilité croissante de l'environnement, les changements de périmètre (achats – cessions – regroupement – éclatements d'unités opérationnelles), les migrations de SIRH, les réformes réglementaires, renforcent la nécessité de disposer de processus fiables, sécurisés, connectés au projet d'entreprise (et non collés à des contraintes techniques) et au meilleur rapport coût/qualité.

Les démarches qualité (démarche ISO 9001/2000, démarche qualité totale comme le référentiel proposé par l'European Foundation for Quality Management – EFQM) ont mis en avant depuis quelques années la maîtrise des processus comme l'un des piliers de la performance dans l'entreprise, alors que d'autres voix s'élèvent aujourd'hui pour reprocher à l'approche par les processus son trop grand formalisme et une trop grande rigidité qui ne seraient plus en phase avec la nécessaire réactivité induite par les nouveaux modes d'organisation.

Nous ne partageons pas cette opinion. Nous considérons au contraire que pour accroître sa réactivité dans un environnement instable, il est indispensable de maîtriser les mécanismes de fonctionnement de l'entreprise, de disposer d'un socle solide afin de pouvoir prendre les bonnes décisions en parfaite connaissances de cause. La maîtrise des processus contribue à créer ce socle de connaissances. Cette affirmation ne vaut *in fine* pour autant que l'exécution de ces processus pilotée par le management est réelle et efficiente.

Ce qu'il faut faire

Il faut mettre en place une démarche de management par les processus au niveau de la fonction RH.

L'approche par les processus est une approche orientée client, pragmatique et à l'écoute du terrain, dans laquelle l'entreprise est modélisée comme un ensemble de processus permettant d'identifier les besoins de ses clients et de les satisfaire par la délivrance du produit ou du service adapté. Elle se décline à plusieurs niveaux. Le niveau le plus haut correspond aux macro-processus de l'entreprise (définir la stratégie industrielle, par exemple). Ces macro-processus sont ensuite subdivisés en sous-processus, eux-mêmes segmentés en processus détaillés. Un processus détaillé n'est rien d'autre qu'un enchaînement de tâches opérationnelles utilisant des ressources pour apporter de la valeur ajoutée à des éléments d'entrée et les convertir en éléments de sortie conformes à l'attente du client, que ce dernier soit un client interne ou un client externe. On distingue trois familles de processus :

- les processus opérationnels, qui concourent directement à la réalisation du produit ou du service ;
- les processus support, qui représentent une activité interne, généralement transversale, et sont transparents pour le client. La DRH et la DAF en font partie ;
- les processus de management ou processus de pilotage : ils correspondent à la détermination de la politique et de la stratégie de l'entreprise, et à leur déclinaison en objectifs opérationnels, ainsi qu'au pilotage des actions mises en œuvre pour atteindre ces objectifs.

Une telle démarche ne peut être menée efficacement que si le management et les acteurs impliqués ont les compétences nécessaires. Elle s'effectue en quatre grandes étapes : la préparation, la réalisation, la validation et l'amélioration permanente.

Comme dans tout projet, **la phase de préparation consiste à organiser la démarche et à définir les conditions de son pilotage** :

- s'assurer en premier lieu que l'objectif visé est en en cohérence avec la stratégie de l'entreprise et fixer le périmètre à étudier (optimiser les processus RH, par exemple) ;
- dresser l'état des lieux : pratiques en place, documents disponibles, et le formaliser par la réalisation d'une cartographie des processus existants ;
- identifier les acteurs à impliquer, les groupes de travail à mettre en place, préciser les rôles et les responsabilités de chacun ;

.../...

Ressources humaines et management social

- définir la méthodologie à adopter et les supports à utiliser ;
- arrêter le planning et les règles de pilotage.

La phase de réalisation est la phase clé. Elle consiste à :

- **étudier exhaustivement tous les processus existants,** c'est-à-dire identifier les activités, les données en entrée et en sortie, les acteurs, les compétences requises, et les cartographier ;
- **constituer des groupes de travail transverses :** c'est un formidable moyen de décloisonner la fonction RH, de partager les connaissances, de comprendre la valeur ajoutée de chacun, de situer son action dans l'organisation, de faciliter la communication interservices, donc d'accroître l'efficacité et la motivation ;
- **identifier les dysfonctionnements** tant à l'intérieur de chaque processus que dans l'articulation des processus entre eux (identifier les éventuels doublons et les aspects non couverts) et bâtir au fur et à mesure les processus cibles.
- **décrire et formaliser les processus cibles** en ligne avec la stratégie de l'entreprise et, par comparaison avec l'existant, lister les axes d'amélioration ;
- définir pour chaque processus son pilote et son dispositif de pilotage ;
- **organiser un dispositif d'amélioration continue** (outil de type *plan, do, check, act* (PDCA), évaluation annuelle, benchmarking, etc.).

À titre d'illustration, examinons la contribution annuelle versée au fonds spécial Agefiph au titre de l'obligation d'emploi des handicapés. Elle est souvent considérée comme un processus incombant à la seule RH chargé de la déclaration annuelle et du versement l'accompagnant. Or, en dehors de l'obligation d'emploi, d'autres modalités d'exécution peuvent être mises en place par les services opérationnels (recours à des centres d'aide par le travail – CAT, par exemple) afin de diminuer la cotisation à régler. Il y a donc lieu d'organiser ce processus, qui devient alors un véritable processus transversal. De même, si l'entreprise est déjà engagée dans une démarche de responsabilité sociétale et environnementale – RSE, cette obligation d'emploi des handicapés est à intégrer dans le processus sociétal de l'entreprise (celui-ci comporte obligatoirement un volet lutte contre les inégalités, la discrimination, l'exclusion) ;

Tableau 11.3 – Les principaux processus généralement identifiés
dans le cadre des ressources humaines

Processus	Exemples d'indicateurs
Processus de pilotage : – Déterminer et mettre en œuvre la politique de GRH – Construire et suivre les budgets RH – Piloter la performance des processus RH – Gérer les dossiers RH initiés par les changements de périmètre de l'entreprise	– Tableau de bord – Tableau de bord + reporting – Tableau de bord avec indicateurs – …
Processus opérationnels : – Recruter et intégrer les nouveaux collaborateurs – Gérer la GPEC – Gérer la formation – Gérer les carrières et la mobilité – Gérer le processus d'évaluation – Gérer les évolutions salariales – Gérer les IRP (CE, DP, CHSCT…) – Gérer les accords collectifs – Gérer les changements organisationnels – Gérer le climat social – Gérer la communication interne – Gérer les temps de présence – Gérer la paie – Suivre les effectifs – Gérer les déclarations et les obligations légales liées au personnel – Gérer les départs – Gérer les retraites et les prestations associées – Gérer les litiges sociaux – Gérer la politique sociétale de l'entreprise – Gérer les règles de fonctionnement de l'entreprise – Mettre à disposition des opérationnels les supports et les documents nécessaires à la conduite de leur mission – Assurer la veille législative	– Nombre d'entretiens/recrutements – Nombre de personnes avec des compétences stratégiques – Évolution des dépenses de formation – Nombre de mobilités vers promotion – Nombre d'EIA*/nombre de salariés – Indice salaire Ent/indice des prix – Nombre de réunions tenues/nombre obligatoires – Nombre de nouveaux accords signés – Nombre de changements gérés – Taux de satisfaction du personnel – Nombre de retours boîte à idées… – Taux d'absentéisme, absentéisme CT – Nombre d'erreurs sur bulletin de salaires – *Turn-over* – Nombre de déclarations non produites à temps – Nombre de départs par nature, coûts – Nombre de départs, coûts – Nombre de litiges, durée moyenne – Écart salaire F/H – Nombre de dérogations sanctionnées – Nombre de sollicitations reçues, délai moyen de réponse – Nombre de modifications législatives
Processus support : – Gérer les données de base du SIRH – Gérer les dossiers individuels du personnel – Gérer la participation, l'intéressement, le PEE	– Nombre d'erreurs/nombre de modifications – Nombre de nouveaux documents

* EIA : Entretien individuel annuel.

211

RECOMMANDATION N° 59

S'ASSURER QUE L'ORGANISATION EST EN MESURE D'ATTIRER, FIDÉLISER, MOTIVER LES COLLABORATEURS

Dans le baromètre RH de CSC 2010, on peut lire que, pour réduire leurs coûts, les deux tiers des entreprises interrogées ont gelé leurs recrutements et que 37 % ont pris des mesures de réduction de leurs effectifs.

Mais la crise n'a pas freiné, bien au contraire, l'évolution de l'environnement et la pression des marchés. Dans une logique d'adaptation permanente, les entreprises sont contraintes, dans un rythme qui s'accélère :

- de décupler leurs efforts d'innovation pour créer de la valeur ajoutée partout où c'est possible, ce qui nécessite de libérer les énergies et de favoriser les initiatives ;
- de modifier leur mode d'organisation, en favorisant la transversalité afin de répondre au plus vite à la demande des clients ;
- d'acquérir sans cesse de nouvelles technologies induisant de nouveaux investissements immatériels en matière de formation, de qualification et de communication.

Cela nécessite de nouvelles compétences managériales et le recrutement de nouveaux talents.

L'arrivée de la « génération Y » a amplifié la profonde mutation de la relation entre le salarié et l'entreprise qui s'opère depuis le milieu des années 1990. Au décalage croissant entre les attentes des collaborateurs et leur propre perception du « contrat social » qui leur est proposé, s'ajoute une dégradation du sentiment d'appartenance et de la confiance vis-à-vis de l'entreprise ainsi qu'une perte de sens de la relation de travail. Aussi, les entreprises enregistrent une augmentation du *turn-over* de leurs jeunes recrues après deux à trois ans d'ancienneté. Or, recruter, intégrer et assurer la formation d'un collaborateur représente un investissement significatif.

Et puis, la capacité de développer et de conserver les ressources humaines demeure un prérequis pour la sortie de crise. Aussi, 88 % des DRH consultés[1] se fixent comme objectif prioritaire pour

1. Enquête CSC, *op. cit.*

les années à venir le recrutement et la fidélisation de candidats de bon niveau. Cet objectif est bien entendu à répliquer pour les fonctions finances.

Comment y parvenir ?

Le sujet est des plus complexes car il touche à la fois la culture de l'entreprise, ses valeurs, son savoir-faire en matière d'organisation collective et individuelle du travail, mais aussi les aspirations des salariés et ce, dans un contexte d'évolution permanente et de compétition mondiale.

Nous listons ci-après quelques grands domaines où agir afin de relever ce défi.

Comment renforcer son attractivité auprès des candidats à l'embauche et attirer les talents nécessaires à la sortie de crise tout en conservant ses collaborateurs dans un contexte à venir de pénurie de talents ?

Apparu à la fin des années 1990, le concept de marque employeur se définit comme « la mise en cohérence de toutes les expressions employeur tant internes qu'externes au service de la performance de l'entreprise »[1]. Il propose un cadre de réflexion fort utile, applicable quelle que soit la taille de l'entité.

Une entreprise a pour vocation de créer de la valeur au travers de sa performance, donc du profit, et rémunère le travail des équipes pour contribuer à celle-ci. Un lien identitaire et culturel doit permettre à chacun de comprendre le sens de cette performance. En appliquant la rigueur d'une démarche marketing, la marque employeur se propose de faire émerger ce lien et, par là même, de redonner du sens au travail de chacun, de redonner la même fierté à porter les couleurs de son entreprise que celle qu'on éprouve à porter un maillot dans une équipe. En cela, la marque employeur (le maillot) est un outil identitaire d'attractivité et de fidélisation, qui entraîne une excellente image sociale, renforce la culture d'entreprise, fédère autour de valeurs, d'une vision, d'un projet d'entreprise, développe la motivation de tous les collaborateurs.

Ressources humaines et management social

---

1. D'après Didier Pitelet, dépositaire du concept.

C'est une démarche de fond qui s'inscrit dans la durée, qui réclame de tenir un discours authentique, en phase avec le vécu des salariés. Les collaborateurs, qui sont les premiers ambassadeurs de l'entreprise, sont étroitement associés à cette démarche.

Ce qu'il faut faire

▸▸ **Renforcer son attractivité que l'on peut qualifier de « marque employeur »**

La première étape de cette démarche consiste à analyser ses pratiques en matière de politique RH, de qualité managériale, d'engagement sociétal et à bâtir un plan d'action pour les améliorer.

La seconde étape comprend l'identification de ses pôles d'attractivité, mais aussi de ses faiblesses, puis la mise en avant de son identité forte et originale qui singularise l'entreprise de ses concurrents (et pas seulement des valeurs évidentes et communes comme le respect de l'environnement et de l'humain).

La troisième étape consiste à communiquer pour être reconnu comme un employeur de choix. Cette communication s'effectuera par tous moyens : sur le Web (site, blog, témoignages vidéos de collaborateurs), dans les annonces, sur les forums, lors des entretiens. Elle se doit d'être authentique (sur les bonnes pratiques RH en matière de rémunération, de reconnaissance, de mobilité, de conditions de travail, de bilan personnel…, sur le climat social, les possibilités de développement personnel), transparente et exclut la langue de bois. L'entreprise doit à tout moment pouvoir apporter la preuve de ce qu'elle affirme et ne jamais oublier qu'à l'heure du Web 2.0, tout se sait rapidement sur la toile.

▸▸ **Accroître l'efficacité de son processus de recrutement**

Le recrutement est un des actes de management les plus difficiles, où l'erreur est lourde de conséquences. Il réclame beaucoup d'énergie pour recruter, mais aussi pour former et, en cas d'erreur, pour gérer les conflits puis se séparer… et recruter à nouveau.

Il est donc indispensable de s'assurer que le processus en place est complet (les bonnes questions sont posées), adapté et efficace.

Avant même tout recrutement, la DG donne la ligne directrice, précise l'évolution des métiers, des besoins en compétences stratégiques et valide le plan de recrutement.

Tout est mis en œuvre pour utiliser les compétences internes : affichage des postes vacants, développement de la mobilité, identification des souhaits d'évolution et du potentiel des collaborateurs. Des partenariats avec des écoles spécialisées, des centres d'apprentissage… sont développés.

Il faut ensuite :

– procéder à la définition du poste : s'assurer que ce recrutement est indispensable, c'est-à-dire qu'une modification de l'organisation ou une redistribution des tâches (après automatisation de certaines) n'offre pas une solution alternative, mettre à jour la fiche de poste s'il s'agit de pallier le départ d'un collaborateur et,

…/…

214

s'il s'agit d'une création de poste, s'assurer que les différentes missions, leurs positionnements, sont clairement identifiés puis rédiger la fiche de poste, ce qui est un travail partagé entre le responsable opérationnel et la DRH ;

– établir le profil du candidat, c'est-à dire définir : les compétences métier, managériales, comportementales et relationnelles (innovation, écoute, communication…) attendues, les compétences collectives dont il doit disposer pour contribuer au développement futur de l'entreprise (conduite de projet, gestion de l'innovation, sens de l'éthique…), les valeurs de l'entreprise avec lesquelles il devra être en parfaite harmonie pour tenir ce poste et les évolutions à lui proposer après plusieurs années ;

– enfin, ne pas oublier de :
  – définir les critères d'évaluation du candidat ;
  – prévoir sa formation, son accompagnement, son intégration ;
  – définir les médias à utiliser pour diffuser l'offre (utiliser le bon canal) ;
  – déterminer le niveau de rémunération proposé, les avantages divers attachés au poste, en tenant compte de la réalité du marché, mais aussi du positionnement dans l'entreprise.

La recherche puis le choix du candidat seront menés en ayant toujours à l'esprit que ce dernier doit répondre aux exigences du poste et non aux exigences financières, et en se demandant non seulement combien cette personne va coûter, mais aussi et surtout combien elle va contribuer à l'amélioration des performances de l'entreprise.

Le recrutement achevé, la DRH procède à son évaluation à l'aide d'une grille standardisée. Ces informations sont régulièrement exploitées, des indicateurs de suivi mis en place (par exemple, nombre de candidats par poste, durée moyenne du processus de recrutement, nombre de départs au cours de la période d'essai…) et examinés au cours de réunions de pilotage, un plan d'amélioration élaboré, suivi et régulièrement mis à jour.

▸▸ **Mettre sous contrôle la phase d'accueil et d'intégration de tout nouvel embauché**

Si l'accueil et l'intégration conditionnent largement la réussite de tout recrutement, ils sont malheureusement souvent négligés.

C'est au manager direct qu'incombe le pilotage de cette mission avec l'appui de la DRH : il doit accueillir son nouveau collaborateur dès son arrivée et l'accompagner dans son tour de l'entreprise, après s'être assuré que son poste de travail est prêt, premier pas vers l'établissement d'une relation de confiance. S'il existe, il lui remet son livret d'accueil au cours d'une réunion d'intégration organisée par le service RH où sont explicitées les grandes règles de fonctionnement (règles de sécurité, mutuelle, transports…) ; cela permet de répondre à la majorité des questions pratiques que se pose le nouvel embauché. Le programme d'intégration sera personnalisé par la remise d'un calendrier spécifique précisant les personnes à rencontrer, les sujets à évoquer, les formations à réaliser. Un séminaire d'intégration pourra être programmé. Dans le même esprit, une liste de documents à étudier (procédures, données techniques…) sera communiquée.

.../...

Ressources humaines
et management social

Le manager doit solliciter le plus tôt possible la créativité du nouvel embauché par la rédaction de rapports d'étonnement, par exemple ; il lui confiera rapidement les premières missions correspondant à ce qui a été annoncé lors du recrutement.

Un parrain, qui peut être le manager lui-même, est choisi au sein de l'équipe. Des points formels et réguliers où est privilégiée l'autoévaluation sont effectués et complétés par l'évaluation du manager. Celui-ci s'appuiera, autant que faire se peut, sur une grille des compétences métier et transversales ; il soulignera les progrès accomplis en donnant des signes de reconnaissance sur son travail.

Pour un jeune collaborateur, il est souhaitable d'adapter son mode de management et le contenu des premières missions confiées afin de prendre en compte ses attentes et ses besoins : besoin d'apprendre en favorisant l'autoformation et son goût pour les nouvelles technologies, besoin de développer le travail en réseau et sa capacité à entreprendre en laissant libre cours à son ingéniosité. En contrepartie, il faut être clair sur ce qui n'est pas négociable, comme le respect des délais et des engagements, et préciser petit à petit le cadre de travail et les règles à respecter.

Le service RH évalue par ailleurs à intervalle régulier (un mois, trois mois, six mois) le bon déroulement de cette phase d'intégration à l'aide d'une grille standardisée, complétée d'un entretien individualisé. La collecte de ces données, régulièrement exploitées, permet de mettre sous contrôle le processus par la mise en place d'indicateurs appropriés (nombre de points formels effectués en moyenne dans les trois mois de la période d'intégration, par exemple), d'identifier les points faibles, de mettre en place des actions d'amélioration (renforcer les points d'attention et le savoir-faire du management dans le cadre du recrutement d'un jeune embauché, par exemple).

▸▸ Renforcer les compétences managériales de l'encadrement de proximité

La complexité des modes d'organisation mis en place pour accroître la réactivité, tels que le travail en mode projet se télescopant avec l'organisation pyramidale traditionnelle, le travail en réseau, le développement du travail cognitif, une prise de décision plus décentralisée, rendent plus nécessaire encore l'implication des équipes opérationnelles pour atteindre des objectifs toujours plus ambitieux.

Le management de proximité a un rôle essentiel à jouer car il est l'animateur des équipes opérationnelles et le garant de l'atteinte des objectifs.

Toutefois, la perception de son rôle a changé. Un nombre croissant de salariés, et pas seulement ceux de la génération Y, ne reconnaissent plus de valeur ajoutée à rapporter à quelqu'un dont le rôle se limiterait seulement à contrôler leurs actions ainsi que le flux d'information montante et descendante au sein de l'organisation pyramidale. Pire, un tel rôle est souvent perçu comme un frein à l'efficacité, à l'innovation et à l'engagement personnel. Peut-on leur donner tort ?

Pour autant, le besoin, la crédibilité, la nécessité, d'un management de proximité ne sont pas rejetés. Ils doivent simplement être exprimés autrement, non plus dans le statut, l'autorité hiérarchique, mais dans la capacité à justifier d'une expertise et à en faire bénéficier, à animer et faire progresser l'équipe dans ses compétences humaines et techniques.

Nombre de managers de proximité sont mal préparés à cette mutation. Les DRH en sont conscients.

Plus des deux tiers des DRH[1] placent le développement des compétences du management comme axe prioritaire pour les mois à venir

Les compétences possédées, mais aussi mises en œuvre par le management de proximité, constituent un des leviers majeurs de la performance de l'entreprise.

Leur pilotage est essentiel. Cela passe pour chaque poste d'encadrement, par la confrontation des savoirs requis (consignés dans la fiche de poste) avec ceux possédés par le manager en poste, afin de déterminer les actions de formation à réaliser et de les planifier.

Parallèlement, il convient de mesurer la mise en œuvre de ses compétences (par exemple mise en place d'un indicateur mesurant le temps consacré à chaque collaborateur) et de renforcer, dans l'appréciation des managers, la part qui leur est dévolue.

Ajuster en permanence sa communication interne pour donner du sens au travail.

Le budget communication est souvent le premier à souffrir des réductions budgétaires. Pourtant, la communication interne est un facteur d'accompagnement clé de la performance de l'entreprise.

Véritable outil de management, son rôle consiste à émettre, écouter et échanger des messages, écrits ou oraux, formels ou informels afin :

- de créer un sentiment d'appartenance des collaborateurs, par la mise en commun d'un langage, d'une culture, de repères, de valeurs ;
- d'aider les collaborateurs à comprendre la situation générale de l'entreprise ; elle présente les ambitions, les réalisations, les perspectives, les projets concrets issus des orientations stratégiques et des engagements budgétaires de l'entreprise afin de favoriser l'atteinte des objectifs globaux.

La communication interne est également un vecteur indispensable d'accompagnement du changement. Sans explication, sans mise en perspective du contexte, sans présentation des bénéfices attendus, le changement est mal compris, mal interprété et finalement, rejeté. Elle permet de couper court à la rumeur et à la désinformation dont les effets sont désastreux sur la motivation des salariés, donc sur la performance globale de l'entreprise.

Ressources humaines
et management social

---

1. Voir enquête CSC, précitée.

Elle permet aussi aux collaborateurs de s'exprimer et d'exister, soit par une collecte et une diffusion régulière d'information (présentation d'un métier, d'un service, des nouveaux embauchés…), soit par la détection régulière de leurs besoins et de leurs attentes (enquêtes d'opinions, sondages, réunions informelles…). Ce second aspect, fort utile, permet de prévenir d'éventuels conflits.

Ajoutons que la communication interne en période de crise est un processus spécifique, indispensable, qui doit faire l'objet d'un entraînement régulier.

Il n'existe pas de modèle standard de communication interne. Chaque entreprise doit mettre en place sa propre communication en fonction de sa taille, de sa complexité, de sa stratégie et doit la revisiter régulièrement pour s'assurer de sa pertinence.

En cas de mauvaise communication d'entreprise, le risque est de voir se développer la « radio moquette » : les salariés en savent plus sur l'entreprise par les bruits de couloir que par la voix officielle. Cela peut se révéler dangereux et créer une mauvaise dynamique, où la moindre décision de la DG est discutée, contestée. Dans un tel cas, la seule solution est de faire une mise au point devant le personnel pour démêler le vrai du faux, exercice toujours périlleux.

L'entreprise ne peut également ignorer les modes externes de communication offerts par le Web 2.0, comme les réseaux sociaux où des informations peuvent circuler à son insu. Il est illusoire de penser pouvoir contrôler ces médias. Néanmoins, organiser la veille, par l'adhésion par exemple des collaborateurs volontaires aux différentes communautés, s'avère une mesure utile.

Pour être efficace, dans un monde où toute information est vérifiable, la communication interne doit être cohérente (avec la communication externe, avec l'image réelle de l'entreprise, avec les faits), régulière, adaptée, reconnue et transparente.

Les supports de communication sont nombreux, mais ne sont pas interchangeables : ils doivent être adaptés au message que l'on veut adresser, au public que l'on veut toucher, au degré d'urgence de cette communication. Bâtir un plan de communication interne est dans tous les cas un exercice indispensable. Sans oublier qu'une part essentielle de la communication est avant tout orale, que les écrits engagent, alors que les paroles s'envolent, que trop d'information tue l'information.

Le management de proximité tient en la matière un rôle prépondérant ; il doit connaître les techniques de communication et être en permanence informé sur les orientations stratégiques de la direction afin d'assurer un rôle de relais efficace et de faire prendre les bonnes décisions.

| Avoir une politique de rémunération compétitive et… contrôlée.

La rémunération est la contrepartie financière du travail produit dans le cadre des dispositions formalisées dans le contrat de travail et les différents supports connexes (lettre d'objectifs, de mission, notes d'activité…). C'est bien entendu un élément important pour attirer et fidéliser les collaborateurs, mais ce n'est pas le seul. Élément essentiel dans la gestion RH, elle est stratégique pour l'entreprise.

Pour être compétitif et contrôlé, un système de rémunération est, *a minima*, cohérent avec la stratégie de l'entreprise et perçu comme juste et équitable, afin de sauvegarder un bon climat social, ce qui suppose une évaluation et une classification préalable des emplois.

Il doit être compétitif par rapport au marché externe afin d'attirer et de retenir les compétences dont l'entreprise a besoin – ce qui ne signifie pas être systématiquement mieux-disant que la moyenne du marché –, et motivant, c'est-à-dire récompensant l'atteinte des objectifs, favorisant l'implication et la progression des performances, la mobilité.

Il doit être global car le salaire mensuel net n'est qu'une partie de la rémunération (voir les quatre éléments de la rémunération dans le tableau 11.4) et contrôlé : la masse salariale est maîtrisée, son évolution est en phase avec les objectifs budgétaires (maîtrise des effets mécaniques : effet report, effet noria, glissement vieillesse, technicité).

Une communication régulière et adaptée sur la rémunération – à côté des moments privilégiés que sont l'embauche, la fin d'année (lors des entretiens annuels et de la fixation des primes), la mise en place de nouveaux outils (système d'intéressement par exemple) – permet de dissiper les zones d'ombre.

Le bilan social individuel (BSI), remis à chaque salarié et non seulement aux seuls managers, constitue par ailleurs un excellent outil de communication.

| Disposer d'un système d'appréciation efficace.

Ressources humaines et management social

L'appréciation annuelle des performances et des compétences est un levier puissant pour à la fois motiver les collaborateurs et piloter l'activité ; elle complète efficacement la gestion par objectifs.

Les prérequis à la mise en place d'une telle démarche sont :

▸ l'implication de la DG et le choix de critères d'évaluation en ligne avec la stratégie de l'entreprise ;

▸ une organisation où les règles du jeu sont en place : chaque collaborateur dispose d'une fiche de poste qui décrit sa mission, ses domaines de contribution, les actions et les tâches à réaliser, les compétences requises pour tenir le poste. Il est alors possible de fixer des objectifs détaillés en ligne avec les orientations stratégiques de l'entreprise ;

▸ un management formé à la conduite des entretiens individuels annuels (EIA) et gérant son équipe au quotidien avec professionnalisme. Dans le cas contraire, le système peut conduire à la méfiance, au règlement de comptes et à la démotivation ;

▸ des EIA suivis d'effets pour les collaborateurs en termes de rémunération, formation, promotion, mobilité ;

▸ un système d'appréciation mis à jour régulièrement.

Les enjeux pour l'entreprise, par le biais de la DRH, sont stratégiques. Elle dispose ainsi annuellement d'un état à jour des postes et des informations pertinentes sur chaque collaborateur. Ces informations, bien exploitées, conduisent à la prise de décisions cohérentes en matière de rémunération, d'élaboration du plan de formation, d'évolutions de carrière, de mobilité, de recrutement. Par ailleurs, le système assure cohérence et équité entre les collaborateurs.

Pour le manager qui le conduit, l'EIA est un acte fort, un moment privilégié d'échanges avec son collaborateur qui permet, tout en dressant le bilan de l'année écoulée :

▸ de mieux connaître ses collaborateurs individuellement et collectivement ;

▸ de faire le point sur le travail accompli, d'échanger sur la fonction et la façon dont les missions sont remplies, en tenant compte des conditions particulières rencontrées ;

▸ de mesurer l'atteinte des objectifs ;

▸ d'évaluer objectivement les compétences et les performances ;

Ressources humaines et management social

- d'identifier les actions de formation nécessaires pour faire progresser son collaborateur ;
- de détecter les potentiels, les souhaits d'évolution et de mobilité ;
- de donner à chacun la reconnaissance de sa contribution ;
- de décliner les objectifs budgétaires de l'entreprise en plans d'action opérationnels pour son équipe ;
- de fixer à chacun des objectifs clairs précis et motivants car fruits d'un échange, donc de créer les conditions du pilotage de son activité pour l'année à venir ;
- en un mot, de créer les conditions nécessaires à la motivation.

L'appréciation s'effectue à l'aide d'un document établi spécifiquement pour l'entreprise, en fonction de ses objectifs stratégiques et des paramètres qu'elle souhaite mesurer.

Pour être efficace, ce processus doit faire *a minima* l'objet d'un bilan annuel au comité de direction, afin de s'assurer de son adéquation avec la stratégie. Un outil adapté facilite une exploitation rapide et efficace de chaque campagne d'EIA et la confection de ce bilan. Les indicateurs en place sont fonction du degré de maturité de l'entreprise, allant de la mesure de sa mise en place (par exemple : nombre d'EIA réalisés/nombre de salariés, nombre de fiches de poste existantes/nombre de salariés...) à des critères plus qualitatifs (par exemple : pourcentage du nombre d'EIA réalisés dans les délais, nombre de souhaits d'évolution professionnelle collectés, etc.). Ce bilan et la prise en compte des nouveaux axes stratégiques pour le prochain exercice permettent de définir les actions d'amélioration et de préparer la nouvelle campagne.

Tableau 11.4 – Les quatre éléments de la rémunération

Rémunération directe		Rémunération différée	Éléments périphériques
Fixe	Variable		
Salaire de base Complément individuel Complément lié au poste Prime d'ancienneté Treizième mois Primes conventionnelles	Prime sur objectif (individuelle ou collective) Bonus, commissions Prime exceptionnelle	Participation Intéressement Abondement PEE Stock-options Actionnariat Retraites supplémentaires	Avantages en nature Remboursement de frais Formation CE Prévoyance Ticket-Restaurant Participation crèche

Ressources humaines et management social

CONCLUSION

Une direction générale qui fédère autour d'une vision, d'un projet à bâtir porteur de sens pour chacun, un management opérationnel soucieux avant tout de créer les conditions pour faire progresser son équipe et atteindre les objectifs impartis, un management de proximité jouant parfaitement son rôle de relais efficace dans l'exécution de la stratégie, capable à la fois de partager la vision globale de la direction, mais aussi les préoccupations quotidiennes des équipes, des processus robustes et sous contrôle, où chaque acteur identifie son rôle et sa valeur ajoutée, une culture d'entreprise orientée client, un souci permanent de l'amélioration, des objectifs ambitieux fixés à chacun, une masse salariale et des effectifs maîtrisés sous les efforts conjugués de la direction des ressources humaines et de la direction administrative et financière, des règles du jeu partagées et transparentes, voici les conditions dans le domaine RH et management pour bâtir durablement une organisation performante, possédant la solidité, mais aussi l'agilité pour relever les défis qui sont devant nous. Les recommandations qui précédent ont pour objectif d'accompagner le directeur financier qui serait amené à encadrer et développer ces thématiques.

Pilote
Alain Thiefain, directeur administratif et financier, Compagnie pétrolière de l'Est, président du groupe Lorraine de la DFCG

Auteurs
Clément Gries, directeur général, Thyssenkrupp Presta France
Marc Salez, directeur associé, Assemblance
Anne-Bénédicte Voloir, avocate associée, conseil en droit social, Capstan

Ressources humaines et management social

Chapitre 11

TRANSMISSION DE PATRIMOINE

INTRODUCTION

Cette thématique est multiforme et il importe de bien saisir la multiplicité de ses contours pour proposer des comportements adéquats dans le cadre de telles opérations. On peut recenser les cas suivants :

- cessions de blocs majoritaires ;
- cessions de blocs minoritaires ;
- cessions de branches d'activité ;
- cessions d'actifs spécifiques ;
- transmissions familiales.

Ces différents cas peuvent eux-mêmes se scinder selon plusieurs configurations :

- cessions de blocs majoritaires : cession d'une société économiquement autonome sur le plan capitalistique, cession des titres d'une holding tête de groupe, cession d'une filiale dans le cadre d'un groupe (stratégique ou non) ;
- cessions ou apports de branches d'activité : à un tiers, dans le cadre de la restructuration d'un groupe ou, enfin, dans le cadre d'une opération de *spin-off* menée avec des salariés du groupe ;
- cessions ou apports d'actifs spécifiques : immobiliers, brevets, marques, dans le cadre d'opérations avec des tiers ou à l'intérieur d'un groupe.

Par ailleurs, le directeur administratif et financier (DAF) peut se trouver dans deux positions diamétralement opposées vis-à-vis de ces opérations : il peut tout aussi bien appartenir à la structure qui fait l'objet de la transmission (position « vendeur ») que relever d'une structure qui se développe dans le cadre de stratégies de croissance externe (position « acheteur »).

Contrairement à la plupart des autres items traités dans cet ouvrage, la transmission du patrimoine entrepreneurial relève d'une démarche ponctuelle. Sa non-récurrence constitue en soi un danger dans la mesure où elle est à l'origine d'une prise de conscience relativement atténuée des problèmes qui peuvent apparaître à l'occasion de ces événements. Autrement dit, le principal risque vient de l'absence d'anticipation de ces opérations et, par conséquent, de réactions au coup par coup qui peuvent ne pas être pertinentes à moyen ou long terme.

Ces attitudes tentantes « d'attendre et voir venir », si elles peuvent paraître logiques eu égard au caractère ponctuel déjà évoqué, n'en sont pas moins à proscrire dans la mesure où le temps de ces opérations constitue un moment clé de la vie de l'entreprise. En effet, c'est à ces moments précis que l'entreprise va pouvoir externaliser et réaliser tout le potentiel de valeur qui aura été constitué grâce aux stratégies opportunes mises en œuvre dans les années qui précèdent. Autrement dit, être mal préparé lors de ces « rendez-vous », c'est risquer de gaspiller le capital économique accumulé au cours de l'histoire de l'entreprise.

Par ailleurs, il faut le souligner, ces opérations deviennent de moins en moins rares dans la mesure où la croissance externe devient une stratégie menée par de nombreux groupes, y compris ceux de taille relativement modeste. Dans certains secteurs comme le négoce de fournitures industrielles, un tel comportement gestionnaire relève quasiment de la gestion des investissements courants.

Les développements qui suivent proposent un ensemble d'attitudes propres à rendre l'entreprise prête à réagir dans les différents cas de figure évoqués précédemment.

RECOMMANDATION N° 60

PRÉPARER TRÈS EN AMONT LA CESSION

Objectifs

L'objectif des dirigeants des PME et ETI de type familial qui envisagent de cesser leur activité est de pouvoir transmettre leur entreprise ou leur groupe en respectant deux conditions fondamentales :

- l'une, qui les concerne personnellement : réaliser leur actif dans les meilleurs conditions possibles de valorisation ;
- l'autre, qui concerne l'ensemble des parties prenantes au fonctionnement de l'entreprise : assurer la pérennité de l'exploitation de façon satisfaisante.

Ces deux conditions ne devraient normalement pas s'opposer, dans la mesure où la pérennité de l'activité est le gage d'une bonne valorisation.

Notons que la position du DAF est délicate. En effet, il risque fort de se trouver dans une position de juge et partie et ce, quelle que soit sa future position dans le cadre de la transmission de propriété et de changement de pouvoir. S'il est impliqué lui-même dans l'opération dans le cadre d'un LMBO[1], les deux conditions précédentes peuvent devenir antagonistes. S'il reste extérieur au processus de transmission, alors peuvent se faire jour des interrogations sur sa propre situation après la réalisation de l'opération. Il n'y a guère que dans le cas où la transmission s'opérera dans un cadre purement familial avec quelque certitude sur la future équipe dirigeante que le DAF se trouvera à nouveau dans une position relativement plus sereine et plus détachée de ses préoccupations personnelles.

Principe

| Le maître mot est l'anticipation.

En effet, quelle que soit la modalité de transmission choisie, cela prend du temps, singulièrement dans le cadre d'une transmission familiale, ne serait-ce que pour trouver un accord, au sein de la famille, sur la personne la plus apte à prendre la succession dans l'hypothèse où il existe plusieurs intéressés.

Transmission de patrimoine

---

1. LMBO = *Leveraged Management Buy Out.*

Il faut garder à l'esprit l'ensemble des développements précédents. L'opération sera d'autant plus facile qu'une démarche gestionnaire orientée sur le questionnement de la valeur aura été entreprise et que des processus d'évaluation auront été engagés. De cette façon, on connaîtra très en amont l'enjeu financier qui est cause, les risques que l'on peut courir et les montages juridiques et financiers les plus aptes à y répondre. C'est particulièrement sur ces derniers points qu'il faut insister au niveau de la mise en œuvre.

Ce qu'il faut faire

▸▸ **Quelle que soit la modalité de transmission choisie, il convient de profiler le groupe de telle façon qu'il soit facilement transmissible.** On veillera notamment à ce que les actifs stratégiques soient logés dans les structures les plus adéquates : ceux-ci ne devront pas être détenus par les filiales dont on veut se séparer ou dans des entités où l'on est en coparticipation, voire minoritaire. Dans le même ordre d'idées, il est de bonne pratique de configurer le groupe de la façon la plus efficiente : il est préférable de se séparer des filiales non stratégiques avant ce type d'opération et ce, d'autant plus qu'elles peuvent faire l'objet d'une valorisation intéressante. Ces cessions présenteront le double avantage de recentrer le groupe sur son cœur de métier, pour gagner en efficacité, et de produire de la trésorerie qui pourra s'avérer utile dans le cadre d'un montage LBO.

▸▸ **On essaiera de simplifier l'organigramme du groupe.** On observe souvent, notamment dans les groupes familiaux, des organigrammes excessivement complexes avec deux conséquences néfastes :
 – les processus de valorisation deviennent compliqués car les actifs stratégiques sont morcelés dans différentes entités juridiques ;
 – la faisabilité juridique de la transmission ne peut se faire qu'au prix de fortes restructurations. C'est notamment le cas lorsque des actifs stratégiques sont détenus par des holdings patrimoniales non opérationnelles, le plus souvent pour des raisons historiques.

▸▸ **Anticiper :** les transmissions familiales exigent une double optimisation : fiscale et patrimoniale. Les montages juridico-fiscaux peuvent largement varier selon les cas d'espèce. L'optimisation fiscale joue principalement sur la mise en place de pactes Dutreil, de donations partage et du régime dérogatoire d'imposition sur les plus-values. Pour bénéficier de tous les effets de ces dispositifs, il convient de disposer de temps, qu'il s'agisse du temps nécessaire à la mise en place des structures juridiques propres à accueillir ces dispositifs et/ou qu'il s'agisse des temps légaux imposés par les textes pour bénéficier à plein des avantages qu'ils procurent.

▸▸ **Ne pas hésiter à recourir à des opérateurs de capital-risque si l'équation financière ne peut être résolue convenablement à l'intérieur du cercle familial et du financement bancaire standard.** Bien entendu, une des conditions d'intervention de ce type d'opérateur est que la rentabilité du groupe soit suffisamment attractive pour nourrir ses ambitions financières.

Recommandation N° 61

Bien préparer la valorisation
des actifs stratégiques de l'entreprise

Penser stratégie de la valeur

Objectif

L'objectif est de penser aux actions propres à optimiser la valeur d'un groupe. Le cheminement envisagé est différent tout en étant complémentaire de ce que nous avons mis en évidence auparavant. Le levier de la création de valeur ne réside plus dans l'optimisation du profit économique à l'intérieur d'une structure existante, mais dans la recherche d'une meilleure valorisation en modifiant les contours et la structure du groupe.

Principe

Le cadre conceptuel auquel on se réfère est contenu dans un ouvrage largement reconnu en son temps : *La Stratégie par la valeur*, élaboré par Tom Copeland, Tim Koller, et Jack Murrin dans le cadre du cabinet McKinsey & Company. Cet ouvrage invite les dirigeants d'un groupe à se poser à chaque instant les deux questions suivantes :

▶ Sommes-nous à même d'optimiser la création de valeur dans les différentes filiales du groupe ?

▶ Existe-t-il des entreprises tiers qui seraient mieux valorisées dans le groupe qu'elles ne le sont dans le cadre qui est le leur actuellement ?

Cela signifie que, si l'on estime que la filiale d'un groupe ne peut être valorisée au-delà de 100 dans le cadre de sa situation managériale et de son environnement alors qu'elle pourrait être valorisée jusqu'à 150 dans le cadre d'un autre groupe, on peut espérer en retirer un prix variant entre 100 et 150, en fonction de la négociation. Si l'on admet que le contact est fructueux avec le groupe cible et que le prix se fixe à 120, on peut en tirer la conclusion que l'on aura transféré une partie de la création de valeur au sein du groupe. Parallèlement, on peut s'apercevoir qu'une filiale d'un groupe concurrent ne peut être valorisée au-delà de 50 au sein de

Transmission
de patrimoine

ce groupe alors que l'on estime pouvoir multiplier sa valeur par deux au sein du nôtre. Si l'on peut acquérir cette entité pour 60, on bénéficiera d'une source de création de valeur potentielle.

Ce qu'il faut faire

- ▸▸ **Mettre en place une grille d'analyse des différentes filiales** en pointant les critères qui sont propres à positionner et à suivre leur contribution à la situation concurrentielle du groupe.
- ▸▸ **Avoir une petite équipe dédiée à la veille des opportunités** paraît également une démarche propre à faciliter l'approche proposée ; à tout le moins, le directeur financier pourra jouer ce rôle.
- ▸▸ **Disposer d'une équipe de conseils externes** avec lesquels se sont établies des relations de confiance constitue un plus. Il s'agit bien entendu des conseils juridiques, mais également des cabinets d'audit et éventuellement de consultants spécialisés dans le domaine de la fusion-acquisition qui, en tout état de cause, constituent un potentiel de *sourcing* important.
- ▸▸ **Capitaliser sur la connaissance des managers opérationnels** pour identifier également des cibles potentielles.

Penser création de valeur

Objectif

On se vendra d'autant mieux et l'on achètera en meilleure position si l'on peut externaliser une valeur de niveau élevé comparativement à des firmes semblables.

Principe

Le concept de création de valeur qui envahit la littérature économico-financière depuis de nombreuses années et le langage de la plupart des dirigeants d'entreprises d'une certaine importance constituent un apport dans le cadre d'une telle démarche.

Il est bon, tout d'abord, de rappeler le contenu du concept d'*Economic Value Added* (EVA°). Cette notion, portée par le cabinet Stern & Steward, n'est rien d'autre que le recyclage de la vieille – et toujours pertinente – notion de rente de *goodwill* chère aux évaluateurs. Cette valeur que l'on dénomme, en France, profit économique pour éviter l'utilisation d'une dénomination protégée, se définit comme suit :

- ▸ profit économique = REX après impôt – (k × capitaux investis)

- REX : résultat d'exploitation
- k : coût moyen pondéré du capital
- capitaux investis : immobilisations « industrielles » (actifs immatériels, d'exploitation) + besoin en fonds de roulement d'exploitation.

L'avantage de cet indicateur est qu'il met l'accent sur le fait que la rentabilité en soi n'est pas une condition suffisante pour générer de la valeur, encore faut-il qu'elle excède l'attente des investisseurs intéressés par le type d'actif représenté par l'entreprise.

Cette logique de la création de valeur incite à penser la gestion de l'entreprise dans ces différentes dimensions (gestion courante, investissements…) dans une perspective qui la rend propre à mieux se vendre ou à mieux acquérir d'autres entités dans le cadre d'une croissance externe.

Ce qu'il faut faire

Il s'agit de suivre le processus de création de valeur.

- **Mettre en œuvre un système de reporting** afin de suivre le processus de création de valeur à un niveau pertinent. Le supplément d'information nécessaire par rapport à des systèmes plus traditionnels n'est pas tant la mise en place d'indicateurs supplémentaires que le niveau adéquat auquel ces indicateurs doivent être disponibles. En effet, ce supplément doit porter pour l'essentiel sur les capitaux investis (immobilisations et BFR). La volonté de descendre à un niveau de disponibilité trop fin risque de nécessiter des informations non disponibles, notamment dans le cadre de l'affectation des BFR.
- **Par-delà la problématique technique du tableau de bord, il est nécessaire, parallèlement, de sensibiliser les équipes à la logique de la création de valeur.** Autrement dit, pour faire de la création de valeur, il faut faire de l'analyse de la valeur, ce qui signifie dimensionner quantitativement et qualitativement de façon pertinente les capitaux investis aux objectifs de production et de ventes.

Penser aux actifs stratégiques de l'entreprise

Par-delà l'entreprise elle-même, il est nécessaire de faire un recensement des actifs stratégiques, c'est-à-dire des actifs singuliers dont le rôle dans le positionnement concurrentiel de l'entreprise est fondamental. Dans la majorité des cas, il s'agit d'actifs incorporels. L'examen de ces actifs est important pour plusieurs raisons. Il permet d'envisager leur rôle dans le modèle d'activité de l'entreprise.

Transmission de patrimoine

Dans cette perspective, on peut éventuellement distinguer deux catégories d'actifs :

- ceux qui jouent un rôle dans le *business model* de l'entreprise et qui ne peuvent en jouer un que dans ce cadre-là. Il s'agit des actifs non séparables ;
- ceux qui non seulement jouent un rôle dans le *business model* de l'entreprise, mais qui pourraient également jouer un rôle dans le cadre d'un autre modèle d'activité, qualifiés d'actifs séparables.

Cet examen est également l'occasion de définir les démarches propres à optimiser le rôle de ces actifs dans la politique de l'entreprise ce qui, indirectement, revient à optimiser leur valeur.

Enfin, dans la mesure où ils sont séparables de l'entreprise, ils peuvent être vendus à des tiers ; le produit de ces ventes va parfois très au-delà du prix de l'entreprise elle-même. Il suffit de songer aux sommes conséquentes qui peuvent être déboursées pour une marque connue ou pour un brevet stratégique.

Ce qu'il faut faire

▸▸ **Recenser les différents actifs stratégiques** : il peut s'agir d'actifs identifiables simples à appréhender, inscrits ou non dans le bilan, tels que des marques ou des brevets. Il faut à ce propos s'interroger sur le degré de protection de ces différents droits et sur la gestion qui en est faite. Il existe également des actifs incorporels plus complexes à saisir, tels que la recherche et développement, une part de marché (elles peuvent encore faire l'objet d'une valorisation dans le cadre des comptes consolidés), une marque… Enfin, ce peut être un ensemble de savoir-faire et de spécificités dont les interactions confèrent à l'entreprise une position performante sur le marché.

▸▸ **Mettre en place un système d'évaluation** et de suivi des actifs stratégiques. On doit d'abord noter que, dans le cadre des règles comptables applicables aux comptes consolidés, qu'il s'agisse du système français ou des IFRS, la plupart de ces actifs doivent faire l'objet d'un suivi. Par-delà cette nécessité comptable, il faut mettre en avant les différents domaines qui nécessitent un suivi :

  – le domaine juridique, tout d'abord. Les actifs protégés par des droits doivent tous faire l'objet d'un suivi juridique. Nous pensons tout particulièrement aux brevets et aux marques. S'agissant de ces actifs, il convient de vérifier leur périmètre de protection – géographique et technique, dans le cadre des brevets – et si ceux-ci sont à jour. Dans le même ordre d'idée, il faut être attentif aux actions de contrefaçon ;

  – le domaine d'évaluation stratégique, économique ou marketing. Par exemple, les marques peuvent être suivies en termes de taux de notoriété.

…/…

Elles peuvent également être analysées à la lumière de leur impact sur les ventes et sur les marges ;

– enfin, dans le domaine purement financier, ces actifs peuvent faire l'objet d'une évaluation et il est tout à fait possible voire, dans certains cas, obligatoire, de suivre régulièrement ces valeurs.

Penser processus d'évaluation

Objectif

C'est une erreur de penser que l'on ne doit s'intéresser à la valeur de son groupe ou de son entreprise que de façon extrêmement ponctuelle à l'occasion d'événements exceptionnels. La valeur d'une entreprise n'est pas figée et telle évaluation qui aura été effectuée quelques années auparavant a peu de chance d'être encore pertinente.

Principes

Sans s'étendre sur les méthodes d'évaluation, il est courant d'opposer des méthodes dites intrinsèques aux méthodes dites analogiques. Si les premières ont pour objectif de fournir une valeur qui se fonde en priorité sur des paramètres propres à l'entreprise, les secondes, au contraire, prennent en compte des données issues des marchés d'entreprises comparables (ou réputées telles) à celle que l'on veut valoriser.

Les méthodes telles que la technique d'évaluation fondée sur les flux de trésorerie disponible ou la méthode patrimoniale, complétée par une valorisation du *goodwill*, peuvent être rangées dans la première catégorie. La méthode des multiples sera, elle, rattachée à la seconde catégorie.

Ce qu'il faut faire

» **Définir un choix de méthodes** et bien évidemment s'y tenir. Croiser une méthode intrinsèque avec une méthode analogique semble être un choix raisonnable. En effet, cela permet de confronter une valeur fondée sur les données fondamentales de l'entreprise avec des éléments comparatifs. Si les écarts sont importants, l'analyse de leur origine peut être instructive.

.../...

Transmission de patrimoine

>> Une fois le choix des méthodes effectué, tenir à jour un dossier d'évaluation qui permettra d'actualiser la valeur sans recourir à chaque fois à des investigations lourdes. On peut, par exemple, penser à indexer la valeur annuellement sur des paramètres sensibles de l'entreprise et reproduire une démarche d'évaluation lourde tous les cinq ans.

>> Si les compétences n'existent pas à l'intérieur de l'entreprise pour effectuer ce type d'opérations, le directeur financier ou des membres de son équipe doivent se former ou, à défaut, recourir à des consultants externes.

RECOMMANDATION N° 62

S'ASSURER DE LA QUALITÉ DES MONTAGES FINANCIERS

Objectif

Cette recommandation s'adresse évidemment en priorité aux DAF qui sont en position d'acquéreur. Une acquisition peut être fondamentalement saine, mais se révéler catastrophique parce que réalisée à l'aide d'un montage financier trop tendu laissant peu de marge de sécurité, notamment en cas de retournement de conjoncture.

| Ne pas compromettre l'avenir par un montage financier inadapté.

Principes

Nous nous plaçons dans l'hypothèse où l'acquisition doit se faire en cash sur la base d'un montage *Leveraged Buy Out* (LBO), ce qui reste le cas le plus fréquent. Il est tentant, surtout en période d'euphorie économique, de recourir à des montages faisant largement appel à la dette. Malheureusement, une compréhension un peu hâtive de la théorie de l'effet de levier laisse à penser qu'il suffit d'augmenter le levier pour améliorer la rentabilité des capitaux propres. Ce n'est pas faux, mais c'est très incomplet. En effet, si l'endettement a pour conséquence d'accroître la rentabilité financière, il accroît également le risque mesuré par la volatilité des résultats. La conséquence directe de cet accroissement de la volatilité est l'accroissement corrélatif de l'exigence des actionnaires, donc l'augmentation du coût des capitaux propres. Autrement dit, l'accroissement de rentabilité résultant de l'accroissement de l'endettement est automatiquement « consommé » par l'accroissement de l'exigence de rémunération des actionnaires pour couvrir le supplément de risque.

Un montage financier tendu ne crée pas de valeur. Il est totalement inopportun de prendre des risques inutiles. L'essentiel de la création de valeur dans une opération de LBO et ce, quel qu'en soit l'initiateur, vient de l'amélioration de la gestion. Elle prend sa source dans des phénomènes réels et non dans des montages financiers.

Ce qu'il faut faire

▸▸ Avant tout, **limiter les effets de levier.** Une dette qui représente quatre années d'Ebitda est déjà élevée. Si l'affaire ne peut être réalisée qu'en augmentant l'effet de levier alors, mieux vaut renoncer. Le risque est trop important, notamment si l'entreprise cible a été surévaluée. Si l'on tient vraiment à conclure le *deal*, une solution de repli consiste éventuellement à chercher un partenaire financier (voir ce qui a été dit à propos des intervenants en capital développement).

▸▸ **Songer que le système des obligations convertibles n'est pas réservé à la seule industrie du capital-risque.** Cela limite les risques dans la mesure où l'on garde pendant un certain temps, voire définitivement, une position de créancier.

▸▸ Si l'on a pris la précaution de « jardiner » correctement son propre groupe et si l'on jouit d'un bon positionnement en termes de valeur comparativement à la société cible, **pourquoi ne pas proposer le paiement du prix, au moins partiellement, en actions, afin d'économiser de l'endettement ?** En revanche, cela présente d'autres inconvénients, notamment en ce qui concerne la géographie du capital, inconvénient d'autant plus ressenti que le *deal* sera significatif, mais on rentre alors dans un autre champ, celui de la gouvernance.

RECOMMANDATION N° 63

PENSER À L'APPORT DES PARTENAIRES FINANCIERS

Objectif

Cette recommandation concerne plutôt les entreprises cédantes. Dans cette perspective, l'intervention d'un acquéreur financier peut être un facteur qui conduit à optimiser le prix de cession. En fait, cela dépend très largement de la nature de l'entreprise cible. Une entreprise de rentabilité moyenne et dont l'intérêt réside surtout dans des spécificités commerciales, techniques ou économiques, aura plutôt intérêt à être approchée par un partenaire industriel de son secteur.

Transmission de patrimoine

Une entreprise dont la rentabilité est forte et la production de cash abondante, risque de mieux se valoriser auprès d'un investisseur financier.

Le milieu du capital-risque dispose encore d'une forte liquidité et la concurrence entre les opérateurs pour s'approprier les entreprises aux caractéristiques précitées a tendance à faire monter les prix.

Principes

Les investisseurs en capital-risque se scindent en trois métiers :

- le capital-risque proprement dit, à savoir l'investissement dans des activités en démarrage et généralement à haut risque économique et financier ;
- le capital développement, c'est-à-dire l'investissement dans des entreprises déjà établies depuis longtemps et présentant une visibilité et une sécurité relativement importantes. L'objet de l'investissement est d'apporter de l'argent frais pour une opération de développement significative. Dans ce cadre, le ticket pris par l'investisseur est généralement minoritaire ;
- le capital transmission, dont l'objet est de prendre une participation significative, voire d'acquérir un bloc de contrôle dans le cadre d'un LBO.

C'est évidemment vers ce dernier type d'intervenant qu'il faudra se retourner dans les questions qui nous intéressent ici. Mais, dans le cadre de groupes pratiquant des stratégies de croissance externe, il n'est pas exclu de recourir au capital développement qui peut être intéressé par une prise de participation minoritaire, notamment dans le cadre de processus de *build-up*.

Dans la mesure où un processus LBO impose d'apurer la dette grâce à la trésorerie générée par l'entité rachetée, ce type d'intervention s'adresse essentiellement à des entreprises à la fois rentables et relativement peu risquées, ce qui est un couple de qualités plutôt rare.

Ce qu'il faut faire

▸▸ **Ne pas hésiter à prendre contact avec les opérateurs** : si les logiques fondamentales qui les animent sont assez identiques, leur approche du métier peut être assez différente. Il convient donc de se renseigner sur leur façon de faire, leurs éventuelles spécialisations, que ce soit en termes géographiques ou sectoriels. Il faut également connaître leur volonté d'être majoritaires ou de rester minoritaires, d'être concentrés dans certains montages LBO et non dans d'autres, etc. Bref, trouver le bon interlocuteur.

...∕...

▸▸ **Dans la négociation, mettre l'accent sur ce qui intéresse le partenaire financier,** à savoir la rentabilité et le risque qui pèse sur cette rentabilité. Autrement dit, chez la plupart des investisseurs en capital-risque, le prix qu'ils sont prêts à payer n'est que la conséquence d'un objectif en termes de taux de rentabilité interne (TRI) et non le fruit d'une analyse en termes d'intérêt industriel, comme ce serait le cas pour un acquéreur non financier. Cela ne signifie pas qu'ils ne s'intéressent pas à la logique industrielle de l'entreprise, bien au contraire, mais que celle-ci est subordonnée à la réalisation et à la sécurisation de l'objectif de rentabilité. Il faut donc communiquer dans ce sens.

▸▸ **S'il ne s'agit pas d'une cession d'un bloc de contrôle mais d'une participation minoritaire, il faut se sentir prêt, non seulement à ouvrir son capital, mais également « les portes de sa maison ».** En effet, les partenaires financiers sont assez exigeants en matière de reporting et demandent à être tenus au courant de toutes les décisions stratégiques, voire de disposer d'un droit de veto sur certaines d'entre elles. De ce point de vue, les pactes d'actionnaires peuvent être extrêmement contraignants. À cet égard, il est important d'être secondé par des conseils juridiques rompus à ces opérations car certaines clauses des pactes peuvent contenir des menaces potentielles graves comme la clause *buy or sell* qui permet à un associé de contraindre un autre associé à lui racheter ses titres ou à lui vendre les siens à un prix déterminé.

CONCLUSION

Le directeur financier a « tout à gagner » dans l'accompagnement de projets de transmission, qu'il soit du côté vendeur ou, à l'inverse, dans des projets de développement dans le cadre d'une stratégie de croissance externe.

Son rôle est essentiel dans la gestion de l'anticipation d'autant qu'une opération de transmission ou d'acquisition constitue une opération comportant des risques spécifiques qu'il convient de bien maîtriser à un moment qui peut être clé pour l'entreprise, ses collaborateurs, ses partenaires.

Dans ce cadre, il ne faut pas hésiter à solliciter des acteurs référents. Ceux-ci aideront à faire les choix qu'il convient pour que la valeur des actifs transmis ou acquis soit justement retenue pour la transaction.

Pilote
Thierry Luthi, vice-président exécutif DFCG, directeur financier, Cegid
Auteur
Eddy Bloy, ancien directeur du master Évaluation et transmission des entreprises (EIFTE), université Lyon 2, et vice-président de l'association A3E Lyon (Association des experts en évaluation d'entreprise)

Chapitre 12

VERS UNE FISCALITÉ AU SERVICE DE LA CROISSANCE ET DU DÉVELOPPEMENT DURABLE DES ENTREPRISES

Après les différents chapitres dont les recommandations s'adressent tout particulièrement aux directeurs financiers, ce dernier chapitre a vocation à contribuer au débat public en matière de fiscalité. Sur la base d'une présentation de quelques repères significatifs du système fiscal vu par ses utilisateurs, des « propositions » plutôt que des « recommandations » sont formulées en faveur d'une fiscalité au service de la croissance et du développement durable des entreprises, gage d'une meilleure performance.

INTRODUCTION

État des lieux

Vu sous l'angle du directeur financier, le système fiscal français est avant tout marqué par sa complexité, qui résulte notamment de la multiplicité des impôts et prélèvements (plus de 230 variétés, soit presque autant que de fromages) et du nombre de dispositifs spéciaux (dont les 293 niches fiscales recensées dans le projet de loi de finances pour 2010) et les 91 dispositifs dérogatoires identifiés en matière de prélèvements sociaux[1].

---

1. Conseil des prélèvements obligatoires, ci-après CPO, *Entreprises et niches fiscales et sociales,* octobre 2010, p. 55 et suivantes.

Cette complexité engendre pour les entreprises des coûts de gestion – au-delà des coûts de mise en conformité ou *compliance* – et des risques d'insécurité juridique importants.

De surcroît, cette complexité rend l'impôt peu compréhensible par rapport à certaines valeurs jugées fondamentales par les directeurs financiers pour le développement des entreprises dont ils ont la charge des finances et pour le développement des personnes qui vivent directement ou indirectement grâce à ou par ces entreprises (développement économique et social, développement du cadre de vie au sens large).

Ces observations ne sont pas propres aux PME et ETI mais prennent un relief particulier pour ces deux catégories d'entreprises.

D'une part, ces entreprises n'ont généralement pas les mêmes ressources internes que les « grandes entreprises » pour gérer l'ensemble des domaines liés à l'impôt, d'où une sensibilité plus forte à la complexité et sans doute une exposition au risque plus grande.

D'autre part, elles sont dans une situation particulière par rapport à l'impôt et aux prélèvements en général : il semblerait qu'elles supportent une charge fiscale et sociale plus lourde que les grandes entreprises et qu'elles bénéficient moins des dispositifs fiscaux et d'aides[1].

Si l'on situe ces observations dans le cadre du thème de cet ouvrage – la performance des entreprises – on observera que les PME et ETI pâtissent à la fois des obstacles généraux du modèle de développement français (charges fiscales et sociales élevées, en contrepartie certes d'un marché intérieur stabilisé et d'une certaine sécurité ; réglementation foisonnante ; financement difficile, etc.) et de certains handicaps plus spécifiques, notamment un « dilemme entre la poursuite d'une croissance modérée et l'appel à des capitaux externes pour améliorer leur développement »[25], une intensité et une régularité dans l'exportation moindre qu'en Allemagne – du moins pour les PME – ou encore un « retard de la recherche privée […] [qui] vient essentiellement d'un effort insuffisant des entreprises ayant entre 50 et 1 000 salariés ».

Fiscalité

© Groupe Eyrolles

---

1. Rapport Retailleau, « Les entreprises de taille intermédiaire au cœur d'une nouvelle dynamique de croissance », février 2010.

Comme le relève le rapport Retailleau précité s'agissant des ETI, « il en résulte une faiblesse pour l'économie française d'autant plus préoccupante que ces entreprises représentent de vrais atouts : elles sont performantes [...] ; elles incarnent un capitalisme vertueux dont les principales caractéristiques sont :

- une vision de long terme plutôt qu'un abandon aux intérêts court-termistes ;
- une préférence pour l'investissement plutôt que pour le dividende ;
- des relations sociales apaisées et une culture d'entreprise forte ».

Ces observations nous ont donc incités à mettre en avant deux axes de création de valeur : d'une part, la simplification de l'impôt et d'autre part, la prise en compte dans la définition de l'impôt des valeurs jugées par les directeurs financiers comme fondamentales au développement de leurs entreprises dans l'environnement qui les entoure.

Enjeux

Le système fiscal doit être simplifié

De nombreux travaux ont été réalisés sur ce thème, tant en France qu'à l'étranger[1]. Ces travaux ont établi qu'une trop grande complexité de l'impôt est source de coûts de gestion et de risques d'insécurité pour l'entreprise (redressements fiscaux liés à des erreurs d'interprétation dans l'application de règles complexes ou à des omissions par rapport à des formalités foisonnantes), de coûts de contrôle et de recouvrement pour l'administration, d'inefficacités par rapport aux objectifs assignés aux mesures fiscales, de coûts liés aux facultés d'optimisation, qui sont autant de pertes de création de valeur pour le pays, pour la collectivité et pour le contribuable.

Cette complexité est liée à la fois au nombre d'impôts, de déclarations et de paiements (*compliance* fiscale) ainsi qu'à la sophistication des règles fiscales elles-mêmes.

---

1. Voir récemment pour la France : « Rapport sur la qualité et la simplification du droit », Jean-Luc Warsmann, décembre 2008 ; pour le Royaume-Uni, « Review of Tax Reliefs, Interim Report », Office of Tax Simplification, novembre 2010 ; pour le Luxembourg, les travaux du département de la simplification administrative.

Fiscalité

Il est bien entendu difficile de mesurer l'enjeu de cette simplification. On dispose toutefois d'éléments de comparaison comme l'étude « Paying taxes » faite tous les ans depuis 2006 par PricewaterhouseCoopers (et Landwell & Associés pour la France) dans le cadre du projet « Doing Business » de la Banque mondiale[1].

La méthode utilisée repose sur la définition d'une entreprise de référence (PME de 60 salariés présentant certaines caractéristiques) et sur une évaluation au regard de trois indicateurs :

- le temps nécessaire à la préparation et au dépôt des déclarations fiscales ainsi qu'au paiement de l'impôt sur les sociétés, de la TVA et des charges sociales, activités qualifiées de *compliance* fiscale ;
- le nombre de paiements d'impôts (recensés sur la base de critères communs) ;
- la charge d'impôt totale (définie comme la somme des impôts et prélèvements supportés par l'entreprise et dont elle a la charge, en excluant les impôts qu'elle ne fait que collecter – comme la plupart des impôts sur la consommation – et en incluant par exemple les charges sociales employeur).

Si l'on retient le premier indicateur, c'est-à-dire le temps nécessaire à la *compliance* sur les trois principales catégories de prélèvements visées (impôt sur les sociétés, TVA et charges sociales), la France arrive au 40e rang (sur 104 pays) avec un nombre de 132 heures de travail par an[2]. Avec ce classement, la France se situe entre le Royaume-Uni (au 25e rang, avec 110 heures de travail) et l'Allemagne (au 73e rang, avec 196 heures de travail), ce qui semble relativement honorable.

Toutefois, si l'on replace cet indicateur dans le contexte français, la situation de l'entreprise française de référence n'est pas si favorable qu'elle y paraît.

En effet, l'indicateur utilisé ne mesure qu'une partie de la *compliance* fiscale, celle relative à l'impôt sur les sociétés, à la TVA et aux charges sociales. L'étude ne permet donc pas d'appréhender le temps de *compliance* lié aux quelques autres 230 impôts et prélèvements que connaissent les entreprises françaises et qui nous placent, par le nombre, bien au-dessus du Royaume-Uni ou de l'Allemagne.

---

1. www.pwc.fr/paying -taxes-2010.html
2. Étude IFC et PwC, « Paying Taxes 2010, The global picture ».

Par ailleurs, cet indicateur ne mesure pas le temps consacré à la gestion proprement dite de l'impôt en complément de l'activité de *compliance*, c'est-à-dire la gestion des positions fiscales, la gestion des risques, la gestion des contentieux, etc. Or, ce temps est corrélé avec la complexité du système (on pense aux 293 niches fiscales recensées, dont certes la France n'a pas le monopole).

Si l'on retient maintenant le second indicateur - le nombre de paiements d'impôts -, la France apparaît en relativement bonne position. Ce résultat peut s'expliquer par les progrès réalisés grâce au paiement électronique. Par convention, l'étude considère que lorsque le paiement électronique est autorisé, on ne compte qu'un seul paiement, même s'il y en a plusieurs effectués.

L'expérience des directeurs financiers interrogés contredit néanmoins cette conclusion et beaucoup estiment que même le paiement de l'impôt représente une tâche trop lourde pour leurs entreprises, qui devrait et pourrait être simplifiée.

Sur cette base, nous nous sommes gardés de suggérer une réforme de la structure des impôts et prélèvements ou de la norme fiscale proprement dite[1], pour nous limiter à deux recommandations tirées de l'expérience des directeurs financiers :

- tendre vers le principe d'un impôt par base ;
- simplifier les obligations déclaratives.

Ces deux recommandations, sous l'apparence de la simplicité, pourraient s'avérer complexes à mettre en œuvre, compte tenu des enjeux qu'elles représentent et des difficultés de mise en œuvre qu'elles sont susceptibles de poser.

L'impôt doit être au service d'une croissance durable

Il semble qu'il y ait consensus sur ce point. Il y a également consensus sur le fait que la structure des prélèvements en France est peu orientée vers la compétitivité, condition de la croissance.

De nombreuses voix ont appelé l'instauration d'une « fiscalité de croissance ».

---

1. Étude IFC et PwC, « Paying Taxes 2010, The global picture ».

Ainsi l'impôt devrait-il respecter cinq valeurs fondamentales, sans hiérarchie entre elles, étant précisé que certaines d'entre elles peuvent être parfois en conflit les unes avec les autres, donnant lieu à des arbitrages complexes à opérer.

On objectera que toutes ces valeurs ne peuvent être satisfaites sans compromettre gravement l'équilibre budgétaire. Nous pensons le contraire pour deux raisons : d'une part, ces valeurs doivent créer de la croissance donc de l'assiette imposable, d'autre part, si certaines de ces valeurs doivent conduire à des baisses d'impôts sur certaines assiettes, celles-ci pourront être compensées par des hausses d'impôts sur d'autres assiettes.

| Stimuler ou, a minima, ne pas pénaliser l'investissement.

Si l'on veut favoriser la croissance, il convient de ne pas aggraver les impôts qui pèsent sur l'investissement des entreprises et plus spécifiquement d'utiliser l'outil fiscal pour favoriser le financement de ces investissements. Une réflexion doit être menée sur les formes de financement à privilégier. En période de sortie de crise, il nous semble qu'il serait souhaitable que l'impôt encourage le financement par les fonds propres.

| Stimuler l'emploi.

Si l'on veut concilier croissance et création d'emploi, il convient aussi ne pas aggraver les impôts qui pèsent sur l'emploi, voire d'encourager par l'impôt certaines opérations créatrices d'emploi (activités nouvelles ou relocalisations) ou de pénaliser certaines de celles qui en détruisent (sans nécessairement entraver la liberté du commerce et de l'industrie).

| Reconnaître la prise de risque.

Il n'existe pas de croissance sans prise de risque. Or, il a été relevé que la croissance française était obérée par une prise de risque insuffisante, qui se traduit de différentes façons : réticences à la mobilité, préférence pour les investissements à moindre risque, etc.[1] Si l'on veut libérer la croissance, il convient donc de favoriser fiscalement les comportements à risque par rapport aux comportements de « rente ».

| Mettre la fiscalité au service de l'environnement et de la croissance.

Fiscalité

La protection de l'environnement peut être un catalyseur de croissance. Du point de vue de la performance de l'entreprise, la question posée est celle de savoir comment la fiscalité environnementale peut concilier respect de l'environnement et performance de l'entreprise. Il convient à cette fin de privilégier les dispositifs incitatifs par rapport aux dispositifs de pénalisation et de « verdir » les dispositifs fiscaux existants, de préférence à la création de nouvelles taxes environnementales, chaque fois que possible.

| Encourager la création de valeur immatérielle (les incorporels).

Les incorporels jouent un rôle fondamental dans la création de richesse puisque l'entité qui supporte les coûts de développement de ces incorporels récoltera les fruits de ce développement, que ce soit par l'effet de sa propre exploitation, dans le cadre d'accords de licences, de cession, etc. Il convient donc d'encourager le développement d'incorporels en France ainsi que les activités qui accompagnent ce développement, que ces incorporels soient technologiques ou commerciaux.

PROPOSITION N° 64

TENDRE VERS LE PRINCIPE D'UN SEUL IMPÔT PAR BASE

Les bases sur lesquelles sont assis les impôts et autres prélèvements sont variées : le résultat, la valeur ajoutée, le chiffre d'affaires, les salaires, les plus-values, les autres revenus, les valeurs locatives, les valeurs d'acquisition, la valeur du patrimoine, etc. Chacune de ces bases peut sans doute se justifier par rapport à la légitimité de l'impôt et à son efficacité économique.

En revanche, l'histoire a conduit à l'accumulation d'une multiplicité d'impôts et de prélèvements assis sur une même base et cette multiplicité impose des coûts de *compliance* (déclarations, paiements, etc.) et de gestion élevés pour les entreprises, les administrations et la collectivité en général.

---

1. Rapport de la Commission pour la libération de la croissance française, sous la présidence de Jacques Attali, Documentation française 2008, ci-après rapport Attali.

Fiscalité

Ainsi, sur le plan pratique, il convient :

- d'étudier la possibilité de « fusionner » certains impôts et prélèvements portant sur une même base dès lors qu'ils sont dus par un même redevable et alors même qu'ils ont des « affectations » différentes. Des efforts ont déjà été entrepris en ce sens, ainsi l'exemple récent donné par la loi de finances rectificative pour 2010 en matière de taxes d'urbanisme[1] ;

- de définir cette « fusion » pour ne plus avoir qu'un seul impôt ou prélèvement là où existent aujourd'hui plusieurs impôts dus par un même redevable sur la même assiette ou d'éliminer certaines assiettes antiéconomiques pour les reporter sur d'autres assiettes plus appropriées ;

- de mettre en place un même régime par assiette ou, à tout le moins, un taux global, une déclaration unique, quand déclaration il y a, et un seul paiement (donc un seul organisme répartiteur, quitte à ce que cet organisme réalloue le produit de l'impôt en fonction des besoins à satisfaire : budget de l'État, de la région, du département, Urssaf, autres…).

Nous reconnaissons les difficultés pratiques et théoriques d'une telle ambition en ce qui concerne les impôts et prélèvements existants (et notamment la réticence des organismes qui préfèrent des prélèvements affectés à leur cause) et nous recommandons un état des lieux exhaustif.

Nous pensons qu'au minimum, la recommandation devrait être suivie chaque fois qu'un nouvel impôt est envisagé, sauf s'il apparaît nécessaire que cet impôt soit assis sur une assiette particulière : par exemple, les écotaxes peuvent être plus efficaces quand elles sont assises sur le dommage causé à l'environnement, du moins lorsque ce dommage est quantifiable (voir recommandation n° 30).

À défaut d'une véritable « fusion », du moins serait-il possible de tendre vers un seul paiement par type d'assiette (mais la simplification

---

1. La loi de finance rectificative réforme le régime des taxes d'urbanisme en les réduisant à deux taxes : d'une part, la taxe d'aménagement, qui remplacera six autres taxes qui coexistaient jusqu'à présent et, d'autre part, le versement pour sous-densité, qui s'appliquera sur les constructions en deçà d'un minimum de densité (on voit bien avec cet exemple comment on peut concilier simplification du système fiscal et fiscalité environnementale, voir recommandation n° 30).

serait limitée) et surtout de simplifier les obligations déclaratives (voir recommandation n° 26).

PROPOSITION N° 65

SIMPLIFIER LES OBLIGATIONS DÉCLARATIVES

Le recensement réalisé se conclut par une quarantaine de déclarations fiscales « ordinaires » à la charge des entreprises – c'est-à-dire en dehors des déclarations spécifiques à certaines activités, par exemple les activités immobilières –, lesquelles sont généralement perçues comme bien conçues et compréhensibles. Il semble toutefois possible de simplifier le système déclaratif. Nous avons identifié deux leviers : la mise en commun d'informations et le guichet unique virtuel.

La mise en commun d'informations

Récemment, la loi sur la simplification du droit du 20 décembre 2007 a simplifié les obligations des entreprises en matière de taxes assises sur les salaires (depuis 2008, les entreprises n'ont plus besoin de déclarer annuellement leur taxe d'apprentissage, leur contribution au développement de l'apprentissage et leur participation à la formation professionnelle), les informations nécessaires pour l'administration, notamment les bases d'imposition, sont indiquées sur la déclaration annuelle des traitements et salaires.

Il semble possible d'aller au-delà en **mettant en commun les nombreuses informations relatives aux salaires** renseignées par les entreprises, ce qui avait été proposé dès 2008 dans le rapport Warsmann précité.

Plus généralement, une mise en commun d'informations permettrait de :

- réduire le nombre de déclarations par « fusion » de déclarations, à titre d'exemple : la déclaration des contrats de prêts et la déclaration fiscale « IFU » 2561, d'autant que l'absence de souscription de cette dernière est lourdement sanctionnée ;
- harmoniser les formats et alléger le contenu des obligations pour éviter les nombreuses redondances telles que les déclarations fiscales, les divers dépôts d'informations et de déclarations auxquels les entreprises sont astreintes (dépôt des comptes, déclarations sociales, etc.).

Fiscalité

Enfin, il conviendrait d'étudier la possibilité et l'opportunité de créer un document unique qui remplisse à la fois la fonction des comptes sociaux et de déclaration fiscale (liasse fiscale actuelle), quitte à dispenser les entreprises de déposer certains états de ce document au greffe.

Le guichet unique virtuel

Le guichet unique virtuel est un espace administratif partagé entre l'entreprise et les administrations, celui d'une plate-forme de données comptables, fiscales, sociales…

Ce concept a été exploré en France comme un moyen de simplifier la tâche des entreprises[1] puis comme un moyen de simplification du droit. Il est également conçu comme une application de l'innovation en matière d'usage et contenus numériques, et comme un vecteur de services aux entreprises[2].

Nous recommandons de capitaliser plus largement sur les travaux réalisés en France et à l'étranger dans ce domaine afin d'identifier toutes les simplifications possibles du système déclaratif fiscal.

| Mettre l'impôt au service d'une croissance durable de l'entreprise.

PROPOSITION N° 66

POSER COMME PRINCIPE QUE TOUT IMPÔT DOIT RESPECTER AU MOINS UNE DES CINQ VALEURS FONDAMENTALES SOURCES D'AMÉLIORATION DE LA PERFORMANCE

Les cinq valeurs fondamentales sont celles qui ont été définies plus haut :

- stimuler ou, a minima, ne pas pénaliser l'investissement ;
- stimuler l'emploi ;

---

1. Plan PME 2007, deuxième volet : « Simplifications administratives pour les PME ».
2. Rapport de la Commission sur le Grand Emprunt en 2009, « Priorités stratégiques d'investissement et emprunt national », action 17 : Développer les usages et contenus numériques innovants.

- reconnaître la prise de risque ;
- mettre la fiscalité au service de l'environnement et de la croissance ;
- encourager la création de valeur immatérielle.

Poser ce nouveau principe peut soulever des questions théoriques : quel type de norme ?, quelle force juridique ?, quelle sanction ?, etc.

Par ailleurs, l'énoncé du principe peut paraître discutable en ce qu'il laisse de côté un certain nombre de valeurs qui auraient pu être retenues.

Cependant, il permet de traduire certaines valeurs dans un ordre normatif sachant qu'il n'est pas possible de respecter toutes les valeurs à la fois.

Poser ce principe, c'est en quelque sorte garantir que l'impôt soit au service de la croissance, selon le principe d'efficacité économique de l'impôt.

Naturellement, ce principe devra trouver sa place au milieu de principes fondamentaux, tels que l'égalité devant l'impôt, son équité, sa clarté et sa stabilité, qui sont actuellement appliqués à des degrés divers.

Proposition n° 67

FAVORISER L'AUGMENTATION DES FONDS PROPRES ET L'AUTOFINANCEMENT DES ENTREPRISES

Diverses mesures ont été prises afin de favoriser l'augmentation des fonds propres, indispensable à l'amélioration de l'autofinancement des entreprises. Par exemple, les financements de type Oséo, le régime de la cession, bail immobilier, la poursuite de mesures plus anciennes telles que le taux réduit de 15 % sur les bénéfices des PME, la réduction d'ISF et d'impôt sur le revenu pour les sommes investies au capital des PME, etc.

Nous notons que la question même de l'insuffisance des fonds propres fait débat. Selon le Conseil des prélèvements obligatoires (CPO), « la comparaison internationale des PME industrielles réalisée par la Banque de France ne montre pas de problème spécifique de niveau de fonds propres en France ».

Fiscalité

En revanche, une étude de la DGTPE[1] indique : « L'importance des capitaux propres comme mode de financement décroît en moyenne avec la taille de la société : leur part est de 42 pour les TPE, de 35 % pour les PME et de 32 % pour les grandes entreprises. Ce résultat ne signifie pas pour autant que les TPE et PME ont des capitaux propres en niveau suffisant. Il témoigne simplement de la plus grande difficulté pour ces entreprises d'accéder à un financement externe. »

Cette situation est particulièrement visible si l'on compare les ETI et PME françaises aux entreprises allemandes, qui disposent d'un autofinancement en moyenne 1,44 fois plus élevé. Cette situation présente un inconvénient pour les ETI et PME qui sont dépendantes du crédit bancaire, devenu plus rare, ce qui peut constituer « une variable décisive du potentiel de croissance ».

Par ailleurs, le CPO estime que les différents dispositifs dérogatoires « ne permettent pas d'orienter l'investissement vers les PME qui ont le plus de difficulté à trouver des capitaux, telles notamment celles à hauts risques ou en phase d'amorçage » et propose d'évaluer l'impact économique de certains dispositifs comme les réductions d'impôt sur le revenu et d'ISF, liées à la souscription au capital des PME et à la souscription aux parts de fonds communs de placement.

Cette analyse a récemment conduit le législateur à recentrer le dispositif de réduction d'impôt sur le revenu pour souscription au capital des PME sur le capital-risque et à l'encadrer davantage[2].

Le CPO envisage un durcissement de la fiscalité du financement externe et de celle des distributions. Ces idées vont intuitivement dans le sens d'un renforcement des fonds propres.

Nous recommandons que soient évalués les effets de telles propositions, de façon à vérifier notamment qu'elles n'auraient pas un effet globalement négatif sur les PME et ETI. Ainsi, un durcissement de la fiscalité des distributions ne risque-t-il pas de détourner les investisseurs en capital vers d'autres investissements ? Serait-il compatible avec la reconnaissance nécessaire à la prise de risque (voir recommandation n° 35) ?

1. DGTPE, lettre n° 23 de novembre 2007.
2. Loi de finances pour 2011, article 38.

Nous recommandons l'évaluation de mesures qui encourageraient la mise en réserve des bénéfices plutôt que leur distribution et la possibilité d'appliquer un taux réduit aux bénéfices mis en réserves. De telles mesures ont été proposées à différentes reprises et ont été rejetées sans qu'il y ait eu un vrai débat[1].

L'élargissement de l'application du taux réduit de l'impôt sur les sociétés de 15 % (aujourd'hui réservé aux sociétés indépendantes réalisant moins de 7,63 millions d'euros de chiffres d'affaires et pour une fraction de bénéfice limitée à 38 120 euros), subordonné au réinvestissement des profits, permettrait à un plus grand nombre d'entreprises de favoriser l'accroissement de leurs fonds propres.

Une troisième mesure serait celle formulée dans le rapport Retailleau précité, selon laquelle « l'entreprise pourrait opter pour trois exercices en faveur de l'application à la fraction non distribuée des bénéfices comptables de l'exercice d'un taux d'impôt ramené de 33,33 % à 15 % […] pour la part qui excèderait la moyenne des montants mis en réserve au titre des trois derniers exercices et sans autre condition de taille d'entreprise ou de composition du capital. La fraction de bénéfice qui aurait bénéficié de l'avantage fiscal serait portée dans un compte de réserve […]. L'avantage de la réduction d'impôt serait définitivement acquis à hauteur du montant de la réserve […] à un terme éloigné, au moins 5 ou 10 ans ».

La quatrième mesure, déjà appliquée en France à la fin des années 1980, consisterait à recréer un supplément d'impôt sur les sociétés (IS) en cas de distributions. Celle-ci nous semble difficilement acceptable si elle repose sur le taux actuel de l'IS (33,33 % plus contributions additionnelles), l'un des taux nominaux les plus élevés d'Europe. La conséquence serait d'autant plus dommageable en cas d'élargissement de l'assiette de cet impôt.

Nous recommandons donc d'expertiser les trois premières mesures, qui nous paraissent de nature à stimuler l'investissement dans les entreprises et spécialement dans les PME et ETI.

Fiscalité

---

1. Voir Commission des finances, Assemblée nationale, compte-rendu n° 75 du 25 mai 2010, amendement CF 37 de monsieur Pierre-Alain Muet ; compte-rendu n° 39 du 1er décembre 2010, amendement CF 97 du même député.

PROPOSITION N° 68

RENDRE PLUS ATTRACTIVE LA FISCALITÉ DES INCORPORELS COMMERCIAUX

La France dispose d'une fiscalité attractive en matière d'incorporels (régime des licences de brevets, crédit d'impôt recherche, amortissement des brevets, etc.).

Le crédit d'impôt recherche nous semble devoir être préservé tel qu'il est aujourd'hui, compte tenu de son impact sur l'innovation, la croissance et sans doute sur l'emploi des chercheurs[1].

Il nous paraît utile d'insister sur la nécessité d'une bonne coordination entre les différentes administrations dans la validation du crédit d'impôt recherche.

En revanche, la fiscalité des incorporels commerciaux (fonds de commerce, marques, etc.) est nettement moins attractive que celle de pays comme l'Allemagne, les États-Unis, le Royaume-Uni, sans parler de celle des Pays-Bas, du Luxembourg ou de l'Irlande. Or, les marques sont devenues un facteur clé d'attraction et de fidélisation de la clientèle, justifiant souvent une partie importante des profits de l'entreprise.

S'agissant ainsi de l'amortissement des incorporels attachés à un fonds de commerce, on sait que la jurisprudence ne l'admet que s'il est normalement prévisible lors de sa création ou de son acquisition, que ses effets bénéfiques prendront fin à une date déterminée et si, lorsque cet élément fait partie des éléments constitutifs d'un fonds et qu'il est représentatif d'une certaine clientèle attachée à ce fonds, il est dissociable des autres éléments représentatifs de la clientèle.

Dans ces conditions, il est très difficile en pratique d'obtenir la déduction fiscale de l'amortissement.

Il a été relevé que l'absence d'amortissement du fonds de commerce et des incorporels commerciaux faisait figure d'« exception française » par rapport aux règles comptables européennes (quatrième directive du 25 juillet 1978 imposant l'amortissement des sommes inscrites au poste « fonds de commerce » sur cinq exercices au

---

1. Voir Rapport d'information fait au nom de la Commission des finances du Sénat de mai 2010 ; Rapport d'information déposé par la Commission des finances, de l'économie générale et du contrôle budgétaire de juin.

maximum) et internationales (voir norme IAS 38 dans sa version de 1998 prescrivant un amortissement systématique de toutes les immobilisations corporelles, principe maintenu dans la révision de 2004 pour les fonds de commerce à « durée d'utilité finie »).

L'absence de déduction fiscale contraste aussi avec la comptabilité sociale française, qui distingue selon que le fonds de commerce a une durée de vue déterminable ou non. Depuis 2005, l'entreprise a, dans le premier cas, l'obligation d'amortir son fonds de commerce, même si les entreprises sont encore réticentes à pratiquer l'amortissement, notamment du fait du caractère non déductible au plan fiscal. Dans le second cas, les règles françaises n'acceptent pas l'amortissement sur les goodwills et fonds commerciaux et obligent en contrepartie à un test de dépréciation obligatoire, qui permet chaque année de bien prendre en compte la perte de valeur des fonds, cette perte étant irréversible. Or, les règles comptables françaises sont moins précises que les règles IFRS et n'engendrent pas nécessairement autant de dépréciation que dans les comptes IFRS.

Quand il y a dépréciation, calculée sur des cash-flows futurs actualisés, la fiscalité ne permet pas sa prise en compte et donc, *in fine*, ni l'amortissement ni la dépréciation ne sont déductibles.

Alors qu'économiquement, certains fonds ou éléments de ces fonds perdent de la valeur, la conséquence fiscale est difficilement compréhensible.

De plus, elle conduit les groupes à faire acquérir certains incorporels commerciaux par leurs filiales étrangères, dans des juridictions fiscalement plus avantageuses, et à facturer l'usage de ces incorporels aux sociétés françaises, ce qui réduit la base taxable française.

> Nous recommandons de soumettre les éléments incorporels du fonds de commerce à une logique d'amortissement fiscal selon la réalité de la situation économique de l'entreprise.

PROPOSITION N° 69

METTRE LA FISCALITÉ AU SERVICE DE L'ENVIRONNEMENT ET DE LA CROISSANCE

Les pouvoirs publics disposent d'une grande palette d'instruments au service de la défense de l'environnement, que ce soit à travers la

Fiscalité

réglementation ou les instruments économiques (fiscalité, marchés de permis, etc.).

Il est admis que, face à l'objectif de protection de l'environnement, la fiscalité peut présenter des avantages par rapport à l'approche réglementaire (exemple : obtenir un objectif à un coût donné, inciter à la recherche permanente de solutions moins coûteuses, au-delà du respect des simples normes[1], etc.).

Il est également admis que le choix de l'instrument économique dépend notamment du type de dommage environnemental et des acteurs concernés. On reconnaît que l'outil fiscal est en général préférable aux autres instruments économiques lorsque ceux-ci sont nombreux et dispersés[37].

> Faire en sorte que l'objectif environnemental de cette fiscalité se concilie le mieux possible avec l'objectif d'amélioration de la performance de l'entreprise.

La fiscalité doit cesser d'encourager les comportements nuisibles à l'environnement.

Cette recommandation rejoint les discussions sur la création de richesse incorporelle et sur la simplification des obligations déclaratives, sujet déjà abordé par le gouvernement puisque la ministre de l'Écologie a récemment lancé un groupe de travail sur les subventions et dépenses publiques nuisibles à la biodiversité auprès du Centre d'analyse stratégique (17 novembre 2010).

Il est important d'**améliorer l'acceptabilité des écotaxes** (on se souvient par exemple des critiques formulées au sujet de la taxe carbone au nom des personnes vivant ou travaillant en milieu rural et qui n'avaient pas d'alternative à l'utilisation de la voiture). Il est également primordial d'**amener les entreprises à trouver des solutions nouvelles**, qui pourront développer leur potentiel d'innovation technologique et constituer des savoir-faire leur donnant un avantage par rapport à la concurrence. Enfin, cette recommandation se traduit par un certain nombre d'actions

Fiscalité

---

1. Voir Lettre DGTPE n° 19 de septembre 2007 : « Les instruments écono-miques au service des politiques environnementales » ; voir également Guillaume Sainteny, « L'écofiscalité comme outil de politique publique », *Revue française d'administration publique*, n° 134, 2010, p. 354 et suivantes.

préconisées dans le rapport de la Commission sur le Grand Emprunt, comme développer les technologies « décarbonées » (solutions *on demand* ou *Software as a Service*, notamment) et l'économie du recyclage, préparer les véhicules du futur, etc.

Elle n'est pas incompatible avec un durcissement du régime des sanctions. Ainsi, il serait opportun de rendre fiscalement non déductibles les indemnités dues pour dédommagement en matière d'atteintes à l'environnement.

Enfin, il faudrait **simplifier la fiscalité environnementale**, soumise aujourd'hui à une grande diversité d'assiettes corrélées à la nature des dommages, de faits générateurs, de redevables et de bénéficiaires même si certains efforts ont été accomplis, comme le versement pour sous-densité qui s'inscrit à la fois dans un objectif de simplification des taxes d'urbanisme et de maîtrise de l'étalement urbain.

Cette simplification doit être assurée par le « verdissement » des taxes existantes, chaque fois qu'il n'apparaît pas possible d'identifier ou de quantifier le dommage environnemental.

Verdissement de la fiscalité locale

La réforme de la taxe professionnelle aurait pu être l'occasion d'introduire des dispositions favorables à l'environnement. La seule disposition environnementale identifiée réside dans la réduction d'un tiers de la valeur locative des installations destinées à la lutte contre la pollution des eaux et de l'air[1].

Ce verdissement pourrait s'opérer à travers d'autres réfactions des valeurs locatives (par exemple pour les bâtiments dits « verts », les travaux de rénovation) ou un taux réduit de cotisation sur la valeur ajoutée (lié par exemple aux résultats d'un bilan environnemental, que ce soit un « bilan carbone » – mais il existe bien d'autres dommages que ceux causés par le carbone – ou une certification ISO 14001, étant entendu que celle-ci n'a pas de caractère obligatoire) qui encourageraient les entreprises à maintenir un axe de progrès ou d'amélioration continue.

---

1. Voir Guillaume Sainteny, « Taxe professionnelle et développement durable : l'occasion manquée », *Les Échos,* 16 octobre 2010.

Fiscalité

Verdissement de la TVA

Le verdissement de la TVA pourrait s'opérer par l'instauration d'un taux réduit pour les produits ayant fait l'objet d'une forme d'éco-conception ou du recours à une analyse de cycle de vie du produit, critères qui pourraient être vérifiés par l'ADEME[1] par exemple, ou pour certains produits électriques ou électroniques dans les classes de consommation d'électricité les plus basses (classe A). Bien entendu, ces propositions devraient être examinées dans le cadre du droit communautaire (notamment directives TVA et aides d'État).

Ce qu'il faut faire

▸▸ **Inciter les fonctions finances à exposer** les dispositifs avantageux en matière de verdissement de TVA auprès des différents producteurs dans l'entreprise.

En conclusion, nous recommandons une fiscalité verte à la fois plus simple, plus ancrée au niveau local et plus coordonnée au niveau européen et international afin de protéger la compétitivité industrielle de nos entreprises tant en France qu'à l'international.

PROPOSITION N° 70

ORIENTER LA FISCALITÉ VERS L'INITIATIVE ENTREPRENEURIALE

La prise de risque mesurée et assumée est en partie à l'origine des réussites économiques. A contrario, l'aversion au risque se traduit notamment par une attirance pour les placements sans risques et une réticence au changement, qui ne favorisent pas la croissance.

Le rapport Attali précité a bien posé le rôle du risque dans les conditions d'un retour à la croissance.

Il fixe comme objectif de « modifier la fiscalité de l'épargne pour favoriser le risque plus que la rente », propose de « réorienter massivement le régime fiscal de l'assurance vie et du plan d'épargne en actions vers l'épargne longue investie en actions » et suggère différents moyens pour y parvenir.

Fiscalité

---

1. ADEME : Agence de l'environnement et de la maîtrise de l'énergie.

Certes, la question du financement des retraites et la situation des taux bas incitent à ménager une épargne peu risquée.

Le rapport IGF d'août 2010 sur les niches fiscales liées à l'épargne va au-delà et considère que les avantages fiscaux liés à la détention d'actions ne compenseraient pas suffisamment l'aversion à la prise de risque. En d'autres termes, il serait souhaitable de ménager l'épargne à faible risque tout en encourageant l'épargne à risque, sorte de quadrature du cercle.

Ce constat semble justifier une stabilisation de la fiscalité des dividendes et des plus-values, qui sont généralement les produits d'une prise de risque et méritent de ce fait un régime de faveur.

Trouver un bon équilibre entre une fiscalité des dividendes et des plus-values tant pour les personnes physiques que pour les entreprises compatible avec la prise de risque tout en maintenant l'objectif de renforcement des fonds propres et de l'autofinancement des entreprises en favorisant les résultats réinvestis.

Enfin, la prise de risque pourrait aussi être accompagnée par des mécanismes de sécurisation ou d'atténuation de l'échec. Cet accompagnement devrait porter en priorité sur les jeunes (terme à définir) et sur les créateurs d'entreprise.

Ce qu'il faut faire

▸▸ Créer un compte d'épargne dont la fiscalité serait favorable (abondement, prime, exonération de la plus-value de sortie…) en cas de déblocage des fonds après une certaine durée et avant un certain âge (à définir) pour investir en capital dans une PME dans laquelle l'épargnant devenu investisseur en capital aurait une activité. Cette mesure pourrait encourager les vocations d'entrepreneur en amont en favorisant l'aspiration à la création, à la reprise d'entreprise, ainsi que faciliter l'entrée des salariés au capital de leur entreprise et faciliter le développement des entreprises existantes.

▸▸ Réintroduire au bénéfice des créateurs d'entreprise le mécanisme de déduction des pertes en capital du revenu global qui existait jusqu'en 2006 en cas de pertes du fait de la cessation des paiements de la société dans un certain délai.

Fiscalité

CONCLUSION

Depuis une dizaine d'années les organisations socioprofession-nelles, les parlementaires, les services de l'administration centrale, les *think tank* ont généré de nombreux rapports, livres blancs et articles en matière de fiscalité et de performance.

Les recommandations qui ont été présentées vont dans ce sens, pour autant que les pouvoirs publics s'en emparent et les traduisent pour une mise en œuvre effective.

Pilote
Marc-Henri Boucher, secrétaire général, DV Construction, président du groupe Aquitaine Charentes de la DFCG

Auteurs
Emmanuel Picq, avocat associé, Landwell & Associés
Laurent Verrier, manager, GBA & Associés, président du groupe Centre de la DFCG

Avec la participation de :
Delphine Bocquet, avocat associée Landwell & Associés
Bernard Borrely, avocat associé Landwell & Associés
Philippe Durand, avocat associé Landwell & Associés
Olivier Dussarat, avocat associé Landwell & Associés
Bettina Laville, avocat associée Landwell & Associés, membre du Conseil d'État
Claude Lopater, associé PricewaterhouseCoopers, membre du collège de l'Autorité des normes comptables
Thierry Raes, associé PricewaterhouseCoopers, chargé des activités développement durable
Elisabeth Rivière, avocat associée Landwell & Associés
Thomas Vassiley, CEO, Better Life Ltd.

Fiscalité

Luc Agopian

- Senior Director du bureau de Paris, en charge de la practice « Achats & BFR » du groupe LowendalMasaï, cabinet de conseil spécialisé en management des coûts.
- Après un début de carrière dans le marketing, il rejoint Masaï en 2004. Il accompagne de manière opérationnelle des PME, ETI, grandes entreprises ainsi que des entités du secteur public, en France et en Europe, sur des projets de performance de la fonction Achats, de réduction des coûts et d'optimisation du BFR.
- Diplômé de l'Essec.

Armand Angeli

- Associé, Grant Thornton, en charge du développement des services d'Outsourcing au niveau mondial.
- Président du groupe international de la DFCG et président EMEA de l'IAFEI (International Association of Financial Executives Institutes), co-fondateur et vice-président de l'European Outsourcing Association (EOA).
- Reconnu comme expert international en matière d'externalisation et de Centres de services partagés (CSP).
- IBM France et Europe (1983 à 1994) : management des achats, des ventes, de l'audit interne et des services financiers ; Tekelec Components : vice-président Finance et Administration ; Case Corporation : directeur Europe de l'audit interne ; General Electric Medical Systems : contrôleur financier Europe puis directeur de projet e-business aux Etats-Unis ; PwC : directeur du développement Europe de l'externalisation BPO.
- MBA de l'INSEAD – Ingénieur INSA Lyon et Illinois Institute of Technology, Chicago.

Pierre-Alain Aubin

- Responsable de l'audit interne du Groupe Eurazeo depuis 2008.
- Avant de rejoindre Eurazeo, il a travaillé chez KPMG pendant près de dix ans à la fois en France et en Australie. Au cours de cette période, il est intervenu sur des mandats de commissariat aux comptes, et sur des missions de conseil en matière d'audit interne, de contrôle interne et de gestion des risques, dans divers secteurs de l'industrie et des services.
- Diplômé d'expertise comptable.

Philippe Audouin

- Membre du directoire, directeur financier, Eurazeo.
- Vice-président exécutif, DFCG, membre du bureau du Club des Trente.
- Administrateur et président du comité d'audit d'Europcar Groupe, d'Elis et d'Apcoa Parkings ; membre du conseil de surveillance et président du comité d'Audit d'ANF.
- Créateur d'entreprise (10 ans) ; directeur financier et Prokurist d'EUCOM (Allemagne), première JV entre France Telecom et Deutsche Telekom ; directeur financier, des ressources humaines et de l'administration de France Telecom, division Multimédia (1996 à 2000). Membre du conseil de surveillance de Pages Jaunes. De 2000 à 2002, directeur financier de Europ@Web (groupe Arnault). A enseigné 5 ans comme chargé de cours puis maître de conférences en 3e année à HEC (option « Entrepreneurs »).
- Membre du Comité consultatif de l'autorité des normes comptables.
- Diplômé d'HEC.

Christine Autonne-Bizalion

- 20 ans d'expérience dans la valorisation des investissements et l'intégration d'acquisitions.
- Fonctions exercées à Paris et à Lisbonne en intervenant sur des sociétés situées dans différents pays européens.
- Analyste financière SFAF et Mastère spécialisé « Conseil et ingénierie en organisation ». Thèse professionnelle en cours :

« Acquisitions internationales : apport du management inter-culturel et du pilotage par les processus comme facteur d'inté-gration et de différenciation ».

Antoine Baron de Noyer

- Directeur financier de Carlson Wagonlit Travel France.
- 20 ans de direction financière dans des entreprises et secteurs d'activité variés. Il a passé plus de 10 ans à l'étranger (Europe, Asie, USA). Précédemment, il a occupé des postes de DAF à la direction internationale et dans des filiales de Lagardère Active en Italie et aux États-Unis où il a externalisé différents services (financiers et non financiers). Il a démarré sa carrière comme consultant chez Arthur Andersen (Accenture).
- Ingénieur civil des Mines et Insead.

Michel Baude

- Responsable des lignes de services contrôle interne et contrôle de gestion, Primexis.
- Membre du groupe de travail DFCG Contrôle Interne – co-auteur du hors-série *Échanges* n° 1 « De la construction du contrôle interne à la communication sur son efficacité ».
- Parcours Entreprise/Cabinet d'expertise comptable. Consultant pour les directions financières des grands groupes français ou internationaux (10 ans).
- Expert-comptable.

Edith Bianchini

- Directeur administratif et financier.
- Présidente du groupe Côte d'Azur de la DFCG.
- Son parcours est orienté conduite de changement et mise en place d'ERP auprès de divers PME, savoir-faire acquis au sein de structures internationales telles que Accor et Philips. Elle a été directeur de programme à la Fondation d'Auteuil pour des projets de création d'établissements de formation profession-nelle dans les pays en voie de développement.
- Mastère spécialisé « Normes comptables internationales, Consoli-dation, Audit », Edhec de Nice – DESS MBA CAAE, IAE de Paris.

Eddy Bloy

- Universitaire et consultant en évaluation d'entreprises, il a dirigé le master finance spécialité « Evaluation et transmission d'entreprises » jusqu'en 2009.
- Il exerce toujours actuellement une activité de consultant en tant qu'évaluateur indépendant et expert de justice.
- Il est par ailleurs vice-président de l'association A3E Lyon (Association des experts en évaluation d'entreprises), co-animateur de la commission transmission d'entreprises dans le cadre de Lyon Place Financière et Tertiaire et secrétaire général adjoint de la Compagnie des experts de justice de Lyon.

Stéphane Boissel

- Directeur général adjoint, Transgene. En charge des finances, de la structuration et de la négociation des accords industriels et commerciaux, de l'administration (personnel, juridique, informatique et achats) et des relations investisseurs.
- Directeur général adjoint et directeur financier, Innate Pharma (2002-2010) ; investisseur en capital et banquier d'affaires, groupe Lazard, dont quatre années passées à Singapour et Hong Kong (1995-2002). Début de carrière en 1990 comme auditeur financier chez PwC.
- MBA de l'Université de Chicago (Booth GSB), diplômé en finance des universités de Lyon et Paris Dauphine, diplômé de la SFAF et titulaire du DSCG.

Etienne Boris

- Senior partner et directeur général, PwC.
- Entré en 1979 chez PricewaterhouseCoopers, Partner depuis 1989. En poste à Londres en 1981 et 1982 et à New York de 1984 à 1989.
- Diverses responsabilités en tant qu'auditeur, partner puis Global Relationship Partner de groupes mondiaux dans le secteur industriel et le secteur financier à Londres, New York puis à Paris. Partner responsable du secteur Banques & Marchés des capitaux pour la France et l'Europe (1998-2002) puis du secteur « Financial Services » pour l'Europe et la France et membre du

Global Financial Services Leadership Team (2002-2005). Administrateur de PricewaterhouseCoopers France depuis 1998. Président-directeur général de PricewaterhouseCoopers Audit (2005-2009), directeur général PwC France depuis 2009. Membre du Comité Exécutif PwC France depuis 2005.

- Chairman du Global Accounting Committee de PwC depuis 2006.
- Diplômé de l'ESCP Europe (1979), expert-comptable et commissaire aux comptes.

Marc-Henri Boucher

- Secrétaire général, DV Construction.
- Président du groupe Aquitaine-Charentes DFCG.
- Carrière au sein du groupe Bouygues Construction : gestionnaire de chantier, gestionnaire d'une direction de production de Bouygues Bâtiment IDF, puis secrétaire général, Batirapide. Responsable administration gestion finance du chantier Center Parcs en Sologne, chef de service en charge du contrôle de gestion et des procédures de Dalla Vera et de ses filiales. Directeur adjoint de la comptabilité, DV Construction.
- Diplômé de l'IAE de Paris – Ingénieur des Travaux Publics.

Clotilde Bouchet

- Présidente du groupe Ile-de France de la DFCG.
- 10 ans dans des métiers de financements de projets et structurés (BTP Banque, Dexia, CA CIB). En 1998, crée la direction de la Stratégie du groupe Crédit Agricole puis exerce les fonctions de directeur financier de CAAM à compter de 2002, d'ABN Amro/ Neuflize OBC en France en 2007, et du groupe d'AXA IM de 2008 à 2010.
- Science Po Paris – Université Paris-Sorbonne – Senior Executive Program, Columbia University.
- Auteur du *Vademecum de la Banque* – Ed. Sefi 2009.

Claude Bouty

- Conseiller du commerce extérieur de la France.
- Coordinateur des commissions sectorielles et transversales auprès du président du CNCCEF.

- Consultant auprès du GEP (Groupement des entreprises para-pétroliéres et paragazières). Il a été président de la Commission parrainage des entreprises et formation des jeunes à l'international jusqu'en 2009. Il était directeur commercial export chez Eiffel Constructions Métalliques, filiale du Groupe Eiffage (11 ans). Il était auparavant directeur commercial export chez CFEM, filiale du Groupe Usinor, après y avoir dirigé le département commercial offshore (18 ans).

Jean-François Casanova

- CEO du cabinet Strategic Risk Management depuis novembre 2001.
- Membre du comité de rédaction de la revue *Échanges*.
- Partner KPMG (1999-2001) – Managing Partner KPMG-Strategic Risk Management (1995-2001) – Executive Director BSI Lugano (1994-1995) – Deputy General Manager Barclays Bank (1991-1994) – Head of Treasury and Capital Market Banque de l'Union européenne (CIC) (1989-1991) – Trésorier Renault Crédit International (1986-1989) Trader Sucden (1983-1986).
- MBA-HEC School of Management.

Aldo Cardoso

- Administrateur de sociétés (GDF-Suez, Rhodia, Imerys, Bureau Veritas, Gecina, Mobistar).
- Senior Advisor Deutsche bank et Trilantic Capital Partners.

Isabelle Crouzille

- Fondatrice associée, gérante de la société Implication et directeur financier.
- Présidente du groupe Provence de la DFCG – Membre de l'Institut français des administrateurs.
- Trésorier, contrôleur de gestion, directeur des études et du marketing et directeur financier Groupe La Rochette puis création d'Implication. Formatrice CCI, CNAM et IAE d'Aix en Provence. Compétences : stratégie et business plans, recherche de financement (haut et bas de bilan), structuration à la reprise d'entreprise. Directeur financier externe SeaTpi.
- DESS Finance d'entreprise – Paris IX Dauphine.

Franck Debauge

- Directeur associé et directeur de l'expertise, ACIES Consulting Group.

- Membre de la Commission recherche-innovation et nouvelles technologies du MEDEF (Mouvement des entreprises de France) et animateur d'ateliers de réflexion au MEDEF sur le Crédit d'Impôt Recherche.

- Animateur des formations sur le CIR pour Francis Lefebvre Formation et DFCG Formation (association dont il est membre).

- Auteur du *Guide pratique du crédit d'impôt recherche*, rédacteur en chef de la lettre *Recherche, Innovation & Performance* et coauteur du *Guide pratique du financement de l'innovation* avec la DFCG.

- Mastère d'Ingiénérie financière de l'EM Lyon Business School ; diplôme d'expertise comptable, à l'IAE de Lyon.

Denis Florean

- Human Capital Managment Consulting Leader and Learning Subject Matter Expert, IBM Global Business Services.

- En 2001, il a rejoint les équipes de conseil chez IBM afin d'accompagner les responsables RH d'entreprises dans la définition et la mise en œuvre de leurs stratégies, dans divers secteurs, comme l'industrie, la banque, la distribution, la télécommunication et le secteur public.

- 20 ans d'expérience dans le domaine du développement des compétences, de la gestion savoir et de la formation en entreprise. Il a eu l'occasion d'exercer des responsabilités opérationnelles RH à l'usine Renault de Douai, puis pour le groupe Renault à Boulogne Billancourt.

- Maîtrise double compétence : Informatique (« Intelligence artificielle ») et Sciences de l'Éducation » ; DEA en Sciences de l'Éducation. Il a conservé une activité universitaire et est chargé de cours pour un Master 2 (Conception de documentation multilingue et multimédia) à l'université de Paris Diderot.

Jérôme Gaudry

- Vice-CFO, Converteam.
- 6 ans en tant qu'opérateur de marché dans plusieurs grandes banques françaises puis Communication financière et Trésorerie chez Pechiney (6 ans), directeur Financement Trésorerie chez Havas (2 ans) puis VP Finance, Treasury et Special Projects chez Rexel (3ans).

Florent Gerbaud

- Responsable veille et intelligence stratégique – ACIES Consulting Group.
- 11 ans d'expérience en tant qu'attaché commercial au sein du réseau français d'appui au commerce extérieur et au développement international des PME en Allemagne et en Australie (réseau Ubifrance – Missions économiques).
- Accompagnement des entreprises françaises à l'international (stratégie, marketing, prospection, implantation), valorisation de la recherche, de l'innovation et partenariats technologiques – clusters et pôles de compétitivité – veille économique et intelligence stratégique.
- Docteur en géographie, diplômé de l'Université Paris 1 et de la Freie Universität Berlin.

Christian Giana

- Directeur financier d'Amadeus (Sophia Antipolis) depuis dix ans, en charge du contrôle financier de l'activité mondiale de développement informatique.
- Past Président du groupe Côte d'Azur de la DFCG (2003-2009).
- Après 2 ans d'expertise-comptable et audit, il effectue toute sa carrière dans des fonctions de finance opérationnelle dans des sociétés à forte dimension internationale.
- Diplômé de l'Université de Grenoble (IEC).

Philippe Girard

- Directeur financier d'Alfa Laval Packinox France, filiale du leader mondial des échangeurs de chaleur à plaque soudées de grande dimension pour le raffinage et la pétrochimie.

- Président du groupe Bourgogne Franche-Comté de la DFCG.
- Il possède plus de vingt ans d'expérience en management de la fonction Finance en Distribution, BTP et Industrie, en France et à l'international.
- Diplômé de l'Institut de haute finance (IHFi) et de l'Institut du contrôle de gestion (ICG).

Joseph Gonzalez

- Business Solutions Leader, IBM Global Business Services, France.
- Expert en progiciels de gestion depuis plus de 25 ans, il a occupé des postes de direction pendant 16 ans dans plusieurs sociétés telles que Baan Company, Apogon Corporation (US), eForce Inc (US), Augeo Software (NL), Teamlog Business Solutions (FR), ERP Business Solutions (FR), BULL (FR), ICL (UK).

Clément Gries

- Directeur général, ThyssenKrupp Presta France, leader mondial dans les systèmes de direction.
- Auparavant chef de projet SI, directeur de Supply Chain pour plusieurs équipementiers leaders dans l'industrie automobile. Il anime également pour plusieurs écoles de management des formations sur le pilotage de la performance, le controlling, la Supply Chain et les systèmes d'information.
- Diplômé de l'ICN Business School de Nancy – MIAGE.

Jocelyne Guichard

- Directeur financier de Soficar-Carbon, entreprise de taille intermédiaire en pleine croissance, filiale d'un groupe japonais. Société fortement capitalistique qui a nécessité la mise en place de financements externes importants pour assurer sa croissance.
- En charge du pôle d'animation Aquitaine/Côte Basque de la DFCG. A participé à la création d'un master DAF à l'IAE Aquitaine.

▸ Interlocutrice proactive dans la recherche, la négociation et la mise en place de prêt sans garantie ni caution, de subventions européennes, régionales, départementales.

Christophe Hennette

▸ Associé fondateur de la société Hyphen Conseil – accompagnement des entreprises pour leur développement financier et commercial à l'international.

▸ Lauréat du trophée de la gestion décerné par la DFCG Nord-Pas de Calais en 2009.

▸ Directeur financier et de directeur de l'audit interne au sein de grands groupes internationaux (12 ans). A participé à la négociation et à la réalisation de grands contrats internationaux d'engineering industriel sur les 5 continents.

▸ Diplômé de l'Edhec et DSCG.

Patrick d'Humières

▸ Président, Institut RSE management.

▸ Consultant, expert dans les relations entreprises et société et le management du développement durable, il a été mandataire entreprise au Grenelle de l'environnement.

▸ Auteur de *Les pionniers de l'entreprise responsable* (Ed. d'Organisation, 2001), *Management du développement durable* (Eyrolles, 2004), *Le développement durable va-t-il tuer le capitalisme ?* (Maxima, 2010).

▸ Diplômé de Sciences-Po.

Jacques Isnard

▸ Secrétaire général finances du groupe familial bordelais GT (logistique industrielle et location de véhicules avec conducteur), en charge de la comptabilité, du contrôle de gestion, de la facturation, de la trésorerie et des systèmes d'information.

▸ Président du groupe Aquitaine Charentes de la DFCG de 2005 à 2009, puis trésorier national depuis juin 2010.

▸ Auparavant consultant en SI financiers, responsable du reporting groupe (Havas) et Europe (groupe anglo-saxon).

▸ Ancien élève de l'Institut d'études politiques de Paris.

- Président du Conseil d'administration de l'IAE de Bordeaux (Université Montesquieu Bordeaux IV).

Marc Karako

- Ancien vice-président exécutif et directeur financier groupe Carlson Wagonlit Travel.
- 30 ans de direction financière. Directeur financier, juridique et de la communication externe de Vallourec, vice-président Finance de Thomson et de nombreux postes de direction en Finance chez IBM Europe.
- Professeur dans le cadre de la préparation aux certificats supérieurs et membre du jury des examens d'expertise comptable.
- Auteur de *Analyse et politique financières*, 2004.
- Ingénieur des Ponts – MBA de l'Université de Chicago.

Olivia Larmaraud

- Directeur Consolidation et Normes Comptables de PSA Peugeot Citroën (VP). En charge de l'établissement des états financiers consolidés du groupe, des normes comptables IFRS et de la relation avec les commissaires aux comptes.
- Membre de la DFCG, de l'Afep, d'Acteo et du Sounding Board de Business Europe. Membre de la Commission des normes comptables internationales de l'Autorité des normes comptables. Membre du Global Preparer Forum, groupe d'entreprises du monde entier en relation régulière avec l'IASB.
- Depuis 1995 chez PSA Peugeot Citroën : intégration des reporting interne (de gestion) et externe (de publication), pilotage du passage 2005 aux normes IFRS. Précédemment contrôleur de gestion (Sanofi, 8 ans), consolideur (Compagnie générale des eaux, 3 ans), auditeur externe (Deloitte, 3 ans).
- Maîtrise de sciences et techniques comptables et financières (MSTCF) à Paris -Dauphine. Expert-comptable diplômée.

Claude Lopater

- Associé PwC – responsable du département Consultations et Publications depuis 1990 – Membre du Comité mondial PwC en charge des réponses aux appels à commentaires de l'IASB.

- Co-auteur de l'ensemble des mémentos comptable, IFRS, Fusions & Acquisitions et autres ouvrages comptables publiés aux éditions Francis Lefebvre.
- Membre du collège de l'Autorité des normes comptables (ANC).
- Diplômé de l'EDHEC, expert-comptable et commissaire aux comptes.

Thierry Luthi

- Directeur financier, Cegid.
- Vice-président exécutif DFCG, en charge des régions, président du Groupe Rhône-Alpes-Auvergne de la DFCG, membre de Lyon Place Financière et Tertiaire.
- Auditeur financier, directeur de mission, responsable normes de consolidation et reporting groupe BNP Paribas. Audit financier et reporting financier, fonctions finances dans le secteur de l'édition de logiciels.
- Expert-comptable diplômé.

Nicolas Lwoff

- Directeur général délégué et Chief Financial Officer, Converteam.
- Membre du conseil d'administration de la DFCG.
- Arthur Andersen – GTM (1991-2002) : DAF d'Entrepose Algérie ; directeur financement trésorerie et communication financière du Groupe – Endel (fusion Entrepose et Delattre Levivier) : DG Finances de Rexel (2002-2009) ; directeur financier et secrétaire général groupe.
- Ingénieur civil des Mines – MBA HEC (Institut supérieur des affaires).

Sophie Macieira-Coelho

- Directeur financier, groupe Jennyfer.
- Vice-présidente du bureau Île-de-France de la DFCG, en charge des Clubs du Jeudi.
- Elle débute sa carrière chez Coopers & Lybrand pour prendre après 4 années des responsabilités de directeur financier dans

des filiales de groupes cotés du secteur de la distribution. En septembre 2009, elle rejoint le groupe Richemont à la direction financière de Chloé.

- Sciences-Po Eco-Fi – Université Paris IX Dauphine – DESCF.

Vincent Migayrou

- Directeur administratif et financier, Bonitasoft.
- Membre du bureau Île-de-France DFCG – Membre de Finance et Technologie.
- Contrôleur de gestion (Thomson et Kraft General Food), cadre financier et dirigeant dans le secteur des technologies de l'information, directeur financier (SAP, AXS-One et Logica). Depuis 10 ans spécialisé dans l'accompagnement des entrepreneurs des sociétés de croissance technologiques et des fonds de Private Equity, à ce titre directeur administratif et financier de Netasq puis Bewan Systems.
- Diplômé de l'Institut supérieur de gestion – 3e cycle de stratégie financière du Cnam.

Pierre Milet

- Vice-président et directeur financier EMEA de Carlson Wagonlit Travel depuis 2007.
- Plus de 20 ans d'expérience de direction financière dans des entreprises et secteurs d'activité variés. Précédemment, il a été directeur financier au sein d'Avaya occupant des postes en Belgique, aux États-Unis et en Allemagne – Directeur financier France chez Lucent Technologies, auditeur interne chez Cofinoga.
- Ancien d'Arthur Andersen où il a passé sept années.
- Diplômé de l'Institut d'études politiques de Paris

Emmanuel Picq

- Avocat associé, Landwell & Associés.
- Membre de l'International Fiscal Association.
- Il pratique la fiscalité pour les groupes français et étrangers (15 ans) après avoir débuté comme généraliste en droit des affaires, contentieux et M&A. Il a été détaché au sein des

bureaux de Londres (1999) et Boston (2001-2003). Il enseigne et écrit sur la fiscalité internationale.

▸ Diplômé de l'ESSEC – Maîtrise de droit Paris 2 – Queen Mary College, Londres – DEA de droit des contentieux – Lauréat du CAPA (1993).

Frank Rapatel

▸ Senior Manager, IBM Business Consulting Services depuis 2002. Practice leader Transformation & Performance.

▸ Manager chez PwC Consulting (1998-2002) – Coopers & Lybrand (1997-1998).

▸ Contrôleur de gestion industriel et Responsable Trésorerie Groupe chez Mars Alimentaire (1990-1997).

▸ MBA George Washington University, BSBA Northeastern University.

Christophe Rémy

▸ Associé fondateur de Magellan Industries et Magellan Aéro, fonds d'investissement dédié aux PME européennes de l'aéronautique.

▸ Membre du comité exécutif de la DFCG.

▸ CFO de GECI International (Eurolist C) et de GECI Aviation (Alternext) de 2008 à 2011, conseiller du président de Geci International pour les questions financières (conseil et développement en ingénierie de haute technologie, principalement dans les secteurs du transport et des infrastructures) – DAF Alten Techno (2006-2007) – DAF Groupe Victoria (2001-2006), secteur des technologies et services de l'information.

▸ ESLSCA – DESS Dauphine.

Jean-Paul Rémy

▸ Partner, IBM Global Business Services depuis 2002. en charge du consulting Strategy et Transformation.

▸ Partner, PwC Consulting (1998-2002) – Coopers & Lybrand (1997-1998) en charge de l'offre Corporate Transformation et du secteur Industrie.

▸ Senior manageur, Bossard Consultants (1991-1997) efficacité opérationnelle, transformation des organisations.

- Responsable de production dans une scierie ONF (1989-1991).
- DEA Conception de produits nouveaux, suivi d'une année de thèse a l'Ecole nationale des Arts et Métiers (1987-1989).
- Ingénieur Arts et Métiers (1984-1987).

Michel Rouach

- Directeur financier du Métier Banque privée, BNP Paribas, directeur général, BNP Paribas Wealth Management.
- Membre du Bureau national de la DFCG.
- Il a été directeur financier de BNP Paribas Asset Management et directeur du budget et du contrôle de gestion du Groupe BNP Paribas, après avoir exercé des responsabilités de contrôle de gestion et d'audit dans les groupes Rhône-Poulenc, CCF et Suez.
- Co-auteur de *Contrôle de gestion bancaire et direction financière* (Revue Banque, 2009) et *Contrôle de gestion et stratégie dans la banque* (Revue Banque, 2009), et auteur de *Finance et gestion dans la banque* (Revue Banque, 2010).
- Professeur au CESB.
- Diplômé de l'ESCP Europe.

Jean-Pierre Salawi

- Conseiller du commerce extérieur de la France.
- Vice-président du Comité Hauts-de-Seine des conseillers du commerce extérieur de la France, responsable du parrainage des PME.
- 40 années de carrière internationale dans l'industrie pharmaceutique au sein des laboratoires Pfizer et Schering-Plough avec des responsabilités territoriales sur tous les pays du Moyen-Orient, de l'Afrique du Nord et de l'Afrique sub-saharienne. Ancien vice-président du Groupement des exportateurs de l'industrie pharmaceutique (GEIP), il a été membre de la commission internationale du LEEM et président du comité mixte LEEM/CNIP (France/Tunisie) des industriels du médicament.

Marc Salez

- Directeur associé, Assemblance.
- Membre du Bureau national de la DFCG.

▷ Ancien DAF-DRH, Past maître de conférences associé en sciences de gestion, ancien codirecteur du M2 de contrôle de gestion sociale de l'université de Paris-Sud, il enseigne au sein du groupe HEC. Auteur et co-auteur de nombreux articles et ouvrages sur la paie, la rémunération et le management de la performance collective, il est spécialiste du management de la performance RH et de l'audit social.

▷ DESS de droit.

Eric Salviac

▷ Directeur exécutif, cabinet de conseil Ernst & Young Advisory, en charge de la ligne de service « Achats et Supply Chain ».

▷ Il accompagne les entreprises sur les sujets relatifs à la réduction des coûts, à l'organisation de leurs achats et la performance financière des opérations. Il travaille également à l'application des méthodes de Lean Six Sigma à la fonction achats et à la Supply Chain.

▷ Co-auteur de *Fonction Achats : contrôle interne et gestion des risques* (éd. Maxima, 2008).

▷ Diplômé en économie et en finance de Paris IX-Dauphine et Paris X-Nanterre – MBA d'HEC et de Northwestern University.

▷ Certifié Black Belt Lean Six Sigma de Centrale Paris.

Ralph Samuel

▷ Directeur financier Pitney Bowes France.

▷ Après un début de carrière en qualité d'auditeur externe au sein du cabinet Deloitte, il a exercé des fonctions de directeur financier au sein de filiales de groupes internationaux, notamment au Royaume-Uni et en Allemagne, où il a en particulier mené à bien l'intégration et le développement de nouvelles acquisitions.

▷ Diplômé de Saint-Cyr – Mastère Audit et Conseil ESCP Europe.

Jean-Christophe Simon

▷ Directeur général de l'innovation, groupe SEB.

▷ Expérience internationale du management de l'innovation : chercheur dans des établissements publics (ministère de la Défense puis CEA/direction des Applications militaires). Chef de laboratoire chez L'Oréal, puis Senior Manager pour Kao Corporation en Allemagne et au Japon. Président et directeur du Nikon and Essilor International Joint Research Center au Japon.

- Ingénieur de l'Insa Rouen – Docteur en Physique – DESS-MBA de l'IAE de Paris.

Alain Thiefain

- Directeur administratif et financier, Cie Pétrolière de L'Est (Groupe Total).
- Président du groupe Lorraine de la DFCG.
- Diplômé de l'ESCP, après une première expérience d'auditeur externe, a exercé différents métiers gestion-finance dans la division Lighting d'une multinationale néerlandaise, puis celui de directeur financier de la filiale française d'un groupe allemand produisant des machines agricoles, avant de prendre son poste actuel.

Grégory Tricoire

- Conseiller du commerce extérieur de la France.
- Chargé de mission de Pacte PME International.
- Chef de projet et chargé d'affaires technique pour des groupes internationaux de télécoms en Finlande, Estonie et France(5 ans) – Consultant chargé de déployer les partenariats publics-privés pour l'Office des Nations Unies contre la drogue et le crime en Colombie – Directeur général de la filiale locale d'une PME française de certification de produits agroalimentaires (Amérique latine).
- Ingénieur Arts et Métiers (ICAM Nantes – 2000).

Serge Ventura

- Manager, Advese (cabinet de conseil en management – organisation et fonctions DAF & DSI).
- Président du Comité d'organisation de l'Université d'été DFCG – Membre du bureau Île-de-France, DFCG.
- A commencé sa carrière comme contrôleur de gestion (Europcar France, Thomson Consumer Electronics, Le Monde) avant de devenir DAF dans l'industrie (Le Monde Imprimerie, Pôle industriel du Groupe Amaury et Quebecor).
- Maîtrise de Sciences Economiques Paris I-Panthéon-Sorbonne.

Laurent Verrier

- Manager – GBA & Associés. Il est actuellement manager de transition dans les secteurs de la comptabilité, finance et du contrôle de gestion.
- Président du groupe Centre de la DFCG depuis 2009.
- Il débute sa carrière chez Franciaflex Le Bihan Le Mouel (spécialiste de la baie). Après un passage au contrôle de gestion siège, il est nommé contrôleur de gestion usine, il installe et développe le contrôle de gestion industriel. Deux ans et demi plus tard, il rejoint la Mutuelle nationale des hospitaliers et des personnels de la santé et du social où il devient reponsable du contrôle de gestion.

Anne-Bénédicte Voloir

- Avocate associée, conseil en droit social – Capstan.
- Ancienne responsable des ressources humaines dans l'hôtellerie restauration puis DRH d'un groupe industriel de dimension internationale.
- Spécialisation en droit social et de la sécurité sociale. Domaines privilégiés : aspects sociaux dans les fusions acquisitions, projets de restructuration ou de transfert d'activités, négociation collective, la durée du travail, l'épargne salariale, la stratégie sociale, l'évaluation et la gestion des risques psychosociaux.

La DFCG remercie l'ensemble des auteurs – contributeurs de cet ouvrage ainsi que Anne Bechet, coordinatrice éditoriale, et Virginie Bay, chargée de mission.

ÉGALEMENT DISPONIBLES DANS LA COLLECTION DFCG

DIDIER LECLÈRE

L'ESSENTIEL DE LA COMPTABILITÉ ANALYTIQUE

LES ESSENTIELS DE LA FINANCE

DFCG

EYROLLES
Éditions d'Organisation

ÉRIC SPIRIDION

L'ESSENTIEL DE LA FISCALITÉ D'ENTREPRISE

LES ESSENTIELS DE LA FINANCE

DFCG

EYROLLES
Éditions d'Organisation

ÉGALEMENT DISPONIBLES DANS LA COLLECTION DFCG

Jean-Guy **Degos**
Stéphane **Griffiths**

GESTION
FINANCIÈRE

DE L'ANALYSE À LA STRATÉGIE

EYROLLES
Éditions d'Organisation

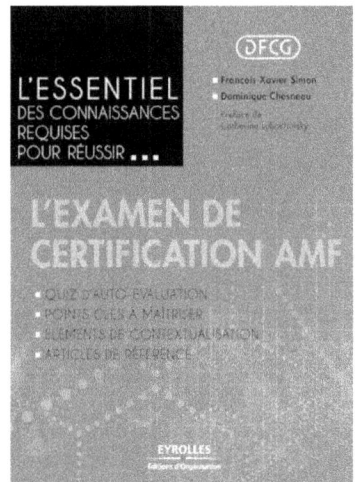

L'ESSENTIEL
DES CONNAISSANCES
REQUISES
POUR RÉUSSIR ...

François-Xavier Simon
Dominique Chesneau

**L'EXAMEN DE
CERTIFICATION AMF**

• QUIZ D'AUTO-ÉVALUATION
• POINTS CLÉS À MAÎTRISER
• ÉLÉMENTS DE CONTEXTUALISATION
• ARTICLES DE RÉFÉRENCE

EYROLLES
Éditions d'Organisation

best of DFCG

L'actualité
du dirigeant
finances-gestion

Les meilleurs articles
de la revue *Échanges* et du *Blog* de la DFCG

EYROLLES
Éditions d'Organisation

ÉGALEMENT DISPONIBLES DANS LA COLLECTION DFCG

COLLECTION FINANCE
(DFCG)

Julien **Haumont** et Bernard **Marois**

Les meilleures pratiques de
l'entreprise
et de la finance
durables

EYROLLES
Éditions d'Organisation

COLLECTION FINANCE
(DFCG)

Sous la direction de
Nicolas **Berland** et François-Xavier **Simon**

Le contrôle
de gestion
en mouvement
État de l'art et meilleures pratiques

Regards croisés
de professeurs
et praticiens

EYROLLES
Éditions d'Organisation

COLLECTION FINANCE
(DFCG)

Franck **Debauge**
Directeur associé Adsis

Guide pratique
du crédit d'impôt
recherche

Financez votre
recherche et
développement

EYROLLES
Éditions d'Organisation

www.ingramcontent.com/pod-product-compliance
Lightning Source LLC
Chambersburg PA
CBHW061143220326
41599CB00025B/4342